〈CEO 인간학〉을 펴내며

〈CEO 인간학〉은 시대를 꿰뚫는 통찰의 힘으로
역사적 격변기를 살았던 사람들의 삶의 무늬紋를 찾아 떠나는 인문人紋 여행이다.
인문 여행은 역사를 이끌었던 사람들의 지혜·용인用人·처세의 자취를 읽어내는 여정이다.

이 시리즈에는 역사를 뛰어넘는 동서양의 사상을 통해
인간에 대한 깊은 이해와 사유, 그리고 인간 중심의 경영철학이 녹아 있다.
〈CEO 인간학〉은 매력적인 리더의 조건, 경쟁에서 성공을 이끌어내는 방법,
그리고 개인과 기업의 성공을 위한 전략을 담았다.

인간의 본질에서 출발해 인간관계 그리고 용인술에 이르기까지
다양한 스펙트럼을 통해 천하경영의 답을 찾고,
리더를 꿈꾸는 사람들과 인간중심의 조직을 꿈꾸는
CEO들을 위한 인간경영의 나침반이 될 것이다.

종횡가 인간학

CEO를 위한 인간학 시리즈는
시대의 격변기를 이겨낸 역사적 인물들의 치열했던 삶과 사상 속에서
사람과 시대를 움직이는 경영의 지혜를 찾아 떠나는 인문학 여행입니다.

《智源》

冷成金 著

Copyright ⓒ 1998 by LengChengJin
Korean Translation Copyright ⓒ 2008 by Book21 Publishing Group

이 책의 한국어판 저작권은 漢聲文化硏究所를 통해 저자와 독점 계약한 (주)북이십일에 있습니다.
저작권법에 의해 한국 내에서 보호를 받는 저작물이므로 무단 전재와 복제를 금합니다.

■ 일러두기

이 책의 '해제'는 렁청진의 '유가·도가·법가·병가·종횡가 인간학' 전체를 아우른 것으로
각 권에 동일하게 실려 있습니다.

CEO 인간학

종횡가 인간학

넓게 살피고 은밀히 취하라

렁청진 지음 | 김태성 옮김

21세기북스

해제 | **왜 중국인은 지략에 강한가**

경험이 중요하다는 것은 아무리 강조해도 지나치지 않다. 실제로 현대의 위인들은 하나같이 역사를 통해 중요한 교훈을 얻었다. 역사에 등장하는 저명한 정치가나 군사 전문가들은 지략에 대한 연구와 평가를 게을리 하지 않았다. 이렇게 하지 않고서는 그 누구도 성공할 수 없기 때문이다.

현대의 인문·사회과학적인 연구 결과를 종합해보면, 몇몇 고대 민족의 문화에는 철학이 획기적으로 발전하는 시기가 있었음을 알 수 있다. 다시 말해, 일정한 시기에 철학자와 과학자 같은 문화 거인들이 집중적으로 나타났고, 이들의 사상이 민족 문화의 기초가 됐다는 것이다. 중국에서는 이러한 시기가 가장 혼란스러웠던 춘추전국시대였다는 데에 이론의 여지가 없다. 그리고 이 시기의 가장 큰 문화적·사상적 특징은 한마디로 표현하면 '지략'이다. 지략형 문화의 급속한 발전과 지략형 사유 방식이 중국 민족의 성격에 미친 영향은 크게 세 가지로 요약할 수 있다.

춘추전국시대에는 노자, 공자, 장자, 묵자, 맹자, 순자, 한비자 등 수많은 문화적 거인들이 출현하면서 이른바 '백가쟁명'의 국면을 이루었다. 유가, 도가, 법가, 병가, 묵가, 종횡가, 농가, 음양가, 명가 등 주요 학파들은 이 시기에 형성되어 후대로 이어지면서 점차 튼튼한 토대를 마련했다. 수천 년을 흘러온 고대 중국의 사상과 문화, 민족적 성격은 이러한 학파들이 영향을 주고받으면서 발전과 변화를 통해 완성되었다. 따라서 중국 문화가 급속하게 발전한 시기의 시대적 특징을 고찰하고 중국 전통문화의 특징과 민족의 성격을 이해하는 것은 오늘날의 중국과 중국인을 이해하는 데 있어서 중요한 수단이 될 것이다.

여러 학파들을 자세히 고찰해보면 각 학파 사이에는 분명한 차이가 있고 완전히 상치되는 부분도 있지만, 모두를 아우르는 한 가지 공통점이 있다는 것을 발견할 수 있다. 이 학파들이 하나같이 정치에 대한 관심을 드러내고 있고, 심지어 일부 학파는 그 사상의 출발점과 귀착점이 정치로 귀결된다. 유가는 덕치의 아름다운 기초 위에 이상적인 국가를 건설할 것을 요구하고 있으므로, 정치를 기초로 하여 세워진 전형적인 학파라 할 수 있다. 세상사에 대한 무관심을 표방한 도가도 이른바 '무위지치無爲之治'를 주장하고 있는데, '무위'의 목적이 바로 '치'에 있는 것이고 '치'는 곧 사회 정치의 안정을 의미한다. 따라서 도가도 기본적으로는 현실의 정치를 무시하지 않는다는 사실을 알 수 있다. 이와 마찬가지로 다른 학파들도 제각기 다른 시각과 관점에서 현실을 살피고, 그에 기초하여 그 나름대로의 정치적 주장을 제시했다.

물론 중국 철학이 지략형 문화로 자리 잡게 된 가장 중요한 원인은 이들 학파들이 정치에 커다란 관심을 나타냈고, 철학자들의 정치관이 주로 '치인治人'에 집중되었기 때문이다. 다시 말해, '치인'에서 출발하여 자신의 정치적 주장을 실현하려 했던 것이다. '치인'에는 일정한 방법이 필요했고, 이러한 방법을 추구하는 과정에서 지략이 형성되었다. 그러나 이와 함께 고려해야 할 것은 당시에 지략이 구체적인 수단으로 존재했더라도 이것만으로는 지략형 철학으로 발전할 수 없었을 것이라는 점이다.

당시의 상황에서는 지략이 체계화와 사회화, 규약화를 통해 사회 제도로서의 규범과 원리로 작용했다. 학자이건 제왕이건 평민이건 간에, 이러한 규범과 원칙에 대해서는 이의를 제기할 수 없었다. 당시의 현실에 대해 가장 격분했던 도가조차도 실제로는 일반적인 지략에 반대하는 방식으로 깊이 있는 정치 및 문화의 전략을 추진했다. 이런 식으로 각종 학파와 문화가 전체적인 지략의 부분을 구성함으로써 중국의 지략형 문화가 형성되었다.

중국의 철학이 획기적인 발전을 이루는 동안 학문의 목적은 위정爲政에 있었고, 학자들의 이상도 정치를 통해 관직과 봉록을 얻는 데 있었다. 이는 대부분 학파들의 공통된 인식이었다. 사마담은 일찍이 이를 가리켜 "무릇 음양가와 유가, 묵가, 명가, 법가 등은 모두 정치에 힘쓴 무리들이었다"고 지적한 바 있다. 인간과 주변 세계 사이에 발생하는 관계는 두 가지이다. 하나는 자연적 관계이고, 다른 하나는 대인관계다. 서양의 문화 발전은 전자에 편중되어 있어서 인간과 자연의 관계를 탐구하는 데 주력했다. 그런 의미에서는 과학형 문화라고 할 수 있다. 이에 비해 중국 문화의 발전은 인간의 관계에 초점이 맞춰져 있다. 사실 이는 춘추전국시대에 우연히 발생한 현상이 아니라 역사적, 문화적 근원과 현실적 근원을 동시에 가지고 있다.

   중국 민족은 형성 초기부터 하늘과 사람이 하나라는 기본적인 철학과 문화 관념을 가지고 있었다. 하늘의 운행에는 항상성이 있어서 변화가 없지만, 인간은 자신을 조절하여 하늘에 순응하는 능력을 가지고 있다. 이리하여 사람들은 점차 인간 사회 내부로 주의를 돌리기 시작했고, '치인'을 핵심으로 하는 문화 관념을 형성하게 되었다. 이것이 지략형 문화 발전의 기본 전제이다. 또한 춘추전국시대의 구체적 역사 현실은 지략형 문화 발전에 중요한 계기를 마련해주었다. 이 계기란 '왕관王官의 학문이 백가로 분산되고' 제후들이 패권을 다투면서 지모를 절실히 필요로 했기 때문이다.

   주周 왕실이 쇠락하면서 제후들을 통제할 능력을 상실하자, 서주 말기부터는 예악禮樂이 무너지기 시작했다. 그러나 주 왕실과 수많은 제후들이 몰락함에 따라 그때까지 문화(주로 예악문화)를 장악하고 있던 사람들이 민간으로 퍼져나갔다. 그 결과 왕관의 학문이 백가로 분산되었고, 문화가 크게 발전할 수 있는 조건이 조성될 수 있었다. 또한 춘추전국시대에는 통치 계층이 정치력을 상실하면서 이를 기초로 '백가쟁명'이 이루어지게 되었다. 서주 이래 수백 년 동안 통일된 문화가 발전하는 역사 단계를 거쳐 마침내 '도술이 천하에 흩어지는' 결과를 낳은 것이다. 각 학파들이 제각기 다른 관점과 주장을 가지고 있기는 했지만, 기본적으로는 하나같이 당시의 문화적 수요에 부합하면서 여러 제후들이 스스로 패자를 자칭하는 데 기여했다. 결국 중국의 지략 문화가 크게 발전했던 것은 역사적인 필연이었던 셈이다.

이 시기의 제후들에게는 인재 집단을 보유하는 것이 흥망을 결정하는 관건이었다. 그러므로 '선비를 하나 잃어 나라가 망하고, 선비를 하나 얻어 나라가 흥하는 상황'이 비일비재했다. 각 학파는 모략에 있어서도 큰 차이를 나타냈다.

춘추전국시대의 지략형 문화는 사인士人들에 대한 제후의 요구와 결합하여 독특한 사유 방식을 형성했다. 이러한 사유 방식의 가장 큰 특징은 '실용이성'이다. 통속적으로 실용이성의 특징은 일의 수단이나 목적에 있어서 정의를 추구하는 것이 아니라 이익을 우선으로 하는 것이다.

서양의 '도덕 이성(또는 실천 이성, 즉 칸트의 kritik der praktischen Vernunft)'이 근거로 삼는 것은 일정하고도 통일된 정의에 관한 인식과 가치의 경향으로서 현실적 이익과는 별로 관계가 없다. 이와는 달리 실용이성은 현실적 가치에 대한 인식이 일정치 않고 이해관계와 밀접히 연관되어 있기 때문에 이에 따라 수시로 변화한다. 심지어 이해관계가 실용이성의 가치 관념의 출발점이라고 해도 과언이 아니다. 사실 춘추전국시대에 종횡가들이 가장 무게를 둔 부분도 이해관계였다. 한 제후국의 군주는 이해관계를 분명히 인식하게 되면 새로운 선택을 하게 되는데, 이러한 선택이 도의에 부합하느냐의 여부는 고려의 대상이 되지 않았다. 도의를 고려한다 해도 좀더 원대한 이익을 위한 것이지, 결코 도의만을 위한 것이 아니었다. 이러한 사례는 셀 수 없이 많았고, 춘추전국시대에만 그랬던 것이 아니라 중국 역사를 통틀어 똑같은 경향을 보였다.

이러한 기본적 특징과 관련하여 지략형 문화의 사유 방식은 경험성과 민첩성이라는 특징을 가지고 있다. 이러한 사유 방식은 이론적인 사고나 가치를 논증하지 않고 주로 '역사를 귀감으로 삼으면서' 과거의 경험에 따라 방침과 전략을 확정한다. 그래서 간명함과 신속함 그리고 '기둥을 세워 그림자를 보는' 실용성 등은 필요로 했지만, 이론적 근거나 완비된 이론 형태 따위는 추구하지 않았다. 이러한 기본적 요구들이 서로 적용된 것이 바로 민첩성이다.

문제를 처리할 때는 천차만별의 다양한 상황을 만나게 되는데, 이해관계의 원칙(사실 이는 원칙이라고 할 수도 없다)을 제외하고는 다른 원칙의 제약을 받지 않기 때문에 자유를 충분히 발휘할 수 있는 공간이 확보된다. 그러므로 지략형 문화의 사유 방식은 이 세상에서 가장 민첩한 사유 방식 가운데 하나다. 그런 의미에서 중화 민족은 구체적인 문제에 대한 구체적인 분석에 가장 뛰어난 민족 가운데 하나라 할 수 있다. 예컨대 병가의 가장 큰 금기는 종이 위에서 가상의 병법을 논하는 지상담병紙上談兵인데, 아무리 자세히 상황을 분석하더라도 싸움에 이기는 것보다는 중요하지 않기 때문이다.

지략형 문화는 중국 민족의 성격 형성에 지대한 영향을 미쳤고 심지어 어떤 의미에서는 민족의 성격적 특징을 결정했다고 할 수도 있다. 물론 여기에는 긍정적 영향도 있지만 부정적 영향도 없지 않다. 반드시 설명하고 넘어가야 할 사실은 이 두 가지 영향이 시기와 상황에 따라 각기 달리 나타났을 뿐만 아니라, 상호 전환의 양태까지 보이곤 했다는 점이다. 특히 각 개인들에게 있어서는 위에 있는 자가 아래로 내려오고 아래에 있는 자가 위로 올라가는 일이 비일비재했다. 따라서 뒤에서 얘기하게 될 몇 가지 영향도 대략적인 논술에 그칠 수밖에 없다.

중국의 지략 문화는 중국인들이 취하고 사용했던 지혜의 보고로서, 무엇보다도 중화 민족의 실사구시적 성격과 심리 태도를 형성했다. 길고 긴 역사 발전의 과정 속에서 무수한 역경과 시련을 경험했지만 끝까지 멸망하지 않고 오늘날까지 이어져 내려온 것처럼, 중국은 부단히 힘을 키우면서 발전해왔다. 중국 민족과 동시에 나타난 다른 고대의 민족들은 문화와 함께 종족이 사라졌거나, 문화의 영향만을 남기고 민족 자체는 바람과 구름처럼 흩어져버렸다. 중국만이 문화와 민족 모두 사라지지 않고 일관되게 발전해오고 있다. 인류 문명사를 볼 때 이는 일종의 기적이다. 중국인들을 비판하면서 민족적 결점을 제기하는 사람들도 없지 않지만, 지속하면서 발전하고 있다는 사실만은 반박할 수 없을 것이다. 여기서는 단지 다른 민족과 비교하여 중국의 문화가 보다 완전하게 보전되고 있고 발전해나가고 있다는 점을 강조하고 싶을 뿐이다.

지략형 문화는 중국 민족이 실용적이고 이지적인 생존 태도를 형성함으로써 공허함을 추구하지 않고 귀신을 숭상하지 않으며 극단으로 나가지 않고 두 발을 항상 현실에 붙이고 사는 기질을 갖게 했다. 그 결과 중국 민족은 고난과 시련에 굴하지 않는 강인한 인내력과 생기를 되찾는 회복력을 갖게 되었다. 또한 지략형 문화의 실사구시 사상은 중국인들에게 정치적으로 항상 아름다운 이상인 지혜로운 군주와 현명한 재상을 추구하도록 했다. 이처럼 현실에 기초한 사회적 이상은 천당에서 내려온 것, 지옥에서 솟아난 것도 아닌 중국인들 스스로 삶의 현실에서 창조해낸 것이다. 이러한 이상이 완전하게 실현된 시대는 없었지만 이것을 추구하는 힘이 있었기 때문에 중국 민족은 온갖 고난을 이겨내고 지금까지 생존, 발전할 수 있었다.

　오늘날의 구체적 역사 조건에서 바라볼 때 지략형 문화는 중국인의 성격에 부정적인 영향을 미친 것도 사실이다. 실용이성을 중시하는 이러한 사유 방식은 진리를 말살하고 진리에 대한 추구를 제한하기 십상이었다. 그래서 중국의 전통 사회는 수천 년에 이르는 장구한 발전 과정을 거쳤으면서도 문화 관념과 사회 제도에 있어서는 실질적인 변화가 없었다. 그로 인해 진정한 민주의 길을 열지 못했다. 또 한 가지 중요한 사실은 지략형 문화가 '치인'에 치중하다보니 인간과 자연의 조화와 공존만 추구하여 과학이성의 분야에서는 심각한 한계에 부딪혔고, 결국 근대 과학의 길을 걷지 못했다는 점이다.

　또 한 가지 언급하지 않을 수 없는 부정적 영향은 중국인들이 천성적으로 모두 정치인이라는 것이다. 전통 정치의 운용 방식이 '인치人治'고 전통문화의 정수도 '인치'다보니 모든 사람이 모략가가 되지 않을 수 없었다. 사실 어떤 의미에서 중국인의 학문은 '모략'으로 귀결되기도 한다. 이른바 "세상사에 밝으면 그것이 곧 학문이고, 인정에 정통하면 모두 훌륭한 글이다"라는 속담이 이러한 경향을 극명하게 보여준다. 수많은 중국인들이 일생을 다른 사람을 대상으로 한 모략과 계산에 허비함으로써 사회적으로 큰 손실을 초래했다. 더 심각한 것은 모략과 계산이 기나긴 역사 발전 과정에서 이미 뿌리 깊은 처세의 태도와 인생관으로 자리 잡게 되었다는 것이다. 이는 이미 일종의 '술術'이 아니라 인생의 '도道', 즉 중국인들의 내재적 처세 철학이자 문화 정신이 된 셈이다. 흔히 말하는 "중국인들은 둥지 안 싸움에 능하다"라는 말은 이런 상황에서 연유한 것이다.

앞에서 설명한 바와 같이 긍정적인 면과 부정적인 면의 경계가 절대적이지 않은 가운데 실용이성은 중국 민족에게 지속적으로 존재와 발전을 위한 활력을 제공해주었다. 그러나 이와 동시에 중국인들에게 '둥지 안 싸움에 능한' 성품을 갖게 했고 현대로 접어들면서 민족의 발전을 저해하는 저열한 요소로 자리 잡았다. 마찬가지로 하늘과 인간의 조화를 추구하는 관념도 중국의 발전에 결코 무시할 수 없는 역할을 했지만, 현대화로 신속하게 나아가는 데에는 커다란 장애 요소가 되기도 했다.

전통은 죽었지만 인간은 살아 있다. 죽은 전통이 살아 있는 인간을 속박하고 인간을 전통의 지게미로 만들 것인지, 아니면 살아 있는 사람들이 죽은 전통을 되살려 다시 청춘의 활력을 발산하게 할 것인지는 전적으로 오늘을 살고 있는 우리의 자세에 달려 있다.

마지막으로 설명하고 넘어가야 할 것은 유가와 법가, 도가, 병가, 종횡가 등의 철학 내지 문화 개념으로 중국의 전통 지모를 분류하는 것은 실험적인 것으로서, 이러한 실험은 두 가지 근거를 가지고 있다.

첫째, 중국 전통 정치의 운용 방식은 '인치'이고 중국 전통문화의 정수 역시 '인치'에 있는 만큼 각 학파의 사상과 지혜가 각기 다르다 해도 '인치'에 있어서는 일치하고 있다. 중국 전통의 지혜가 하나의 근본으로 귀납되고 있는 것이다.

둘째, 한대 이후로 유가와 도가, 법가와 종횡가 등 여러 학파가 하나로 융합하면서 유가의 왕도를 빌어 법가와 병가의 패도覇道가 행해졌다. 이는 이미 중국 정치 운용 방식의 뿌리 깊은 전통으로 굳어졌다. 사실 이는 일종의 사기성 정치이자 '음모 정치'라 할 수 있다. 이렇게 분류할 경우, 사실에 대한 폭로가 중국인들에게는 계몽적인 기능을 할 수도 있을 것이다. 물론 이러한 분류에도 불편한 점이 없지 않다. 예컨대 중국의 유가와 도가, 법가가 아주 강한 상호성을 가지고 있기 때문에 칼로 두부를 자르는 것 같은 확연한 구분은 불가능하며, 구체적 역사 사건 역시 복잡한 양상을 띠기 때문에 한 학파에 해당하는 것으로 규정하기가 쉽지 않기 때문이다.

렁청진

머리말 | # 권력과 이익을 취하여 자신을 지키다

　춘추전국시대의 종횡가縱橫家는 어떤 학파라기보다는 독특한 지략가들의 집단이라고 할 수 있다. 그런데도 종횡가는 매우 중요하고 독특한 지위를 차지하고 있었다. 그들 나름대로의 학설이 있었고, 다른 학파에 비해 뛰어난 체계를 갖추고 있었다. 그러나 종횡가의 학문적인 면보다는 직접적이고 현실적인 효용성을 눈여겨보아야 할 것이다.
　"한번 노하면 모든 제후들이 두려움에 떨지만, 일단 안거하면 천하가 조용해진다"라는 말이 종횡가의 현실적 효용을 잘 표현하고 있다고 할 수 있다.
　종횡가의 역사적 역할에 대해 당시 사람들은 매우 긍정적으로 평가했다. 『전국책戰國策』에서는 소진蘇秦의 합종책合縱策에 대해, "양곡을 들이지 않고, 병사들을 괴롭히지도 않으며, 전사 하나 죽이지 않고,

화살 하나 낭비하지 않고도 제후들이 서로 형제처럼 친해지도록 만들었다"고 극찬하고 있다.

종횡가의 현실적 면모를 다른 학파와 비교해볼 때 3가지 특징을 발견할 수 있다. 첫째, 고정된 군주가 없다. 둘째, 고정된 정치적 주장이 없다. 셋째, 일정한 가치 기준이 없고 세력과 이익 추구 외에 도덕적 속박이 전혀 없다.

실제로 종횡학은 춘추전국시대에 매우 유명했던 학설로, 그 안에 담긴 지모智謀 또한 논술과 이론의 체계를 완벽하게 갖추고 있다. 종횡학의 결정판이라 할 수 있는 『귀곡자鬼谷子』는 모두 13개의 장으로 구성되어 있는데, 모든 분야에 걸쳐 유세遊說의 기교를 논하고 있어서 지모에 관해서는 빼놓을 수 없는 뛰어난 저작으로 평가받고 있다. 이 책 『귀곡자』의 목차를 간략하게 소개하여 종횡가들이 발휘했던 지모의 전체적인 모습을 살펴보고자 한다.

1장에서는 유세 중에 정치·외교상의 수단을 통해 연합과 분열, 이간과 포섭을 벌이고, 가까이 있는 사물을 수양修養의 원천으로 삼는 데 있어서 종횡가의 넓은 안목과 높은 식견을 강조하고 있다. 2장에서는 정보의 획득과 처리를 통해 부분을 보고 전체를 파악함으로써 본질을 꿰뚫어보는 종횡가의 통찰력을 설명하고 있다. 3장에서는 군주의 심리를 헤아리고, 그에 영합할 뿐만 아니라 설득해야 할 대상을 완전히 정복할 수 있어야 한다고 역설하고 있다. 이 책에서는 이를 '결탁結託'이라 표현하고 있는데, 이는 상대로 하여금 진정으로 마음을 열고 자신을 기꺼이 받아들이게 하는 기술을 의미한다. 4장에서는 구체적인 유세 과정 가운데 임기응변과 결함을 보완하는 데 능하여 자신의 언변을 완벽하게 가다듬어야 한다고 강조하고 있다. 5장에서는 유세를 진행하기 전에 먼저 상대를 흥분시켜 속마음을 드러내게 한 다음, 다시 안정될 때를 기다려 마음을 움직여야 한다고 설명하고 있다. 이렇게 해야만 상대를 자신이 원하는 방향으로 유도할 수 있고, 상대가 설복說伏당한 후에도 순순히 자신의 말에 따라 움직일 수 있다는 것이다. 6장에서는 단도직입적인 유세는 애걸하는 것과 같아서 되도록 하지 않는 것이 바람직하며, 반박했다가 동의하고 동의했다가 반박하는 기술을 구사해야 한다고 충고하고 있다. 7장에서는 상대의 기분을 파악하고 말뜻을 가늠하는 기술에 대해 논하고 있고, 8장에서는 자극과 탐색을 통해 상대방의 반응을 알아내고 이를 바탕으로 감정을 확인해야 한다고 가르치고 있다. 9장에서는 이해득실을 측량하는 방법에 대해 설명하고 있고, 10장에서는 상대를 설복시키기 위한 책략과 방법을 제시하고 있다. 11장에서는 모든 결정에는 시기가 중요하기 때문에 기회를 놓치지 않는 것이 중요하며, 특히 유세 중에 닥치는 문제에 대해서는 과감한 대응과 처리가 중요하다고 강조하고 있다. 12장에서는 자신의 언사를 실제 상황에 부합시켜야 하는 당위성을 강조하면서 그 방법을 설명하고 있고, 마지막으로 13장에서는 유세객으로서 갖춰야 하는 원만함과 민첩함에 대해 설명하고 있다.

소진과 장의張儀는 중국 역사를 통틀어 가장 위대한 종횡가였다. 전국 후기의 역사를 살펴보면 당시의 국제 관계가 두 사람의 지모와 언변에 의해 좌우되었음을 알 수 있다.

연횡連橫과 합종合縱 자체가 정의로운 것인지 아닌지는 알 수 없지만, 연횡과 합종을 제시했던 두 사람에게서는 정의감을 찾을 수 없다.

그들은 장자莊子처럼 고상하지도 못했고, 위왕魏王이나 제왕齊王에게 '어진 정치'를 가르쳤던 맹자孟子처럼 이상을 위해 분투하지도 않았다. 모든 신념이 돈과 권력에 집중되어 있었고, 숭고한 이상이나 고귀한 인품은 거들떠보지도 않았다. 오히려 그들은 온갖 속임수와 교활함, 잔인함과 뻔뻔스러움으로 무장하고 권력을 최고의 가치 기준으로 삼았다. 동서로 연횡하거나 남북으로 합종하면서, 그것이 정의이든 불의이든, 얼마나 많은 피를 흘리든 전혀 문제 삼지 않았다. 그들에게 중요한 것은 오로지 자신들의 권력과 부귀영화였다.

그러나 종횡가의 지모는 춘추전국시대라는 특정한 국제 정세의 산물로서, 빠른 속도로 발전한 만큼 빠른 속도로 쇠퇴했다. 한漢대에 통일 제국이 건립된 이후 종횡가의 지모는 더 이상 쓸모가 없었고, 어느 정도 종횡가가 설 여지가 있긴 했지만 발전할 수 없었다.

종횡가 지모의 문화적 특성은 무원칙적 공리公利 의식과 유창한 언변 등으로, 중국인의 민족성에도 적지 않은 영향을 미쳤다.

현대 중국의 망명시인인 베이따오北島는 자신의 시에서, "비겁함은 비겁한 자들의 통행증이요, 고상함은 고상한 자들의 묘비명이다"라며 인간성과 역사의 비극적인 측면을 적나라하게 표현했지만, 춘추전국시대의 역사 또한 이러한 비극에서 비롯된 것이리라.

차례

해제 • 왜 중국인은 지략에 강한가   4

머리말 • 권력과 이익을 취하여 자신을 지키다   14

1장 | 넓게 살피고 은밀히 취하라

1 영웅이 되려 하지 말라   24
2 주객의 자리를 바꾼 지혜   37
3 먼 나라와 친교를 맺고 이웃 나라를 공격하라   46
4 선비를 하나 잃어 나라가 망하다   55
5 이익은 은밀히 취하라   61
6 항상 대세를 넓게 살피라   69

2장 | 이해관계를 파악하는 것이 전략이다

7 개는 뼈다귀 하나를 놓고 다툰다   78
8 이해관계가 전략이다   90
9 상대의 근심을 덜어주라   98
10 호랑이를 상대로 가죽을 흥정하지 말라   106
11 작은 잘못도 쌓이면 되돌릴 수 없는 화가 된다   112

3장 | 사람을 쓰는 안목을 갖추라

12 칼과 도끼의 쓰임새는 서로 다르다 · 122
13 도리에 맞는 말은 귀에 거슬린다 · 131
14 수시로 변하는 상황에 적절히 대처하라 · 135
15 가장 적절한 인물을 선택하라 · 142
16 문밖을 나서지 않고 천하를 알다 · 149
17 위태로움 없이는 이길 수 없다 · 154
18 제왕은 선비와 함께 하고 패자는 신하와 함께 한다 · 159
19 풀을 없애려면 뿌리를 남기지 마라 · 163

4장 | 가치는 언제나 움직인다

20 빼앗은 후에 인의로 보답하라 · 174
21 충성스런 간언의 조건 · 179
22 정성이 지극하면 돌도 마음을 연다 · 188
23 위협과 회유를 함께 하라 · 196
24 인재를 얻는 자가 천하를 얻는다 · 202
25 모든 일에는 순서가 있다 · 207

5장 | 힘으로 사람의 마음을 얻다

- 26 전쟁없이 이기는 법   218
- 27 정직함과 도덕으로 상대를 설득하다   224
- 28 때로는 자신의 재주를 감추라   234
- 29 인간의 진정한 욕망을 이해하라   240
- 30 현자를 가까이하고 웅변가를 멀리하라   244
- 31 상대를 제압할 땐 강하게   253

6장 | 원인 없는 결과는 없다

- 32 한 걸음 뗄 때마다 세 번 돌아보라   262
- 33 백성이 지치면 군주가 바뀐다   267
- 34 부끄럼 없이 자기를 내세우라   276
- 35 공을 이룬 뒤에는 물러서라   281
- 36 때로는 권모술수도 필요하다   291
- 37 참과 거짓은 항상 공존한다   298

옮긴이의 말 · 현실을 인식하고 통찰하라   303

/ 1장 / 넓게 살피고 은밀히 취하라

1 영웅이 되려 하지 말라

 지모를 중시하는 중국 문화에서 유가儒家의 지모가 가장 깊이가 있다고 한다면, 법가法家의 지모는 가장 악독하고, 음양가陰陽家의 지모는 가장 신비하며, 병가兵家의 지모는 가장 냉철하고 엄정하고, 도가道家의 지모는 가장 총명하다고 할 수 있다. 그렇다면 종횡가縱橫家는 어떤가? 종횡가는 가장 뻔뻔하고 염치없는 지모라고 할 수 있다. 이런 면모는 모든 행동의 원칙이 정치적 주장이나 가치 관념보다는 관직과 권력을 추구하는 데 집중되어 있다는 사실에서 잘 나타난다.
 일반적으로 전통적인 중국인의 이상은 영웅이 되는 것이 아니라 관료가 되는 것이었다. 관료가 되어야 권력이 주어지고, 권력이 있어야 재물이 따르기 때문이다. 부귀영화는 관료가 누리는 가장 큰 혜택이었다. 일단 관료가 되면 물질적인 풍요를 누릴 수 있을 뿐만 아니라, 여러 사람들의 존경과 부러움을 한몸에 받으며 허영심과 명예욕도 만족시킬 수 있었다. 게다가 사회적으로 인정받았고, 조상을 빛낼 수도 있었다. 그러나 영웅은 그렇지 못했다. 중국 역사에서 영웅은 대부분 끝이 좋지 않았다. 부귀가 따르지 않는 것은 물론이고, 영화도 누리지 못하는 경우가 많았다. 따라서 중국인들은 영웅이 되기보다는 관료가 되기를 원했다.

반면에 관료가 되기만 하면 수단이 어떠했든, 목적이 무엇이었든 상관없이 성공한 사람으로 인정받고 여론도 그의 편을 들어주었다. 중국인들은 항상 "성패로 영웅을 논하지 말라"고 외쳤지만 현실적으로는 그렇지 않았다. 따라서 중국인들은 이상이나 원칙을 실현하기 위해 관료가 되려 하지 않았고, 관료가 되는 것 자체를 목적으로 삼았다.

춘추전국시대에 남북으로 합종하여 진秦에 대항할 것을 주장한 소진蘇秦과 동서로 연횡하여 각자의 영토를 지킬 것을 주장했던 장의張儀가 종횡가의 가장 대표적인 인물들로서, 그들은 동서남북을 가리지 않고 관료가 되기 위해 전력을 기울였다.

권세는 멀리할 수 없다

소진의 가정은 어느 정도 사회적 지위와 경제력을 지니고 있었다. 하지만 그는 그 정도에 만족하지 못했고, 사람들의 존경과 부러움을 한몸에 받는 존재가 되고 싶었다. 그래서 갖가지 권모술수를 열심히 연구하고 제후국의 관계를 면밀히 분석하여, 당시 진의 왕인 혜왕惠王에게 유세하여 높은 직위를 얻기로 마음먹었다.

소진은 담비 가죽으로 만든 화려하고 값비싼 옷을 입고 황금 100근을 준비하여 진나라로 가서 편지를 올렸다.

"대왕의 나라는 서쪽으로 파巴, 촉蜀, 한중漢中 등이 있어 풍부한 물산을 제공하고 있고 북쪽으로는 호胡와 대代 지역에서 훌륭한 말을 생산하고 있으며, 남쪽으로는 무산巫山과 검중黔中이 병풍처럼 둘러쳐 있고 동쪽으로는 효산瀚山과 함곡관函谷關이 험악하게 버티고 있습니다. 진나라는 땅이 비옥하고 백성들의 생활도 넉넉합니다. 1만 승의 전차가 있고 뛰어나고, 씩씩한 100만의 병사가 있는데다 기름진 들판이 1,000리나 이어져 있고, 지세는 험하면서도 아주 편리합니다. 진나라는 천하를 지배할 나라로 충분한 요건을 갖추고 있습니다. 또한 대왕께서 현명하시기 때문에 여러 제후국들을 한데 아울러 천하를 장악하고 통치하는 데 부족함이 없습니다. 청컨대 대왕께서는 제 소견을 들어주십시오."

소진이 이처럼 거시적인 배경을 설명했지만 혜왕의 반응은 냉담하기만 했다. 혜왕이 재상인 상앙商鞅을 죽인 직후였고, 외국인을 별로 좋아하지 않았기 때문이었다. 그러나 더 중요한 이유는 아직 시기가 무르익지 않았고 소진이 구체적인 방법을 언급하지도 않았기 때문일 것이다. 혜왕이 답장을 썼다.

"과인이 들건대 날개에 깃털이 부족하면 멀리 날 수 없다고 했소. 예악禮樂 제도가 갖춰지지 않은 상태에서 마음대로 남을 징벌할 수 없을 것이오. 도덕적 수양이 되어 있지 못하면 남을 함부로 가르칠 수 없고, 정치 법령이 이치에 어긋나면 대신들을 마음대로 부릴 수 없는 법이오. 지금 선생께서 먼 길을 달려와 진나라의 조정을 가르치려 하나 과인은 아직 선생의 의견을 받아들일 준비가 되어 있지 않소!"

이리하여 소진은 혜왕에게 쫓겨나고 말았다.

소진은 1년 넘게 진나라에 머무르면서 계속 편지를 올렸지만 혜왕은 꿈쩍도 하지 않았다. 가지고 있던 돈이 다 떨어지고 입고 있던 담비 가죽 옷도 해지자, 소진은 하는 수 없이 집으로 돌아갔다. 소진의 몰골은 말이 아니었다. 다 떨어진 짚신을 끈으로 붙들어 매고, 등에 책 보따리와 행랑을 짊어졌으며, 얼굴은 까맣게 그을리고 몸도 비쩍 말라 있었다. 식구들도 소진이 관직을 얻는 데 실패하고 돌아오자 그를 거들떠보지도 않았다. 아내는 남편이 돌아온 것을 보고도 베틀에서 내려오지 않았고, 형수는 시동생인데도 밥조차 주지 않았으며, 부모들마저도 그에게 말을 걸지 않았다. 소진은 식구들의 냉대로 자존심이 상했고, 큰 자극을 받았다.

"아내도 나를 남편으로 여기지 않고 형수도 나를 시동생으로 여기지 않으며 부모님마저도 자식으로 여기지 않는구나! 이는 전부 혜왕 때문이다. 기필코 오늘의 치욕을 갚고 말겠다!"

소진은 그날로 집에 있는 책을 전부 꺼내 늘어놓았다. 권모지술權謀之術을 전문적으로 서술한 강태공의 병서인 『음부陰符』가 눈에 띄었다. 소진은 보물을 얻은 것처럼 기뻐하며 밤낮으로 이 책을 외우기 시작했다. 소진은 잠을 쫓기 위해 머리를 대들보에 매달고 바늘로 허벅지를 찌르며 독서에 전념했다. 이처럼 자신을 채찍질하며 스스로에게 맹세했다.

"군주들에게 유세하여 비단옷과 귀한 음식을 대접받지 못하고 높은 지위를 차지하지 못한다면 다시는 집에 돌아오지 않겠다!"

1년간의 고된 연구를 통해 여러 분야의 능력을 크게 향상시킨 소진은 마침내 자신감을 얻었다.

"이번에는 확실하게 유세하여 기필코 뜻을 이루고 말리라!"

소진은 노자路資를 얻기 위해 형제인 소대蘇代와 소력蘇歷을 불러 『태공병법太公兵法』에 나오는 원리에 대해 토론을 벌였고 두 사람을 교묘하게 설득했다. 소진의 주장에 감탄한 두 형제는 큰돈을 노자로 주었고, 자신들도 병서를 연구하여 나중에 유명한 유세가가 되었다.

소진은 이번에는 합종으로 진에 대항하기로 마음먹었다.

그는 먼저 조趙나라로 가서 조나라 숙후肅侯의 형제인 진양군秦陽君과 사귀려 했으나 실패하고 말았다. 하지만 조금도 낙담하지 않고 북쪽의 연燕나라로 갔다. 소진은 연나라에서 1년 넘게 기다렸지만 연의 문공文公을 만나기도 전에 가지고 간 돈을 다 써버렸고, 푼돈을 빌어서 먹고사는 처지가 되고 말았다. 그래서 하루는 문공이 문을 나서기를 기다렸다가 그 앞에 엎드려 절하며 자신을 만나 달라고 간곡히 부탁했다. 문공은 소진이 혜왕에게 유세했던 사람이라는 말을 듣고는 그를 궁중으로 데리고 갔고, 마침내 소진은 자신의 생각을 펼칠 수 있는 기회를 얻었다.

"연나라는 제후국 가운데 결코 큰 나라라고 할 수 없습니다. 영토는 2,500리에 불과하고 전차 600승에 기병 6,000명 그리고 보병 10만여 명이 있을 뿐이지요. 남쪽에 있는 제齊나라나 서쪽에 있는 조나라는 국력이 막강한데도 해마다 전란이 끊이질 않는데, 연나라만 평온을 유지하고 있지요. 그 이유가 무엇인지 아십니까? 서쪽에 조나라가 있어서 진이 조를 넘어 연을 치지 못하기 때문이지요. 그러니 조가 진에 투항한다면 진은 연을 치기 위해 곧장 쳐들어올 것입니다. 대왕께서는 지금 조나라와 외교 관계가 없고 오히려 진나라와 연맹을 맺고 있는데, 이는 바람직하지 못한 책략입니다. 조가 화나서 쳐들어오면 아침에 출병하여 저녁이면 도달할 텐데 어떻게 막아내실 생각이십니까? 우선 진나라와 절교하고 다른 나라와 연합하여 진에 대항하는 것이 가장 바람직한 전략이 될 것입니다. 그래야만 모든 열국이 살아남을 수 있을 것입니다."

문공은 소진의 견해에 공감하긴 했지만 각국의 의견이 일치하지 않을까봐 두려워했다. 그러자 소진은 자신이 직접 각국을 연합시키겠다고 했다. 문공은 몹시 기뻐하며 소진에게 많은 거마車馬와 황금, 시종을 내려주었다. 소진은 조나라로 갔고, 조의 숙후는 그를 반갑게 맞아들였다.

"중원에서 가장 강대한 나라는 조입니다. 게다가 조는 한韓, 위魏 등과 국경을 맞대고 있어 진이 중원으로 들어오기 위해서는 조를 공격해야 합니다. 현재 진이 조를 공격하지 못하는 이유는 한과 위가 보호막 역할을 하고 있기 때문이지요. 하지만 진이 군비를 갖춰 한과 위를 공격하면 두 나라는 진의 공격을 막을 만한 큰 산과 강이 없기 때문에 쉽게 무너지고 말 것입니다. 그렇게 되면 조도 진의 공격을 받게 되지요. 지금 각국이 모두 진과 외교 관계를 맺고 영토를 바치고 있지만, 진의 탐욕은 끝이 없기 때문에 결국 전부 집어삼키고 말 것입니다. 만일 중원의 여러 나라가 초를 끌어들이기만 하면 땅은 진의 5배나 되고 병력도 10배가 넘기 때문에 더 이상 진을 두려워할 필요가 없습니다. 제 소견으로는 제후들을 한자리에 모아 맹약을 맺고 6국이 힘을 합쳐 진에 대항하는 것이 가장 좋은 방법일 듯합니다."

아직 혈기 왕성한 청년이었던 숙후는 합종을 통해 진에 대항할 수 있다는 소진의 책략을 듣고는 기쁨을 감추지 못했다. 그는 즉시 소진에게 마차 1만 승과 황금 1,000근, 100쌍의 옥벽玉璧, 비단 1,000필을 주면서 각국의 제후들과 맹약을 맺어달라고 부탁했다. 이때 진이 위를 공격했고, 위는 10채의 성을 바치며 화약和約을 간청했다. 이 소식을 들은 숙후는 진이 곧이어 조를 공격해 올 것이 두려워졌고, 소진을 불러 이 문제를 상의했다. 소진은 전쟁 준비를 서둘렀다. 그리고 장의에게 진이 조를 공격하지 못하게 설득해 달라고 부탁했다. 소진은 우선 조나라의 조정과 백성들을 안정시킨 다음 다른 제후국을 돌아다니며 유세를 시작했다.

당시의 급박한 정세 때문에 한, 위, 제, 초楚 네 나라는 합종을 통해 진에 대항하는 데 동의했고, 소진의 유세도 순조롭게 진행되어 커다란 성과를 거두게 되었다. 소진은 6개 제후국의 재상이 되었다. 초나라에서 조나라로 돌아온 그는 위풍당당한 모습을 과시했다.

소진은 마음껏 위세를 부려 과거에 자신을 무시했던 사람들에게 앙갚음을 하고 싶었다. 그가 낙양을 지날 때 부모가 직접 큰길까지 나와 그를 맞이했고, 형수가 30리 밖까지 나와 길을 쓸고 땅바닥에 엎드려 절을 올렸으며, 아내는 먼발치에서 곁눈질로 바라볼 뿐 제대로 고개조차 들지 못했다. 소진이 형수에게 물었다.

"형수는 이전에 나를 그렇게도 업신여기더니 어째서 지금은 이처럼 대하시는 겁니까?"

"도련님께서 막강한 권력과 지위뿐 아니라 엄청난 재산도 얻으셨기 때문이지요."

그러자 소진은 한숨을 내쉬며 탄식했다.

"내가 가난하고 힘없을 때는 부모마저도 아들로 취급하지 않더니, 부귀해지니까 먼 친척들조차 날 두려워하는구나! 세상을 살면서 어찌 권세와 부귀를 멀리할 수 있겠는가!"

기원전 333년, 연과 한, 제, 위, 초, 조 등 여섯 나라는 조의 원수洹水에서 혈맹을 맺고 진에 대항하기로 약속했다. 소진은 '종약장縱約長'을 맡아 합종의 업무를 전담하게 되었다.

진 혜왕은 6국이 합종의 맹약을 맺었다는 소식에 놀라움을 금치 못했다. 대신大臣 공손연公孫衍은 합종을 시작한 조를 공격할 것을 주장했다. 이때 장의가 황급히 나서서 반대했다. 6국이 방금 합종한 상태라 힘으로 제압하는 것은 무모하다는 생각에서였다. 한 나라를 공격하면 나머지 다섯 나라가 합세하여 반격할 테니, 차라리 먼저 한두 나라를 설득하여 맹약에서 차츰 탈퇴하게 한 다음 나머지 나라들도 탈퇴시켜 맹약을 해체시키는 것이 바람직하다는 책략이었다.

"먼저 위나라에서 할양받은 성지 몇 곳을 반환하십시오. 그러면 위나라는 감격할 것이고 다른 나라들은 이를 부러워할 것입니다. 그런 다음 대왕의 따님을 연나라에 출가시켜 결친을 맺으십시오. 그렇게 되면 6국의 합종 맹약은 저절로 깨질 것입니다."

장의의 이러한 계책은 혜왕의 신임을 얻는 동시에 진이 조를 공격하지 못하게 하겠다는 소진과의 약속을 지키는 것이었다.

혜왕은 장의의 계책을 실행에 옮겼고, 연과 위는 진과 외교 관계를 맺게 되었다. 그러자 성질이 급한 조왕은 즉시 소진을 보내 연나라를 문책했다. 그런데 연왕은 제나라가 연나라의 성지 10개를 빼앗았다고 하소연하면서 이를 해결할 방법을 마련해달라고 소진에게 간청했다. 소진은 제나라로 향했다.

"연의 성지 10개를 돌려주시면 연은 감동할 것입니다. 그러면 대왕께서는 천하를 호령하는 패업을 세우실 수 있게 되지요."

제왕은 원래 야심찬 사람이라 종약장의 나라가 되지 못한 것을 억울해하고 있었기 때문에, 순순히 연나라의 성지를 반환했다.

연왕은 매우 기쁘긴 했지만, 소진이 자신의 어머니와 은밀한 관계였다는 이유로 그를 싫어했다. 소진은 6국의 합종에 있어서 가장 중요한 것은 세력 균형이며, 균형이 깨질 경우 합종은 유지되기 어렵다는 점을 잘 알고 있었다.

소진은 연왕이 냉담하게 대하자 연왕에게 말했다.

"저는 이제 연나라에 쓸모가 없습니다. 차라리 제나라로 가서 겉으로는 제의 신하인 척하면서 속으로는 연을 위해 힘을 쓰는 것이 좋을 것 같습니다."

연왕도 내심 바라던 터인지라 순순히 허락했고 소진은 연을 떠날 수 있었다.

공명과 이익을 따르라

소진이 죽은 뒤 합종의 맹약은 빠른 속도로 무너지기 시작했다. 특히 소진이 연을 위해 제를 약화시키려 했다는 소문이 퍼지자 제와 연 사이에 갈등이 깊어졌다. 이때부터 합종을 해체하고 연횡을 이루는 것이 진의 가장 중요한 외교 목표가 되었다.

혜왕은 즉시 장의를 재상으로 삼고 연횡의 업무를 맡게 했다. 장의는 원래 가난한 집안 출신으로 소진과 함께 공부한 적이 있었다. 소진과 마찬가지로 장의도 공명과 이익을 중시하는 인물이었다. 벼슬길에 오르기 전에 힘들고 고달픈 과정을 겪으며 떠돌아다녔던 그는 초나라에서 말단 관리직을 맡기도 했다. 장의의 삶은 고달프기만 했다. 한번은 초의 영윤令尹 소양昭陽이 보물인 화씨벽和氏璧을 관상하고 있는데 갑자기 큰비가 내렸다. 갑작스러운 물난리에 모두들 어찌할 줄 몰라 하던 와중에 화씨벽이 없어져버렸다. 그러자 소양의 집사 하나가 장의의 옷차림이 남루한 것을 보고 그가 훔쳤다고 단정하곤 죽지 않을 정도로 매질을 했다.

얼마 후 가사인賈舍人이라는 상인이 장의에게 조나라의 재상으로 있는 소진을 찾아가보라고 권했다. 장의는 소진을 찾아갔지만 소진은 그를 매우 오만한 태도로 대했고, 이에 자극을 받은 장의는 높은 지위에 오르겠다고 다짐했다. 그러나 장의는 먹을 것조차 없는 처지가 되었고, 가사인은 또다시 그를 진나라로 데려가서는 큰돈을 써서 진나라 관직을 마련해주었다. 가사인은 다시 길을 떠나면서 고마워하는 장의에게 말했다.

"이 모든 일이 소 상국(소진)이 배려하신 것이랍니다. 사실 나 역시 소 상국의 문객이라오. 소 상국은 당신이 조나라에서 관직을 얻으면 거기서 머물까봐 냉담하게 대한 것이지요. 소 상국은 자신의 능력이 당신만 못하다고 생각한답니다. 그래서 당신을 자극하여 진나라로 오게 만든 것이오. 소 상국은 당신이 진왕에게 조를 공격하지 말도록 설득해주길 바라지요."

이 말을 들은 장의는 소진의 배려에 감격했고, 자신이 소진보다 뛰어나다는 생각을 버리게 되었다.

장의가 진의 재상으로 임명되자 초의 회왕懷王은 그가 화씨벽 때문에 겪었던 치욕을 앙갚음할 것이 두려워서 방비를 서둘렀고, 먼저 강하게 치고 나가기로 마음먹었다. 그는 소진의 생각대로 회맹을 맺고 6국과 함께 진을 공격했다. 그러나 각국의 군심이 일치하지 않은데다 전투력도 그다지 강하지 않아서 두 차례의 공격 모두 처참하게 패하고 말았다.

혜왕은 6국의 군대를 물리치긴 했지만 제와 초가 여전히 강대하기 때문에 제를 공격하려면 먼저 제와 초의 연맹을 깨뜨려야 한다고 판단했다. 진왕은 장의에게 수많은 예물을 들려 초나라로 보냈다. 장의는 먼저 회왕이 총애하는 신하인 근상靳尙을 매수하고 600리에 달하는 상우商于 땅을 초나라에 바친 다음 교묘한 말로 회왕을 설득했다. 욕심이 많은 회왕은 장의의 요구를 받아들여 제와 절교하고 진과 외교관계를 맺었다. 그러나 1년 후에 상우 땅을 접수하러 간 사람이 돌아온 후에 장의의 말이 전부 거짓말이라는 사실이 드러났다. 초왕은 크게 노하여 10만의 병력을 동원해 진나라를 공격했지만 진과 제가 협공하는 바람에 패했고, 이때부터 기세가 크게 꺾이고 말았다.

혜왕은 장의의 공로를 인정하여 그를 무신군武信君으로 봉하고 넉넉한 재물을 주어 여러 나라를 다니면서 연횡을 맺을 수 있게 했다. 장의는 먼저 제나라로 가서 선왕宣王에게 말했다.

"연왕은 이미 진왕과 혼인을 통해 결친했고, 한, 조, 위, 초 네 나라도 모두 진에 땅을 바치고 우의를 다짐했습니다. 대왕만 혼자 남으셨는데, 6국이 연합하여 제를 공격한다면 대왕께선 어떻게 대처하시겠습니까?"

조나라에 가서도 장의는 무령왕武靈王에게 선왕에게 했던 것과 똑같은 말로 겁을 주었다. 무령왕도 재능과 모략을 갖춘 인물이었지만 급박해진 정세 때문에 하는 수 없이 화의를 약속하게 되었다. 장의는 이런 식으로 연나라에서도 5개의 성지를 바치겠다는 다짐을 받아내는 성과를 거두었다.

장의는 외교적 사명을 완수했지만 진나라로 돌아와보니 혜왕은 이미 세상을 떠나고 무왕武王이 즉위해 있었다. 무왕은 평소에 장의를 좋아하지 않았기 때문에 장의는 몸을 뺄 방법을 찾아야 했다. 장의가 무왕에게 말했다.

"선왕은 제가 자신을 속였다며 몹시 격분하고 있습니다. 제가 위나라로 간다면 선왕은 틀림없이 위를 공격할 것입니다. 제와 위가 싸우고 있는 틈을 타서 대왕께선 한을 치십시오. 그러면 주나라의 땅은 전부 대왕의 차지가 될 것입니다."

장의의 제안에 귀가 솔깃해진 무왕은 두말없이 그를 보내주었.

위왕이 장의를 맞아들이자 이 소식을 들은 제나라 왕은 다른 나라와 함께 위를 공격하기로 결정했다. 그리고 장의를 잡는 사람에게 성지 10개를 상으로 내리겠다는 포고문을 내걸었다. 위왕은 매우 불안해했지만 장의에게는 계책이 있었다. 그는 자신의 심복인 풍희馮喜에게 초나라 사람으로 가장하여 선왕을 찾아가 말하게 했다.

"대왕께서 장의를 미워하신다면 그의 뜻대로 일이 흘러가게 해서는 안 되겠지요. 저는 지금 진에서 오는 길인데, 장의가 진을 떠나 위로 간 것도 계략이라고 하더군요. 대왕께서 위를 공격하신다면 진이 한을 쳐서 주의 땅을 전부 차지하게 될 것입니다. 지금 위를 치신다면 또다시 장의의 계략에 말려드는 꼴이지요."

제나라 왕은 고개를 끄덕이며 즉시 군대를 철수시켰다. 위왕은 장의를 더욱 신임하게 되었고, 장의도 위왕을 위한 책략을 완성했다.

당시의 역사를 한마디로 표현하자면 '국제적으로 변화의 풍운이 지배하던' 시기라 할 수 있다. 한때는 남북으로 연합했다가 또다시 동서로 연합하면서 각 제후국들의 관계는 미묘하고 복잡하게 변화했다. 오늘날의 세계 정세를 살펴봐도 이처럼 변화무쌍하고 복잡하지는 않을 것이다. 특히 주목할 만한 것은 이처럼 복잡한 관계가 뛰어난 지혜와 말솜씨를 갖춘 2명의 책사에 의해 좌우되었다는 사실이다. 처음에는 소진의 '합종'이, 나중에는 장의의 '연횡'이 전국 7웅[1]을 장기짝처럼 마음대로 가지고 놀았던 것이다.

이는 인류 문명사의 기적으로, 세계사에서도 유례를 찾아볼 수 없는 일이다. 그러므로 고대 인류 역사에 있어서 가장 뛰어난 외교가는 소진과 장의라고 해도 과장이 아닐 것이다.

---

1 전국戰國시대부터 진시황의 통일까지 멸망하지 않고 살아남은 일곱 나라로 제齊, 초楚, 연燕, 조趙, 한韓, 위魏, 진秦 등이다.

2 │ 주객의 자리를 바꾼 지혜

진秦나라와 조나라가 장평長平에서 싸움을 시작했는데, 조나라가 도위都尉[2] 한 사람을 잃으면서 형세가 매우 불리해졌다. 조왕은 누창樓昌과 우경虞卿에게 난국을 벗어나기 위한 방법을 상의했다.

"도위가 전사하여 싸움 초반부터 불리해졌소. 전력으로 적을 밀어붙여 결전을 벌이려는데, 그대들의 생각을 어떻소?"

누창이 반대했다.

"그런 방법은 이로울 게 없습니다. 차라리 중요한 인물을 사자使者로 보내 화해하는 것이 좋을 것 같습니다."

우경이 말을 받았다.

---

[2] 부마도위駙馬都尉. 임금의 사위를 일컫는다.

"누창이 화의를 주장하는 이유는 아군이 패할 것이 분명하기 때문입니다. 하지만 협상의 주도권을 쥐고 있는 것은 진나라입니다. 그러니 진나라의 의도를 따져보시는 것이 좋을 것 같습니다. 진나라가 다른 뜻이 있어서 우리를 제압하려는 것일까요?"

조왕이 대답했다.

"진나라는 이미 모든 힘을 쏟아 부어 남은 것이 없는 실정이오. 그러니 반드시 우리 조나라를 격파해야만 숨을 돌릴 수 있을 것이오."

그러자 우경이 계책을 내놓았다.

"그렇다면 대왕께서는 제 말에 따르셔야 합니다. 사자에게 진귀한 보물들을 갖춰 초와 위를 찾아가게 하십시오. 두 나라는 대왕의 진귀한 보물을 갖고 싶어 사신을 받아줄 것입니다. 조나라 사자가 초, 위 두 나라를 찾아간 사실을 진왕이 알게 되면 조나라가 천하를 연합하여 진에 대항하려는 것으로 의심하고 크게 걱정하게 될 것입니다. 그러면 협상을 진행할 수 있습니다."

하지만 조왕은 평원군平原君 정주鄭朱와 화의 문제를 상의한 끝에 그를 먼저 진나라로 가게 했다. 진나라는 정주를 기꺼이 맞아들였다. 조왕이 우경에게 물었다.

"평원군을 진나라로 보내 화의 협상을 진행하게 했더니, 진왕이 평원군을 맞아들였소. 선생께서 보시기에 이 일을 어떻게 처리하는 게 좋을 것 같소?"

"대왕의 화의 협상은 성공하기 어려울 것이고 조나라 군대는 반드시 패할 것입니다. 진나라의 승리를 축하하기 위해 천하의 제후들이 보낸 사절들이 이미 진의 도성에 도착해 있습니다. 평원군은 지위가 높고 귀한 인물인데다 여러 제후국 사이에 명망이 자자하기 때문에, 진왕과 응후應侯³는 평원군이 진나라로 온 사실을 대대적으로 선전할 것입니다. 그리고 초나라와 위나라도 조나라가 진에 화의를 구한 사실을 알면 우리를 지원하려 하지 않을 것이 분명합니다. 천하의 제후들이 조를 지원하지 않을 것이라는 사실을 진나라가 알게 된 마당에 어떻게 화의 협상에 성공할 수 있겠습니까?"

과연 진왕과 응후는 정주가 진나라로 온 사실을 대대적으로 선전하여 각 제후국의 사절에게 조나라가 진나라에게 화의를 구한 사실을 알렸다. 그래서 각 제후국들은 더 이상 조나라를 지원하려 하지 않았고, 진나라는 결국 조나라와의 화의 협상에 응하지 않았다. 조나라 군대는 장평 전투에서 크게 패했고 도성 한단이 진나라 군대에 포위되고 말았다. 그래서 조왕은 천하의 웃음거리가 되었다.

밀고 당기기를 잘해야 산다

얼마 후 진나라 군대가 한단에서 물러갔다. 그러나 조왕은 조사趙奢를 진나라로 보내, 6좌의 성을 바쳐 진과 화의하고 싶다는 뜻을 밝혔다. 그러자 우경이 말했다.

"대왕께서도 한번 생각해보십시오. 진나라가 대왕을 공격하다가 돌아간 것이 군사력이 모자라 돌아간 것이겠습니까, 아니면 대왕이 불쌍해서 도중에 철수한 것이겠습니까?"

"진나라는 모든 힘을 동원해서 조나라를 공격했고, 더 이상 공격할

---

3 범저范雎. 진왕秦王이 그를 승상으로 삼아서 응후에 봉했다.

힘이 없어 철수한 것이 분명하오."

"그렇다면 진나라가 온 힘을 기울여 공격에 나섰지만 결국은 지쳐서 돌아간 셈입니다. 그런데도 진나라가 끝내 얻지 못한 것을 대왕께서 먼저 바치시려 한다면 이는 진나라가 대왕을 공격하도록 돕는 것이나 마찬가지지요. 내년에 진나라가 또다시 대왕을 공격한다면 그때는 스스로를 지킬 능력이 없으실 겁니다."

조왕이 우경의 견해를 조사에게 전하자 조사가 반박했다.

"우경이 정말로 진나라의 사정을 자세히 알고 있는 것일까요? 진나라가 더 이상 조나라를 공격할 수 없다는 것이 확실한 예측일까요? 기껏 이만큼의 땅을 바치지 않았다가 진이 또다시 조를 공격한다면, 그때 가서 대왕께서는 가장 아끼시는 땅을 전부 내주면서 화의를 구해야 하지 않을까요?"

"그대의 뜻에 따라 성읍 6좌를 진에 주도록 하겠소. 그렇게 하면 진이 내년에는 우리를 공격하지 않을 것이라고 보장할 수 있겠소?"

"그건 제가 책임질 수 있는 일이 아닙니다. 옛날에는 한, 위, 조 세 나라가 모두 진나라와 국교를 맺어 사이좋게 왕래했습니다. 그러나 지금은 진나라가 한과 위와는 친선을 유지하면서 조나라만 공격하고 있지요. 보아하니 대왕께서 진나라를 섬기시는 마음이 한나라나 위나라만 못한 것 같습니다. 대왕께서 진과의 전쟁을 포기하신다면 진이 퍼붓는 공격을 중지시키고, 변경을 개방하여 무역을 하고, 진나라와의 우의를 한이나 위와 같은 수준으로 회복시킬 수 있습니다. 그러나 내년에도 조나라만 진의 공격을 받게 된다면 이는 진을 섬기는 대왕의 마음이 한이나 위에 미치지 못하다는 의미이지요. 그래서 보장할 수 없는 일이라고 말씀드리는 것입니다."

조왕이 조사의 말을 우경에게 전하자 우경이 말했다.

"조사의 말은 진나라와 화해하지 않으면 진이 내년에 또다시 조나라를 공격할 것이니 차라리 땅을 떼어주고 진과 화의를 맺어야 한다는 뜻입니다. 그런데 조사는 그렇게 해도 내년에 진이 공격하지 않을 것을 보장할 수 없다고 했습니다. 그렇다면 지금 성읍 6좌를 바치는 것이 무슨 이득이 있겠습니까? 만일 진나라가 내년에 우리를 공격한다면 병력을 동원해도 되찾지 못할 땅을 바쳐서 화의를 구해야 할 것입니다. 이것이 스스로 멸망을 자초하는 방법이 아니고 무엇이겠습니까? 그래서 진과 강화해서는 안 된다는 것입니다. 진나라가 아무리 공격을 퍼붓는다 해도 쉽사리 조나라의 6개 현을 뺏지는 못할 것이고, 조나라가 아무리 방어에 무능하다 해도 6좌의 성읍을 쉽게 빼앗기지는 않을 것입니다. 더구나 진나라 군대는 지금쯤 몹시 지쳐 있으리라 생각합니다. 차라리 6좌의 성읍을 천하의 제후들에게 주고 이들과 연합하여 지친 진나라 군대를 공격한다면, 잃어버린 성읍을 진나라에게서 보충할 수 있지 않겠습니까? 이렇게 하면 충분한 이득을 얻을 수 있으니, 영토를 주어 스스로 더욱 약해지고 진을 더욱 강하게 하는 것보다 좋은 방법입니다.

지금 조사는 진이 조나라를 공격하는 것이 대왕께서 한나라나 위나라보다 진나라를 잘 섬기지 못했기 때문이라고 말하고 있는데, 이는 대왕께서 해마다 6좌의 성읍을 진나라에 바쳐야 한다는 뜻입니다. 이렇게 하다보면 조나라의 땅은 하나도 남지 않게 될 것입니다. 내년에도 진나라가 땅을 바치라고 요구할 때 대왕께서 이를 거부하신다면 진은 또다시 공격할 것이고, 내주려 해도 줄 만한 땅이 없을 것입니다. 속담에 '강대한 자는 공격에 능하지만 약한 자는 아무리 해도 이를 막을 방법이 없다'라는 말이 있습니다. 지금 조사의 말을 받아들인다면 진나라 군대는 아무런 힘도 들이지 않고 땅을 차지하게 될 것이고, 진나라는 더욱 강대해지고 조나라는 더욱 약해질 것입니다. 갈수록 강대해지는 진나라가 갈수록 약해지는 조나라 땅을 빼앗게 둔다면 해마다 조나라 땅을 빼앗으려는 진나라의 만행을 막을 수 없을 것입니다. 게다가 대왕의 땅은 유한하지만, 진나라의 욕심은 끝이 없습니다. 한계가 있는 땅으로 진나라의 무한한 욕심에 대응하려 한다면 어떻게 조나라가 버틸 수 있겠습니까?"

조왕이 아직 결정을 내리지 못하고 있을 때 누완樓緩이 진나라에 있다가 조나라로 돌아왔다. 조왕이 누완을 불러 이 문제를 상의했다.

"진나라에 땅을 주는 게 좋겠소, 아니면 거부하는 게 좋겠소?"

"그건 제가 알 수 있는 일이 아닙니다."

"그래도 그대의 의견을 말해줄 수는 있지 않겠소?"

"대왕께서는 공보문백公甫文伯의 어머니에 관한 얘기를 들어보신 적이 있으십니까? 공보문백이 노魯나라의 관리로 있다가 병이 들어 죽자, 처첩들 중에서 그를 따라 자결한 여인이 16명에 달했다고 합니다. 그러나 공보문백의 어머니는 그 소식을 듣고도 눈물 한 방울 흘리지 않았지요. 그러자 유모가 의아하게 생각하여 물었습니다. '아들이 죽었는데 울지도 않다니, 있을 수 있는 일입니까?' 그러자 공보문백의 어머니가 대답했지요. '공자는 위대한 사람이었는데도 공자가 노나라에서 쫓겨날 때 내 아들은 그를 따라가지 않았으니 절대로 현명한 자라 할 수 없어요. 아들이 죽자 16명의 여인들이 따라 죽었는데, 이는 내 아들이 생전에 윗사람을 존경하지 않고 여인들을 지나치게 총애했다는 뜻이지요. 그러니 그런 아들이 죽었다고 해서 내가 마음 아파할 까닭이 있겠습니까?' 어머니로서는 지혜로운 여인이라고 할 수 있지만, 여자로서는 질투심이 너무 강하다는 비난을 받을 것입니다.

 따라서 똑같은 말이라도 말하는 사람에 따라 그 의미도 달라지는 법이지요. 저는 지금 막 진나라에서 돌아온 몸입니다. 만일 제가 6좌의 성읍을 진나라에 주어선 안 된다고 말하면 조나라의 이익을 위하지 않는 것처럼 들릴 것이고, 진나라에 땅을 주어야 한다고 말하면 제가 진왕을 위하는 것처럼 들릴 것입니다. 그래서 감히 대답할 수 없는 것입니다. 그래도 대왕을 위해서 제 생각을 말하라 하신다면 차라리 땅을 주는 편이 낫다고 말씀드리고 싶군요."

 그의 말을 다 듣고 난 조왕은 말없이 고개를 끄덕였다. 우경이 이 소식을 듣고는 곧장 입궁했다.

 "이건 결코 성실한 답변이 아닙니다. 대왕께서는 절대로 진나라에 성읍을 떼어주시면 안 됩니다."

 이 말을 전해 들은 누완이 다시 조왕을 찾아갔다. 조왕이 우경의 생각을 일일이 설명해주자 누완이 말을 받았다.

 "그런 것이 아닙니다. 우경은 하나만 알고 둘은 모릅니다. 진과 조가 원수가 되면 조나라는 엄청난 화를 당하게 될 것이고 이를 보는 천하의 제후들은 기뻐할 것입니다. 더 이상 진나라와 조나라가 연합할 것을 걱정할 필요가 없기 때문입니다. 조나라 군대가 진나라에 포위된다면 천하 제후들은 진나라의 승리를 축하할 것입니다. 따라서 땅을 진나라에 주고 진과 조가 화해했음을 천하에 알려 제후들이 조를 더 이상 속이지 못하고 진의 비위를 맞추게 하는 것이 바람직합니다. 그러지 않을 경우 천하의 제후들은 진나라가 조나라에 원한을 품고 있다는 사실을 알고, 조나라가 약해진 틈을 타서 조나라를 나눠 가지려 할 것입니다. 조나라의 멸망을 어찌 진나라만 바라겠습니까? 그래서 우경이 하나만 알지 둘은 모른다고 하는 것입니다. 대왕께서는 이런 상황을 잘 생각하시고 결단을 내리시기 바랍니다."

이런 의론을 전해 들은 우경이 다시 조왕을 찾아가 말했다.

"조나라는 정말 위험한 지경에 처해 있습니다. 누완이 진나라를 돕고 있으니 말입니다. 그의 말대로 한다면 천하의 제후들이 조나라를 더욱 의심할 것이고, 진나라도 만족시킬 수 없을 것입니다. 그는 이러한 전략 때문에 천하의 제후들이 조나라를 우습게 여기게 된다는 것을 모르는 걸까요? 제가 진나라에 땅을 할양해서는 안 된다고 주장하는 것은 땅을 떼어주지 않는 것 외에 다른 방법이 없다는 뜻이 아닙니다. 진나라가 대왕께 성읍 6좌를 요구한다면 대왕께서는, 이를 진나라가 아닌 제나라에 주고 국교를 맺으십시오. 제나라는 진나라와 한 하늘 아래 있을 수 없을 만큼 원수지간이라 조나라와 연합하여 진을 공격할 것입니다. 대왕께서 제왕에게 이런 제안을 하시면 제왕은 말이 끝나기도 전에 동의할 것입니다. 이는 제나라에 성읍 6좌를 잃고 진나라에서 이를 보상받는 방법일 것입니다. 이렇게 하면 조나라와 제나라의 원수도 갚게 되고, 천하 제후들도 조나라가 아무것도 할 줄 모르는 바보가 아니라는 사실을 알게 되지요. 대왕께서 조나라와 제나라의 동맹을 널리 알리시기만 하면 군대를 출동시키기도 전에 진나라가 진귀한 보물을 조나라로 보내 먼저 화의를 구할 것입니다. 일단 진나라와 강화하게 되면 한나라와 위나라는 온갖 방법을 동원하여 대왕의 환심을 사려 노력할 것이고, 앞다투어 진귀한 보물을 보낼 것입니다. 이렇게 하면 대왕께서는 한번에 한, 위, 제 세 나라와 국교를 맺으실 수 있고 진나라와의 관계를 역전시킬 수 있으실 것입니다."

우경의 설명을 다 듣고 나서 조왕이 말했다.

"그대가 제시한 방법이 가장 훌륭한 것 같소."

이리하여 조왕은 우경을 동쪽으로 보내 제나라와 국교를 맺고 진을 공격하는 문제를 상의했다. 우경이 조나라로 돌아오기도 전에 진나라의 사신이 이미 한단에 도착해 있었다. 누완은 이 소식을 듣고 황급히 도망쳐버렸다. 조왕은 성읍 1좌를 우경에게 상으로 내렸다.

한번에 주객의 위치를 바꾼 우경의 지모는 복잡하지 않지만, 이를 행동으로 옮기기는 쉽지 않다. 당시의 국제 관계가 대단히 복잡했기 때문에 이처럼 확실하게 분석하기가 쉽지 않았던 것이다. 또한 조왕은 두뇌가 명석하지 못하고 실천력도 떨어지는 인물이었기 때문에, 처음에는 우경의 말을 받아들이지 않아 도성이 진나라 군대에 포위되어 나라가 망할 지경에 처했다. 많은 사람들이 진나라를 두려워한데다 진의 첩자들이 암암리에 활동했기 때문에 진에게 영토를 내주자는 의견이 대세였다. 하지만 우경은 지칠 줄 모르고 끊임없이 조왕을 설득하여 약해진 조나라를 잠시나마 망국의 위험에서 구할 수 있었다.

3 | 먼 나라와 친교를 맺고 이웃나라를 공략하라

　진秦나라는 한창 발전하는 중요한 시기에 대단히 적절한 조치를 취했다. 하나는 원교근공遠交近攻[4]의 전략을 실행한 것이고, 또 하나는 흩어진 권력을 왕에게로 집중시킨 것이다. 이 두 가지 책략은 모두 범저范雎의 지모에서 나온 것이었다.

　범저가 진나라에 도착하자 소왕昭王이 직접 그를 맞이했다.

　"과인이 일찌감치 선생의 가르침을 받아야 했는데 요즘 의거義渠[5]의 일이 다급하여 매일 태후를 뵙느라 짬을 내지 못했소. 이제 그 일도

---

[4] 먼 나라와 친교를 맺고 이웃나라를 공략한다는 뜻으로, 범저가 주장한 외교 정책.
[5] 의거는 서융西戎의 국명으로, 여기서 의거의 일이란 소왕의 모친인 선태후가 의거왕과 사통하여 두 아들을 두었는데, 소왕을 암살할 계획을 세웠다가 발각된 사건을 가리킨다.

마무리되어 선생의 가르침을 받을 수 있게 되었소. 과인은 우둔하고 똑똑하지 못하니 선생을 손님으로 대접하고 싶소이다."

범저는 이를 사양했다. 그 자리에 있던 신하들은 소왕의 태도에 깜짝 놀랐다. 소왕이 좌우의 사람들을 전부 물러가게 하고 범저 앞에 무릎을 꿇고 간청했던 것이다.

"선생께서는 어떤 가르침으로 제게 교훈을 주시겠습니까?"

범저가 공경스러운 태도로 대답했다.

"아, 예, 네."

잠시 후 소왕이 또다시 무릎을 꿇고 범저에게 물었다.

"선생께서는 제게 어떤 가르침을 주시려 하십니까?"

범저의 대답은 달라지지 않았다.

이렇게 소왕이 세 차례나 물었지만 대답은 마찬가지였다. 마침내 소왕이 그 자리에 꿇어앉은 채로 말했다.

"선생께서는 제게 가르침을 주고 싶지 않으신 겁니까?"

범저는 그제야 사과하며 말했다.

"제가 어떻게 감히 그럴 수 있겠습니까? 여상呂尙[6]이 처음 주周 문왕文王을 만났을 때에는 어부에 불과했으며 위수渭水에서 낚시질을 하고 있었다고 합니다. 두 사람은 모르는 사이였지요. 하지만 문왕은 그가 하는 말을 듣고 마음이 움직여 그를 태사太師로 삼고는 함께 수레를 타고 돌아왔습니다. 문왕은 여상의 지모와 능력에 의지하여 천하를 차지했고 마침내 제왕이 되었던 것입니다. 만일 문왕이 여상을 멀

---

6 강태공을 가리킴.

리하고 깊은 대화를 나누지 않았다면 천자가 될 그릇이 아니었던 것이지요. 그랬다면 문왕도 사람들의 도움을 얻지 못해 제왕의 업적을 이루지 못했을 것입니다. 지금 저는 진나라에 머무는 나그네에 불과합니다. 대왕과는 아무런 친분이 없지요. 대왕께 말씀드리려는 것이 전부 국가의 대사에 관한 계책이라, 대왕께서 어떻게 받아들이실지 몰라 대답을 하지 않았던 것이지, 두려워서 입을 열지 않은 것은 결코 아닙니다. 지금 제 생각을 얘기하고 내일 죽는다 해도 두렵지 않습니다. 대왕께서 저를 믿고 제 생각을 받아들이시기만 한다면, 죽음도 두렵지 않고 떠돌이 신세가 된다고 해도 걱정이 없을 것이며 온몸에 부스럼이 생기고 미치광이가 된다 하더라도 수치스럽지 않을 것입니다.

오제五帝[7]처럼 지혜로운 분들도 결국엔 세상을 떠나셨고, 삼왕三王[8]처럼 어질고 인자한 분들도 결국엔 죽음을 맞았습니다. 오패五霸[9]처럼 능력 있는 분들도 죽었고, 오획烏獲처럼 힘센 사람도 죽음에서 자유롭지 못했으며, 맹분孟賁이나 하육夏育처럼 용감한 군사도 모두 세상을 떠났습니다. 이처럼 죽음은 인간으로서 피할 수 없는 일이지요. 그러니 조금이라도 진나라에 도움이 되는 것이 가장 큰 소원인데, 어찌 죽음이 두렵겠습니까? 오자서伍子胥는 천으로 만든 자루에 숨어서 소관昭關을 빠져나가 밤에는 걷고 낮에는 숨으면서 능수陵水까지 갔습니다. 땅바닥을 기어다니며 오나라의 길거리에서 먹을 것을 구걸했지만,

---

7 고대 중국의 다섯 성군으로, 소호·전욱·제곡·요·순을 일컫는다.
8 고대 중국의 세 임금으로, 우왕禹王·탕왕湯王·문왕文王을 일컫는다.
9 춘추전국시대의 5명의 패자를 뜻함. 제의 환공桓公, 진의 문공文公, 초의 장왕蔣王, 오의 합려闔閭, 월의 구천勾踐을 일컫는다.

끝내 오나라를 부흥시키고 합려閤閭를 도와 업적을 이루었습니다. 제게 오자서처럼 계책을 다할 수 있는 기회가 주어진다면 평생 감옥에서 지낸다 해도 상관없습니다. 단지 저의 계책이 실행되기를 바랄 뿐입니다. 현명한 군주에게 조금이나마 도움을 드릴 수 있다면 행운이자 영광스러운 일인데, 부끄러울 것이 뭐가 있겠습니까?

제가 두려운 것은 충성을 다하고도 억울하게 죽게 되면, 천하의 사람들이 입을 굳게 다물고 발길을 끊어 다시는 대왕께 충성을 바칠 사람이 나타나지 않는 것입니다. 대왕께서는 위로는 태후를 두려워하시고 아래로는 간신들에게 속아 궁궐 깊은 곳에 앉아 계시는데, 간사한 신하들에 둘러싸여 있다 보면 평생 우매함을 피할 수 없을 것이고 사악함을 구별하시지 못할 것입니다. 그 결과 크게는 나라를 망치게 될 것이고, 작게는 생명까지 위협을 받고 고립되겠지요. 이것이 제가 걱정하는 것입니다. 저는 어떤 곤경에서도 도망쳐 나갈 수 있지만, 설사 핍박당하다 죽는다 해도 두렵지 않습니다. 제가 죽어서 진나라가 잘 다스려지기만 한다면 죽음으로써 삶을 이기는 것이 아니겠습니까!"

소왕이 그 자리에 무릎을 꿇은 채 말했다.

"선생께서는 어찌 그런 말씀을 하십니까? 진나라는 후미진 곳에 있고, 과인 또한 어리석고 무능하기 그지없습니다. 다행히 선생께서 이곳을 찾아주셨으니, 이는 하늘이 이 나라를 지킬 수 있도록 은혜를 베푼 것이 틀림없습니다. 또한 제가 선생께 가르침을 얻을 수 있다면 이는 하늘이 선생을 어여삐 여기셔서 후사를 저버리지 않으시겠다는 뜻입니다. 그런데도 어찌 그런 말씀을 하십니까? 위로는 태후부터 아래로는 대신들에 이르기까지 선생께서 가르침을 주시길 바라고 있으니,

이런 마음을 의심하지 마십시오."

이 말에 범저가 소왕에게 감사의 인사를 올리려 하자, 소왕이 먼저 범저에게 거듭 예를 올렸다.

"대왕의 나라는 북쪽으로 감천甘泉과 곡구谷口에 인접해 있고, 남쪽으로는 위수渭水와 경수涇水에 둘러싸여 있으며, 오른쪽으로는 농隴, 촉蜀의 땅이 있고, 왼쪽으로는 함곡관과 무관武關, 효산 등이 있습니다. 게다가 1,000대가 넘는 전차를 보유하고 있고 정예 병력이 100만에 달합니다. 진나라 군대의 용맹함과 장비로 싸움을 한다면 사냥개를 몰아 다리 다친 토끼를 쫓는 것과 같지요. 그러니 패왕의 업적을 이루는 것은 얼마든지 가능한 일입니다. 그러나 지금 진나라는 가만히 들어앉아 산동山東 제후들의 허실을 알아보지도 않고 있으니, 이는 양후穰侯가 나라를 위해 지모를 다하지 않고 대왕의 생각도 방향을 잃었기 때문일 것입니다."

"그럼 진나라의 잘못이 무엇인지 구체적으로 말해주시지요."

"한과 위를 지나 강대한 제나라를 공격하는 것은 옳지 못한 생각이십니다. 병력을 적게 파견하면 제나라에 피해를 입힐 수 없을 것이고, 병력을 너무 많이 파견하면 오히려 진나라가 피해를 입을 수도 있지요. 그렇다고 소수의 병력을 내보내어 한, 위 두 나라가 대규모 출병을 하게 된다면 이것도 이치에 맞지 않는 일입니다. 진나라가 동맹을 맺은 나라들이 그다지 믿을 만하지 못한데, 어떻게 그 나라들을 가로질러 제나라를 칠 수 있겠습니까? 이는 기본적인 전략을 무시하는 행동이지요. 과거에 제나라는 초나라를 공격하여 승리를 거두긴 했지만, 두 차례나 먼 길을 넘나들고도 땅을 조금도 얻지 못했습니다. 제나라가 땅을 얻고 싶지 않아서 그랬겠습니까? 당시의 형세로는 땅을 얻을 수 없었기 때문이지요. 제후들은 제나라 군대가 오랫동안 외국에 주둔해 있고 국내 사정 또한 피폐해진 것을 보고 서로 연합해서 제나라를 공격했습니다. 그 결과 제나라 왕은 도주하고 군대는 크게 패하여 천하의 웃음거리가 되었지요. 이유인즉, 초나라를 공격하는 과정에서 한, 위 두 나라에게 어부지리 격의 이익을 주었기 때문입니다. 무기를 강도에게 빌려주거나 도적을 구제하는 것과 다름없었지요. 대왕께서는 원교근공의 책략을 써서 한 치든, 한 자든 손에 들어오는 땅을 모두 자신의 소유로 만드셔야 합니다. 그런데도 가까운 공격 대상을 마다하시고 먼 나라를 공격하려는 것은 잘못된 책략이 아니겠습니까?

옛날에 중산中山이라는 나라는 크기가 사방 50리나 됐지만 이래저래 조나라에 의해 완전히 점령되고 말았습니다. 그런데도 천하의 제후들은 조나라를 비난하지 못했지요. 지금은 한, 위 두 나라가 중원을 차지하고 천하의 중심을 통제하고 있는 형세입니다. 대왕께서 패왕의 업을 이루시고자 한다면 반드시 중원을 점령하셔서 천하의 중심을 장악하신 다음, 초나라와 조나라를 위협하셔야 합니다. 조나라가 강대해지면 초나라가 대왕께 화친할 것이고, 초나라가 강해지면 조나라가 화친할 것입니다. 초와 조가 전부 대왕께 화친하면 제나라가 후한 예물을 준비하여 진나라로 찾아올 것입니다. 제나라가 진나라에 화친하기만 하면 한나라나 위나라는 쉽게 멸할 수 있을 것입니다."

"위나라와 수교하고 싶지만 위나라는 변화무쌍한 나라라 접근하기가 쉽지 않습니다. 어떻게 하면 위나라와 동맹을 맺을 수 있을까요?"

"겸손한 언사와 후한 예물로 그들을 섬기십시오. 그래도 안 되면 영토를 할양하여 매수하셔야 하겠지요. 이런 방법으로도 안 된다면 그때는 군사를 일으켜서 그들을 토벌하십시오."

군주의 지위를 지키라

그리하여 진나라가 군사를 일으켜 위나라 형구邢丘를 함락하자, 위나라는 진나라에 투항했다. 그러자 범저가 말했다.

"진나라와 한나라의 지형은 여러 가지 색깔이 한데 뒤섞여 있는 것과 같으니 한나라를 멸하시는 것이 좋겠습니다. 진나라의 입장에서 보면 한나라는 나무좀이나 질병과 같기 때문이지요. 전쟁이 일어나지 않는다면 모르지만 전쟁이 일어난다면 한나라는 가장 위험한 대상이 될 것입니다."

"과인도 한나라를 제압하고 싶지만 한나라가 굴복하지 않으니 어떻게 하면 좋겠습니까?"

"군대를 보내 한나라의 형양滎陽을 치면 성고成皐로 통하는 길이 차단될 것입니다. 그런 다음 태행산太行山의 험난한 도로를 단절시켜버리면 상당上黨 지역에 있는 지원 병력이 남쪽으로 이동하지 못할 것입니다. 그런 다음 공격한다면 한나라는 셋으로 갈라지게 될 것입니다. 멸망의 위기에 직면하고도 굴복하지 않을 수 있겠습니까? 일단 한나라가 굴복하면 진나라의 패업은 이루어진 것이나 마찬가지입니다."

"알겠습니다. 선생의 가르침대로 하겠습니다."

"제가 산동에 살 때 제나라에 전단田單이라는 사람이 있다는 소리는 들었지만, 군주가 있다는 소리는 듣지 못했습니다. 마찬가지로 진나라에 태후와 양후, 경양군涇陽君, 화양군華陽君이 있다는 소문은 들었지만 대왕이 계시다는 얘기는 듣지 못했지요. 나라 전체를 장악할 수 있는 사람만이 대왕이라 불릴 것이고, 아무 제약 없이 사람을 죽이고 살릴 수 있는 사람만이 대왕의 자리에 앉을 수 있는 법입니다. 지금 태후는 아무 거리낌 없이 전횡을 일삼고 있고, 양후는 제멋대로 사자를 파견하면서도 대왕께 보고하지 않습니다. 경양군과 화양군 역시 제멋대로 일을 처리하고 있지요. 이처럼 4명의 귀족이 제각기 국가의 권위를 나눠 갖고 있어 권력이 나뉜 상태인데, 이러고도 나라가 망하지 않은 적이 없습니다. 이러니 진나라에 군주가 없는 것입니다. 이런 식으로 가다가는 국가의 권위가 손상될 것이며, 모든 법령을 대왕께서 반포하실 수 없을 것입니다.

제가 듣건대, '나라를 잘 다스리는 군주는 대내적으로는 자신의 권위를 강화하고 대외적으로는 남의 권위를 존중할 줄 안다'고 합니다. 양후의 사자들이 대왕의 권위를 가지고 놀면서 마음대로 영토를 나누고 명령을 내리며 다른 나라를 정벌하고 있는데, 누구 하나 복종하지 않는 사람이 없습니다. 적국을 정벌하여 빼앗은 땅과 이익은 모두 자신들이 차지하고, 나라가 어려워지면 그 손해는 군주에게 돌아가고 있습니다. 전쟁에 패하면 백성들 사이에 원성이 높아지고 나라가 도탄에 빠지게 되지요. 그래서 『시경』에서도 "나무에 열매가 너무 많으면 나뭇가지가 부러지고, 나뭇가지가 부러지면 나무의 큰 줄기가 다치게 된다. 봉읍의 성이 너무 커지면 나라가 위협을 받고, 신하의 지위가 너무 높으면 국왕의 지위가 오히려 낮아진다"라고 지적했던 것입니다. 요치는 제나라의 대권을 장악하자 민왕閔王의 심줄을 뽑아 밤새 대들보에 매달아 놓았고, 이태李兌는 조나라의 권력을 장악하고 조주부趙主父를

100일 동안 굶겨 죽게 했습니다. 진나라에서도 태후와 양후가 권력을 장악하고 고릉군과 화양군, 경양군 등이 이들을 보좌하고 있어 외부 사람들은 진나라에 국왕이 있다는 사실조차 잊고 있는 실정입니다. 이들이야말로 요치나 이태 같은 자들이지요. 이대로 간다면 대왕께서는 조정에서 고립무원孤立無援[10]의 처지에 이를 것이고 훗날 진나라를 통치할 자는 대왕의 자손이 아닐 수도 있습니다."

범저의 날카로운 지적에 소왕은 몹시 두려워하며 즉시 태후의 권력을 박탈하고 양후와 고릉군, 경양군 등을 모두 도성에서 쫓아냈다. 나중에 소왕이 범저에게 말했다.

"과거 제나라 환공桓公은 관중管仲을 얻게 되자 그를 '중부仲父'라고 불렀는데, 이제 과인도 선생을 얻었으니 '부父' 자를 붙여서 불러야 할 것 같습니다."

원교근공은 진나라가 군사 및 외교 분야에서 실행했던 가장 중요한 책략이었다. 이 책략이 시행된 이후로 진은 어려운 상황에서 벗어나 영역을 확장할 수 있었으며, 새로운 발전 단계로 들어설 수 있었다. 범저가 제시했던 이 유명한 책략은 당시에만 커다란 영향을 발휘했던 것이 아니라 중국의 군사사에도 적지 않게 기여한 것으로 평가되고 있다.

---

10 외톨이가 되어 도움을 받을 데가 없음.

4 | 선비를 하나 잃어 나라가 망하다

춘추전국시대에는 인재의 중요성이 그 어느 시기보다도 컸다. 심지어는 국가의 생존을 좌우할 정도였다. 실제로 이 시기에는 훌륭한 선비를 얻어 나라가 흥하고 선비를 잃어 나라가 망하는 일이 비일비재했다. 조나라의 멸망이 가장 대표적인 사례이다.

문신후文信侯 여불위呂不韋가 진나라에서 쫓겨난 후 그의 심복인 사공마司空馬는 조나라로 갔다. 조왕은 그에게 상국의 자리를 맡겼다. 이때 진나라가 병사를 일으켜 조나라를 공격했다. 사공마가 조왕에게 말했다.

"문신후가 진나라의 재상으로 있을 때 제가 그를 모셨고, 덕분에 저는 상서尙書[11]의 직책을 맡아 진나라 상황을 잘 알게 되었습니다. 대왕께서 저를 재상에 임명하였으니 저 역시 조나라의 상황을 잘 알아야 할 것 같습니다. 지금 진나라와 조나라 사이에 전쟁이 벌어졌다고 가정하고, 과연 어느 나라가 이길 것인지 살펴보지요. 대왕께서는 조나라와 진나라를 비교할 때 어느 편이 더 강대하다고 생각하십니까?"

"당연히 조나라가 진나라만 못할 거요."

"그러면 민중의 숫자를 비교해볼 때 어느 쪽이 더 많습니까?"

"역시 조나라가 진나라만 못할 거요."

"그렇다면 재물과 양식을 비교하면 어느 쪽이 더 많습니까?"

"그 역시 조나라가 진나라보다 못하오."

"나라를 다스리는 데 있어서 어느 쪽이 더 낫다고 생각하십니까?"

"조나라가 진나라보다 못하오."

"그러면 어느 나라의 재상이 더 유능하며 어느 나라의 장수가 더 용맹합니까?"

"그 점에서는 조나라가 진나라에 비할 바가 못 되오."

"어느 나라의 법령이 더 밝고 엄격합니까?"

"조나라가 진나라만 못하오."

"보아하니 조나라는 어느 면에서도 진나라의 상대가 되지 못하는 것 같습니다. 그렇다면 조나라는 곧 멸망할 수밖에 없지요."

"그대는 조나라에 대해 두 마음을 품고 있지 않으니 나라를 잘 다스리기 위한 비책을 마련해주시오. 그렇게만 해준다면 과인은 반드시 그 계책대로 따를 것이오."

"그렇다면 국토의 절반을 떼어 진나라에 할양하십시오. 진나라는

---

11 상서성의 장관으로, 신하와 임금 간의 문서를 맡아 보던 벼슬.

손 하나 까딱하지 않고 조나라의 영토를 얻게 되어 몹시 기뻐할 것입니다. 게다가 진나라도 조나라가 만반의 준비를 갖추고 여러 제후들의 지원을 받지나 않을까 걱정하고 있기 때문에 대왕께서 바치는 땅을 받아들이고 더 이상 조나라를 공격하지 않을 것입니다. 진나라는 영토의 절반을 얻게 되면 곧바로 군대를 철수시킬 것이고, 조나라는 강산의 절반이 남아 있기 때문에 계속 존속할 수 있을 것입니다. 또한 진나라는 조나라 영토의 절반을 얻어 더욱 강대해졌기 때문에 산동의 각 제후국들은 모두 진을 두려워하게 될 것입니다. 그렇게 되면 제후국끼리 연합하여 진나라에 대응할 것입니다. 일단 제후들이 합종하기만 하면 일은 성공한 것이나 다름없습니다. 청컨대 대왕께서는 합종의 맹약을 적극적으로 추진하십시오. 합종이 이루어지기만 하면 비록 명목상으로는 영토의 절반을 잃지만 실제로는 산동 6국의 지지를 얻는 셈이 되지요. 6국이 연합하여 진나라를 공격한다면 진을 일거에 제압할 수 있을 것입니다."

"예전에 진나라가 조나라를 공격했을 때 조나라는 하간河間 땅의 12현을 바쳐 진에게 화의를 구했소. 이처럼 영토를 할양하고도 전력은 약화되고 결국 진나라의 공격을 피할 수 없었단 말이오. 영토를 할양하여 진을 더욱 강대하게 만든다면 조나라는 더욱 생존하기 어려워질 것이고 결국 멸망할 수밖에 없을 것이오. 바라건대 다른 계책을 말해주면 좋겠소."

"저는 젊은 시절에 진나라에서 문서를 담당하는 관리로 있었고, 그 후로도 계속 관직에만 있었습니다. 그러다 보니 지금까지 군대를 거느리고 싸움에 나선 적이 없었지요. 제게 대왕을 대신해서 군사를 이끌고 진나라와 싸울 수 있도록 허락해주십시오."

조왕은 이를 허락하지 않았다. 사공마가 다시 말했다.

"어떤 계책을 바쳐도 대왕께서는 받아들이지 않으시니 대왕을 모실 수가 없습니다. 차라리 저를 떠나게 해주십시오."

사공마가 조나라를 떠나 평원진平原津을 지나게 되었을 때 현령인 곽유郭遺가 그를 찾아왔다. 곽유가 사공마에게 물었다.

"진나라 군대가 조나라를 공격하고 있다고 들었습니다. 듣자하니 선생께서는 조나라에서 오시는 길이라고 하던데, 지금 조나라의 상황은 어떻습니까?"

사공마는 자신이 조왕에게 계책을 바쳤으나 조왕이 이를 받아들이지 않은 사정을 얘기하면서, 머지않아 조나라가 멸망할 것이라고 예언했다. 평원진 현령이 다시 물었다.

"조나라가 언제 멸망할 것 같습니까?"

"만일 조나라가 무안군武安君 이목李牧을 장군으로 임명한다면 1년쯤 지나서 멸망할 것이고, 조나라가 무안군을 죽인다면 반년이 못 가서 멸망할 것입니다. 지금 조왕의 수하에 한창韓倉이라는 신하가 있는데, 아첨을 아주 잘해 조왕의 총애를 받고 있지요. 이 사람은 질투심이 매우 강하기 때문에 능력이 뛰어난 사람이나 공적이 있는 사람들을 배척하고 있습니다. 지금 나라가 위기에 처했는데도 조왕은 한창의 말에만 귀를 기울이고 있으니, 조만간 무안군 역시 죽게 될 것입니다."

인재를 잃으면 나라를 잃는다

과연 한창은 무안군을 헐뜯었고, 조왕은 무안군을 장군직에서 해임

했다. 무안군이 변방에서 도성으로 돌아오자 조왕은 한창에게 그의 과오를 일일이 알리라고 했다.

"언젠가 장군께서 전쟁에서 승리하고 돌아왔을 때 대왕께서 술을 하사하셨는데, 장군은 대왕의 무병장수를 기원하면서 손에 비수를 쥐고 있었소. 이는 죽어 마땅한 일이오."

무안군이 대답했다.

"나는 오른팔을 다쳐 제대로 펴지 못하오. 키는 크지만 팔이 매우 짧아서 손이 땅에 닿지 않소. 그래서 대왕께 제대로 경의를 표하지 못할까봐 나무토막을 팔에 달았던 것이오. 대왕께서 믿지 못하신다면 보여드릴 수도 있소."

그러고는 팔소매를 걷어 천에 싸인 나무토막을 보여주면서 한창에게 말했다.

"그대가 어서 입궁하여 대왕께 이런 사실을 아뢰어주길 바라오."

"나는 대왕의 명령을 받들어 장군 스스로 목숨을 끊으라는 어명을 전하러 온 몸이오. 장군을 위해 대왕께 그런 말씀을 아뢸 수는 없을 것 같소이다."

이목은 북쪽을 향해 두 번 절을 올려 스스로 목숨을 끊으라는 왕의 명령에 감사의 뜻을 표했다. 그러고는 또다시 입을 열었다.

"신하된 몸으로 궁에서 자살을 할 수는 없소."

마지막 말을 남기고 사마문司馬門으로 간 그는 오른손으로 보검을 빼 들었으나, 팔이 짧아 목까지 닿지 않자 입에 검을 문 채 기둥에 몸을 부딪쳐 자살했다.

무안군이 죽은 후 5달이 채 안 되어 조나라는 멸망하고 말았다. 그 뒤로 평원진 현령 곽유는 사람들이 사공마를 잃은 일에 대해 탄식하는 이야기를 들었다. 곽유는 사공마야말로 선견지명을 지닌 인물로 그가 진나라에서 쫓겨난 것이나 조나라를 떠났던 것이 결코 어리석음 때문이 아니었다고 생각했다. 조나라는 사공마를 잃어 멸망을 재촉했다. 조나라가 멸망한 것은 현명한 인재들이 없어서가 아니라 현명하고 유능한 사람들이 제대로 임용되지 못했기 때문이었다.

　조나라가 사공마라는 인재를 잃고 패망의 길로 치달았음에도 불구하고 역사는 이 사실을 기억하지 못했다. 현명한 사람을 질투하고 능력 있는 사람을 모함하며, 참언에만 귀를 기울이고 자신에게 비위를 맞춰주길 바라는 것이 사람들의 약점이다. 특히 높은 지위에 있는 사람들일수록 이러한 약점은 더 커지기 마련이다. 그래서 국가의 패망은 영원히 피할 수 없는 것인지도 모른다.

5 이익은 은밀히 취하라

 소진이 죽자 그의 동생 소대는 소진의 유세 활동을 이어받아 연나라의 소왕昭王을 찾아가 말했다.

 "저는 동주東周의 시골에 사는 보잘것없는 백성입니다. 그곳에서 들으니 대왕께서는 덕행을 존중하고 인의를 중시하며 백성들의 뜻에 따르신다고 하더군요. 저는 비록 재주가 부족하지만 호미를 내려놓고 대왕을 뵙고자 이곳으로 왔습니다. 이곳 사람들의 얘기를 들으니 대왕의 덕성과 의로움이 동주에서 듣던 것보다 훨씬 대단하더군요. 그래서 대왕의 뜻을 따르기로 결심하고 이렇게 조정을 찾아오게 된 것입니다. 이곳에 와서 신하들과 관원들을 유심히 살펴보고 나서 과연 대왕께서 천하제일의 영명한 군주라는 명성에 버금가는 분임을 확인할 수 있었습니다."

"선생께서 말하는 천하제일의 영명한 군주라는 것은 어떤 기준에 따라 평가한 것이오?"

"영명한 군주들은 자신의 과실을 지적하는 말에만 귀를 기울이고 칭송하는 말은 흘려듣는다고 하더군요. 제가 대왕의 과실을 지적해보겠습니다. 제나라와 조나라는 대왕의 원수이고 초나라와 위나라는 동맹국입니다. 하지만 지금 대왕께서는 적국의 말에 따라 동맹국을 공격하려 하시지요. 이는 장차 연나라에 커다란 손실을 줄 것입니다. 대왕께서 상황을 곰곰이 따져보시면 얼마나 잘못된 정책인지 아실 수 있을 것입니다. 신하들이 이런 사실을 대왕께 간언하지 않는다면 결코 충신이라 할 수 없을 것입니다."

"과인은 제나라와 조나라를 공격할 계획이 없소."

"남의 이익을 탐내지도 않으면서 의심을 사는 것은 불리한 일이고, 남의 이익을 가로챌 의도가 있음을 알리는 것은 멍청한 일이며, 남을 공격하여 이익을 취하려는 계획을 실행하기도 전에 이런 사실을 누설하는 것은 위험한 일입니다. 제가 듣기로 대왕께서는 지금 잠도 편히 주무시지 못하고 음식도 제대로 드시지 못하면서 제나라에 원수를 갚고 말겠다는 일념으로 괴롭게 지내신다고 하더군요. 또한 손수 갑옷을 꿰매시면서 '내게 원수를 갚을 수 있는 커다란 계략이 있다'고 호언하고 계신다지요? 대왕의 처자들도 갑옷의 갑편甲片을 달면서 입만 열었다 하면 '제나라의 원수를 갚을 커다란 지략이 있다'고 말하곤 한다던데, 이것이 사실입니까?"

"선생께서 사실을 다 알고 있으니 굳이 감출 필요도 없겠소. 과인은 제나라에 깊은 원한을 품게 되었고 원수를 갚으려 준비해온 지도 이미 두 해가 지났소. 제나라는 과인의 원수이므로 반드시 복수해야 하오. 하지만 지금은 연나라가 몹시 피폐한 상태라 힘이 부족하기 때문에 아직은 제나라에 대항하기 어려운 실정이오. 선생에게 연나라를 부강하게 만들 수 있는 계책이 있다면, 과인은 기꺼이 이 나라를 선생에게 맡길 것이오."

"서로 전쟁을 벌이고 있는 나라가 여섯이나 되지만 연나라는 약소국에 속하지요. 혼자서 전쟁을 치른다면 승리하기 어려울 것이고, 다른 나라에 의지하여 전쟁을 벌인다면 다른 나라만 부강하게 만드는 꼴이 될 것입니다. 남쪽으로 초나라에 의지하면 초나라가 더욱 강대해질 것이고, 서쪽으로 진나라에 의지하면 진의 국력이 더욱 강해질 것입니다. 그 사이에 있는 한과 위에 의지한다면 한과 위의 국력이 강대해지겠지요. 의지하는 나라들의 국력이 강해지면 연나라의 힘은 약해집니다. 지금의 제나라 왕은 현명하긴 하지만 자신의 능력을 과신하여 5년 동안 초나라를 공격한 결과 비축된 양식을 전부 소진했고, 3년 동안 서쪽으로 진나라를 포위한 결과 백성들의 원성을 사게 되었습니다. 그러나 북쪽으로 연나라를 공격한 결과 연나라의 삼군을 전멸시켰고, 나머지 병력으로 남쪽을 공격하여 송宋나라의 전차 5,000승을 파괴했습니다. 이 모든 것이 제나라가 얻고자 했던 것이지만 국력은 크게 약화되었기 때문에 또 다른 일을 벌일 수가 없습니다. 듣건대 전쟁이 많으면 군대가 고통스럽고 병사를 일으키게 되면 군대가 피폐해진다고 합니다. 제나라가 약해지는 것은 당연한 결과이지요."

소왕은 여전히 불안한 기색을 감추지 못했다.

"듣건대 제나라는 청제淸濟와 탁하濁河가 천연의 장벽이 되어주고 장성과 제방들이 요새가 되어준다고 하던데, 그 말이 사실이오?"

"모든 상황이 제나라에 매우 불리하게 돌아가고 있기 때문에 아무리 청제와 탁하가 있고 장성과 거대한 제방이 있다고 해도 완전한 요새가 되지는 못할 것입니다. 게다가 제나라는 조나라의 공격에 대비하느라 한동안 제서濟西의 병력을 동원하지 못했고, 연나라를 견제하느라 하북河北의 군대를 사용하지 못했습니다. 지금은 제서와 하북의 군대까지 전부 동원하고 있으니, 이는 제나라 국내의 병력이 없다는 것을 뜻하지요. 오만한 군주들은 제대로 지모를 발휘하지 못하고 대신들도 잘못 쓰기 마련입니다. 지금 대왕께서 가족을 인질로 삼고 금은보석과 진귀한 비단을 바쳐 제나라 왕을 시봉하신다면 제왕은 연나라의 충정에 감동하여 경솔하게도 송나라를 멸하려 들 것입니다. 그렇게 되면 제나라가 멸망할 날도 훨씬 가까워지게 되겠지요."

"과인은 천명에 따라 선생의 가르침을 받아들일 것이오."

"국내의 적을 제압하지 못하면 국외의 적도 막을 수 없습니다. 대왕께서는 밖에서 제나라를 공격하십시오. 제가 먼저 제나라로 가서 내통하도록 하겠습니다. 그렇게 되면 제나라는 멸망하지 않을 수 없을 것입니다."

합종의 도리와 연횡의 이치

소진은 합종을 관철시켜 커다란 성공을 거두면서 일거에 진나라를 곤경에 빠뜨렸다. 세월이 지나 그의 동생 소대는 연나라를 위해 연횡의 책략을 유세하게 되었다. 연나라의 입장에서 소대의 지략은 대단히 절묘한 것이었지만 6국의 전체적인 정세로 볼 때 연횡을 통해 진을 섬기는 것은 금기와도 같은 일이었다. 하지만 각 제후국들은 일시적인 이익만을 추구하고 장기적인 문제는 고려하지 않았다. 제나라가 송宋나라를 공격하자 송의 처지가 몹시 다급해졌다. 그래서 소대는 연왕에게 편지를 보냈다.

"연나라는 1만 대의 전차를 보유하고 있는 대국인데도 제나라에 인질을 보내어 국가의 위신을 손상시키고 있습니다. 또한 제나라를 받들어 송나라 토벌을 돕는 바람에 백성들이 피폐하고 물자가 부족해지면서 곤경에 빠졌지요. 제나라가 송나라를 공격하면 초나라의 회북淮北이 공격을 당하게 되어 제나라는 더욱 강대해질 것이고, 이는 원수가 강해지고 자신은 약해지는 결과를 낳을 것입니다. 이 세 가지 상황이 연나라의 입장에서는 모두 재앙이 되지요. 대왕께서는 이런 상황을 이용하여 화근을 제거하고 제나라의 신임을 사려 하시지만 그 결과는 정반대입니다. 제나라는 연나라를 더욱 시기하게 될 것입니다. 따라서 대왕께서 제나라를 섬기시는 것은 실책입니다. 이는 백성들을 지치게 하고 물자를 낭비하면서 아무 이득도 얻지 못하는 어리석은 전략이기 때문이지요. 만일 대왕께서 송나라를 공격한다면 이는 원수를 강대하게 만들고 자국을 대대손손 재앙에 처하게 만드는 것입니다. 또한 만승지국萬乘之國[12]에 맞먹는 송나라와 초나라의 회북 땅을 제나라가 점령하도록 돕는다면 이는 적국이 늘어나는 것이나 마찬가지입니다. 북이北夷의 땅은 사방 700리에 달하고 여기에 노魯나라와 위나라가 더해지면 만승지국이 되는데, 이를 제나라가 물리친다면 적국이 셋으로

---

12 일만 대의 병거兵車를 동원할 수 있는 나라라는 뜻으로, 천자天子의 나라를 이르는 말.

늘어나는 셈입니다. 연나라는 강대한 제나라 하나도 상대하기 버거운데 셋으로 늘어난다면 커다란 재난이 아닐 수 없지요.

사태가 이렇긴 하지만, 지혜로운 사람에게는 화를 복으로, 실패를 성공으로 바꾸는 능력이 있다고 합니다. 과거에 제나라 사람들은 색이 없는 비단을 자주색으로 염색하여 10배의 가격에 팔았고, 월왕 구천은 회계會稽에 인질로 끌려갔지만 나중에는 오나라를 멸망시키고 패왕이 되었습니다. 이 모든 것이 전화위복의 대표적인 사례이지요. 대왕께서도 화를 복으로, 실패를 성공으로 바꾸고 싶지 않으십니까? 그러시다면 제나라를 패주로 존중하시고 사신을 보내 동맹을 맺는 한편, 진나라와 주고받은 서신은 전부 태워버리시는 것이 좋을 것 같습니다. 아울러 '진나라를 멸망시키는 것이 상책이고 여의치 않을 경우 진나라를 고립시켜야 한다'라는 내용의 맹약을 맺으셔야 합니다. 그렇게 되면 진나라는 고립이 두려워 근심하게 될 것입니다. 진나라는 5대에 걸쳐 해마다 제후국들을 공격했지만 지금은 제나라에 굴복한 상태입니다. 진왕의 성격으로 미루어 보건대 제나라를 곤경에 처하게 할 수만 있다면 모든 역량을 동원해서라도 제를 공격하려 들 것이 분명합니다. 그런데도 어째서 대왕께서는 사람을 보내 진왕에게 이런 사정을 알리지 않으시는지요? 진왕에게 사자를 보내 이렇게 말씀하십시오.

'연과 조가 송나라를 공격하는 것은 제나라를 강대하게 만드는 일이고 제나라를 섬기려면 반드시 속국이 되어야 하는데, 연나라와 조나라가 이렇게 하는 것은 사실상 아무런 이득도 없는 일입니다. 그렇다면 왜 이렇게 할까요? 이는 두 나라가 진나라를 믿지 못하기 때문입니다. 어째서 연과 조의 신임을 살 수 있는 사람을 보내 두 나라를 자기

편으로 끌어들이지 못하십니까? 경양군과 고릉군을 먼저 연나라와 조나라로 보내 진나라의 상황이 변하면 인질로 남게 하십시오. 그러면 연과 조는 진나라를 믿게 될 것입니다. 이렇게 되면 진은 서쪽 지역에서 황제고 조나라는 중간 지역에서 황제가 되며, 연나라는 북쪽 지역에서 황제로 행세하면서 세 나라가 천하를 호령할 수 있을 것입니다. 한나라와 위나라가 순종하지 않을 때는 진나라가 이 두 나라를 공격하고, 제나라가 순종하지 않을 때는 조나라가 정벌할 수 있습니다. 결국 천하의 어떤 제후국도 명령을 거역하지 못할 것입니다. 천하가 세 나라의 군주에게 복종하게 되면 한과 위로 하여금 제를 공격하게 하고 제왕에게 송나라의 영토와 초나라의 회북 땅을 반환할 것을 요구하게 하십시오. 송나라의 영토와 초나라의 회북 땅이 반환되는 것은 연과 조에게 대단히 유리한 일이고, 3개의 제국이 설립되는 것은 연과 조 모두 원하는 일입니다. 이렇게 되면 연과 조는 실질적인 이익을 얻는 동시에 명예도 얻게 됩니다. 따라서 두 나라 모두 제나라를 멀리하게 될 것입니다. 반대로 연과 조와 동맹을 맺지 않는다면 두 나라를 제나라에게 주는 것과 마찬가지이고 제나라의 패업을 돕는 일이 됩니다. 그렇게 되면 제후들이 제나라를 옹호하게 되고, 대왕만이 제왕의 명령에 복종하지 않아 진나라는 제후들의 협공에 시달리게 될 것입니다. 따라서 대왕께서 연과 조를 끌어들이지 않는다면 명예가 실추되고 나라가 위험에 처할 것입니다. 반대로 동맹을 맺으신다면 이름이 더욱 존귀하게 되고 나라도 크게 안정시킬 수 있을 것입니다.'

이런 설명을 듣고 나면 진왕은 크게 자극을 받아 당장 제나라를 공격할 것입니다. 그러니 대왕께서는 하루속히 언변에 능한 인재를 진왕에게 보내 설복시키십시오. 진은 반드시 제를 공격하게 될 것입니다. 진과 연합하는 것은 가장 중요한 우방을 얻는 일이고, 제를 토벌하는 것은 장기적인 이익을 확보하는 일입니다. 현명한 군주라면 중요한 우방을 중시하고 장기적인 이익을 추구해야 하는 것이지요."

소왕은 편지를 읽고 나서 소대의 분석과 설명에 찬탄을 금치 못하며 이렇게 말했다.

"연나라의 선왕께서 소대에게 은덕을 베풀었는데도 동란의 시기가 닥쳐오자 소대는 연나라를 떠났소. 하지만 연나라가 제나라의 원수를 갚기 위해서는 소대가 없으면 안 될 것 같소."

그리하여 소왕은 소대를 불러들여 다시 중용하고 제나라를 공격하기 위한 전략을 모색했다. 결국 제나라는 연나라의 공격에 무너졌고 민왕은 다른 나라로 도주했다.

실제로 합종이 득세하긴 했지만 연횡에도 충분히 일리가 있었다. 소진이 역설했던 합종의 책략은 상당히 설득력이 있었지만 그의 동생 소대에 이르러서는 진나라를 중심으로 단결하는 것이 거스를 수 없는 흐름이었다. 역사가 인간을 가지고 노는 것일까, 아니면 인간이 잠깐 비치는 햇빛을 따라 몰려다니는 것일까? 재미있는 문제가 아닐 수 없다.

6 | 항상 대세를 넓게 살피라

중국 역사에 있어서 춘추전국시대의 합종은 대단히 중요한 사건으로, 진秦나라가 6국을 공격하던 당시의 상황을 역전시키는 계기가 되었다. 이 일에 문학적 색채가 가미되면서 다양한 형태의 이야기로 전해져 내려오고 있다.

연나라에서 조나라로 돌아와 합종책을 펼치던 소진이 조왕에게 말했다.

"재상에서부터 백성에 이르기까지 천하의 모든 사람들이 대왕의 정의로운 행동을 찬양해왔고 오래전부터 가르침을 듣기를 희망해왔습니다. 그러나 봉양군奉陽君은 현명하고 능력 있는 사람들을 시기하고 질투했고 대왕께서도 이를 방치하시는 바람에 외부에서 오는 세객들이 대왕께 충성을 다할 수 있는 기회가 없었습니다. 다행히 봉양군이 죽고 대왕께서도 세객들을 가까이하고 계십니다. 덕분에 저도 대왕의 면전에서 충성을 다할 수 있게 되었지요.

  대왕을 진정으로 위하는 길은 백성들이 한가하고 편안하게 살게끔 최대한 걱정거리를 없애주는 것입니다. 백성들을 편안하게 하는 근본은 좋은 우방을 선택하는 것이지요. 좋은 우방을 선택하면 백성들이 안정을 찾을 수 있지만 우방을 잘못 선택하면 백성들이 평생 불안하게 됩니다. 그래서 저는 대왕께 조나라의 우환에 관해 말씀드릴까 합니다. 제나라와 진나라는 조의 가장 큰 적국으로서 백성들이 불안해하는 이유입니다. 만일 진나라에 의지하여 제나라를 공격한다면 백성들이 어려울 것이고, 제나라에 의지하여 진나라를 공격해도 결과는 마찬가지일 것입니다. 어떤 사람들은 다른 나라와 함께 또 다른 나라를 공격하기 위해 온갖 방법을 동원하여 다른 나라와의 왕래를 막을 구실을 찾고 있습니다. 바라건대 대왕께서는 신중하셔서 하시고자 하는 말씀이 있어도 가벼이 입밖에 내지 마십시오.

  청컨대 대왕께서는 좌우의 사람들을 물러가게 하십시오. 그러면 제가 합종과 연횡의 이익과 폐단에 관해 자세히 말씀드리겠습니다. 대왕께서 제 말에 귀를 기울이신다면 연나라는 모피 담요와 가죽, 좋은 말이 생산되는 땅을 바칠 것이고, 제나라는 생선과 소금이 생산되는 바닷가의 땅을 바칠 것이며, 초나라는 귤과 유자가 생산되는 운몽雲夢 땅을 바칠 것입니다. 또한 위나라와 한나라도 영토를 바칠 것입니다. 이렇게 되면 대왕의 종족과 친척들을 전부 제후로 봉할 수 있을 것입니다. 다른 나라에서 바치는 온갖 재물과 땅은 과거의 패왕들이 엄청난 병력을 들여서라도 추구하던 것이고, 친족들이 제후로 봉해지는 것은 상商의 탕왕湯王이나 주周의 무왕武王 역시 전쟁을 통해 필사적으로 쟁취하고자 했던 것입니다. 하지만 대왕께서는 아무 힘도 들이지 않고 손바닥 뒤집듯이 쉽게 얻으실 수 있으니, 이것은 대왕께 축하드려야 할 일입니다."

상황을 정확히 분석하라

"대왕께서 진나라와 연합하신다면 한과 위를 약화시킬 것이고, 제나라와 연합하신다면 초와 위를 약화시킬 것입니다. 위나라는 세력이 약해지면 하외河外의 땅을 바칠 것이고, 한나라는 의양宜陽의 땅을 헌납할 것입니다. 의양이 할양되면 상군上郡의 대로가 끊기고, 하외의 땅이 할양되면 도로가 막힐 것이며 초나라의 세력이 약화되어 조나라는 지원 병력을 잃게 되지요. 따라서 이 세 가지 전략을 결정하는 데 특별히 신중하셔야 합니다.

진나라가 지도軹道를 따라 내려온다면 남양南陽이 공격을 받게 되고, 더 나아가 한나라를 공격하여 주 왕실을 위협하게 되면 조나라도 위험에 처하게 되지요. 진나라가 다시 위를 공격하여 기수淇水를 장악하게 되면 제나라가 굴복할 수밖에 없습니다. 산동의 6국을 점령한 다음에는 조나라가 그 다음 공격 대상이 될 것입니다. 진나라가 황하와 장수漳水를 건너 번오番吾를 장악하게 되면 조나라의 도성인 한단이 공격을 받게 되지요. 이것이 대왕을 위해 걱정하는 바입니다.

지금 산동의 여러 나라들은 조나라만큼 강하지 않습니다. 조나라의 영토는 사방 2,000리에 달하고 수십만의 군대와 1,000대의 전차, 1만 필의 전마를 보유하고 있습니다. 비축된 식량도 10년은 버틸 수 있는

양이지요. 서쪽으로는 상산과 황하, 장수가 있고 동쪽으로는 청하가 있으며 북쪽에는 연나라가 있습니다. 연나라는 원래 약소국이기 때문에 두려워할 대상이 못 되지요. 여러 제후국들 가운데 진나라가 가장 두려워하는 것은 조나라입니다. 왜 진나라가 군사를 일으켜 조를 치지 못하는지 아십니까? 한나라와 위나라가 뒤에서 공격할 것을 두려워하기 때문이지요. 따라서 한나라와 위나라는 조나라에게 남쪽의 병풍이 되어주고 있는 셈입니다. 하지만 진나라가 한과 위를 공격하면 상황은 달라집니다. 이 두 나라는 병풍이 되어줄 만한 산과 강이 없기 때문에 진나라는 힘을 들이지 않고도 조금씩 두 나라를 잠식해 들어가 두 나라의 도성을 위협할 수 있습니다. 한과 위가 진나라의 공격에 대항하지 못한다면 굴복할 수밖에 없고, 그렇게 되면 진나라는 조나라를 공격하는 데 방해가 되는 두 장애물을 제거한 셈이 됩니다. 이렇게 되면 조나라는 위험에 빠지게 되지요. 이것이 또한 대왕을 위해 염려하는 바입니다.

고대의 요堯 임금도 처음 나라를 경영할 때는 땅이 300무를 넘지 않았고, 순舜은 한 치의 땅도 없었지만 나중에 천하를 손에 넣었다고 합니다. 우禹 임금은 수백 명의 백성으로도 나중에 제후의 왕이 되었지요. 상의 탕왕이나 주 무왕의 군대도 3,000명이 넘지 않았고 전차는 300대도 되지 않았지만 나중에 천자가 되었습니다. 이는 모두 정확한 책략을 실행했기 때문이지요. 따라서 현명한 군주라면 적국의 힘과 자신의 능력을 정확히 가늠할 줄 알아야 합니다. 이렇게만 할 수 있다면 적군과 전쟁터에서 대치하지 않아도 승패와 존망을 대략적으로 알 수 있으니, 모호하고 어리석은 계책에 귀를 기울일 필요가 없지요.

저는 예전에 천하 각국의 지세를 면밀히 분석한 결과, 제후국들의 땅을 전부 합치면 진나라의 5배가 되고 병력을 합치면 전부 진나라의 10배에 달한다는 사실을 발견한 바 있습니다. 6국이 연합하여 병력을 집중시킨 다음, 한꺼번에 서쪽으로 진격하여 진을 공격한다면 무너뜨릴 수 있을 것입니다. 지금 각 제후국들은 진나라에 의해 사분오열되었고 기꺼이 진의 신국臣國이 되기를 원하고 있습니다. 남을 공격하는 것과 공격을 당하는 것, 남을 정복하는 것과 정복당하는 것이 같을 수 있겠습니까?

연횡을 주장하는 사람들은 모두 영토를 바쳐 진나라와 강화할 것을 역설하고 있습니다. 제후국들이 진과 강화하기만 하면 그들은 거대한 저택과 호화로운 궁실을 얻게 될 것입니다. 아름다운 음악과 기름진 음식을 즐기게 될 것이고, 아름다운 무희들과 궁녀들이 이들을 즐겁게 해줄 것입니다. 진나라가 두려운 대상이 된다 해도 군주를 위해 근심을 나눌 사람은 없을 것입니다. 따라서 연횡을 주장하는 자들은 진나라의 권세를 가지고 제후들을 위협하여 영토를 바치게끔 재촉하고 있는 셈이지요. 대왕께서는 신중하게 생각하시고 결정을 내리셔야 할 것입니다.

현명한 군주는 모든 일에 의심이 없고, 참언讒言[13]에 귀를 기울이지 않으며, 유언비어를 물리치고, 당파를 결성하여 개인의 이익을 취하는 행위에 반대한다고 합니다. 제가 이런 말씀을 드리는 것은, 오로지 대왕의 군주로서의 지위를 존귀하게 하고 영토를 널리 확장하며 병력을

---

13 거짓으로 꾸며서 남을 헐뜯는 말.

강성하게 하기 위해서입니다. 한, 위, 제, 초, 연, 조 여섯 나라가 힘을 합쳐 진에 대항하는 것이 가장 바람직한 전략입니다. 제후국의 장상將相[14]들이 원수에 모여 회맹을 거행하고 서로 인질을 교환하며 흰 말을 잡아 맹약을 맺어야 합니다. 아울러 진나라가 초나라를 공격하면 제나라와 위나라가 각기 정예 병력을 보내 초를 지원하고, 한나라와 위나라가 진의 보급로를 차단하며, 조나라는 황하와 장수를 건너고, 연나라는 상산商山 이북을 지키기로 약정해야 합니다. 진나라가 한과 위를 공격하면 초나라가 진의 보급로를 차단하고, 제나라는 정예 병력을 보내 지원에 나서며, 조나라는 황하와 장수를 건너고, 연나라는 운중雲中을 굳게 지키는 겁니다. 진나라가 제나라를 공격할 때는 초나라가 진의 보급로를 끊고, 한나라가 성고를 지키며, 위나라가 오도午道를 차단하고, 조나라가 황하와 장수를 건너며, 연나라가 정예 병력을 파견하여 지원에 나서야 하겠지요. 진이 연나라를 공격할 때는 조나라가 상산의 방어에 나서고, 초나라가 무관에 병력을 주둔시키며, 제나라가 발해를 건너고, 한나라와 위나라가 정예 병력을 보내 지원에 나서면 될 것입니다. 조나라가 진의 공격을 받게 되면 한나라가 의양에, 초나라는 무관에, 위나라는 하외에 군대를 주둔시키며, 제나라는 발해를 건너고, 연나라가 군대를 파견하여 지원에 나서면 될 것입니다. 제후들 가운데 먼저 맹약을 어기는 자가 있으면 나머지 다섯 제후국이 토벌해야 하겠지요. 이렇게 여섯 나라가 합종의 맹약을 실행에 옮겨 진에 대항하면 진은 감히 함곡관을 넘어 6국을 공격하지 못할 것입니다.

---

14 장수와 재상.

그리고 곧 패업을 이루실 수 있을 것입니다."

"과인은 아직 젊은데다 집정을 시작한 지 얼마 되지 않아 나라를 다스리는 원대한 계책을 들어본 바가 없소. 지금 귀빈께서 천하를 보존하고 제후들을 안정시키고자 하시니 제후들로 하여금 귀빈의 말에 따르게 할 것이오."

이리하여 조왕은 소진을 무안군에 봉하고 화려하게 장식된 수레 100대와 황금 1,000일鎰, 백옥 100쌍, 비단 1,000필을 하사하면서 여러 제후들을 단결시켜줄 것을 부탁했다.

소진은 진왕에 대한 유세에서 실패한 후로 성숙한 면모를 보이기 시작했다. 그는 천하의 대세를 정확히 파악했고, 세심한 연구와 분석을 기초로 남다른 탁견을 갖추게 되었다. 조나라의 형세에 대한 세밀한 분석을 살펴보면 소진이 국제 관계에 뛰어난 전문가였음을 확인할 수 있다. 그가 연횡을 무산시키고 합종의 책략을 관철시킬 수 있었던 것은 필연적인 일이었다.

2장 이해관계를 파악하는 것이 전략이다

7 | 개는 뼈다귀 하나를 놓고 다툰다

　인간이란 어떤 존재인가? 어떤 의미에서 인간은 이익을 추구하는 동물이라 할 수 있다. 이익을 어떻게 추구할 것인가 하는 문제는 인간의 기본적인 생존 목적 가운데 하나이고, 이를 연구하는 활동이 하나의 학문 영역으로 발전해왔다. 춘추전국시대의 종횡가야말로 이해득실을 논하는 것을 주된 주장으로 삼던 사람들로서 그들이 보여주는 지혜는 상상을 초월한다. 사실 종횡가의 지모는 오늘날의 외교에도 십분 적용할 수 있는데, 현대 국제관계를 다루는 대학의 학과에 『전국책』이나 『귀곡자』와 관련된 강의가 개설된 적이 없다는 사실이 이상하기까지 하다. 국제적으로 명성을 떨쳤던 외교가 헨리 키신저 박사가 중국의 이 경전들을 읽었다면 자신의 초라한 지모에 자괴감을 느꼈을지도 모를 일이다.

춘추전국시대의 종횡가를 다른 학파와 비교해볼 때 다음의 세 가지 특징을 찾아볼 수 있다. 이들은 절대로 한 군주만을 섬기지 않았고, 변함없는 정치적 주장은 품지 않았으며, 고정불변의 가치기준도 없었을 뿐만 아니라 권력과 재물을 추구하는 것 외에 어떠한 도덕적 제약도 받지 않았다. 그래서 항상 이익을 모든 활동의 중심에 두고 거리낌 없이 변론에 임할 수 있었던 것이다.

입술을 창으로 삼고 혀를 검으로 삼는다는 말처럼 변론술의 놀라운 효과는 상상을 초월한다. 입술과 혀는 한 자루의 창과 검에 그치는 것이 아니라 백만의 군사에도 필적할 만하다. '말 한마디로 나라를 흥하게도 하고 망하게도 한다'라는 말이 이 사실을 상징적으로 보여준다고 할 수 있다.

일찍이 수많은 제후국의 책사들이 조나라에 모여 진秦나라에 함께 대항하기 위해 합종을 논의했다. 이에 두려움을 느낀 진왕에게 재상인 응후 범저가 말했다.

"아무 염려 마시고 제게 맡겨주십시오. 제가 저들의 책략을 무산시키도록 하겠습니다. 제후들이 고용한 책사들이 진나라에 아무런 원한도 없으면서도 한데 힘을 합쳐 대항하려 하는 것은 그들이 명예와 이익을 취하기 때문입니다. 대왕께서는 매일 개를 보시지 않습니까? 어떤 놈은 누워 있고 어떤 놈은 서 있으며 어떤 놈은 이리저리 돌아다니고 있고 어떤 놈은 미동조차 하지 않지만 서로 다투는 일이 없습니다. 그러다가 뼈다귀라도 하나 던져주면 갑자기 들고 일어나 서로 물고 뜯고 야단이지요. 개들이 갑자기 다투는 이유가 무엇이겠습니까? 그 뼈다귀 하나를 얻기 위해서이지요."

그리하여 진왕은 당수唐雎에게 악대를 딸려 보내면서 황금 5,000냥을 주었다. 당수는 무안성에 거처하면서 세객들에게 큰 연회를 베풀었다. 모두들 실컷 먹고 마시고 있을 때 갑자기 당수가 입을 열었다.

"한단의 책사 여러분, 여러분들 가운데 누가 이 거금을 차지하시겠습니까?"

이때까지만 해도 합종을 꾀하는 주모자들은 마음이 움직이지 않았다. 다시 진나라로 돌아온 당수에게 범저가 말했다.

"황금을 어디에 써야 하는지에 대해서는 괘념치 마십시오. 돈을 쓰시기만 하면 일은 이룬 것이나 다름없습니다. 제가 다시 사람을 시켜 황금 5,000냥을 무안으로 보내드리겠습니다."

다시 무안에 도착한 당수가 황금을 채 3,000냥도 쓰기 전에 제후국의 책사들은 크게 소란을 피우며 다투기 시작했다. 이제 누구 하나 진나라에 대항하기 위해 제후국들을 연합하고 조직하는 일에 마음을 쓰는 사람이 없었다.

책사들을 개에 비유하고 황금을 뼈다귀에 비유한 범저의 지혜는 놀라운 것이었다. 그는 진왕이 연합국의 공격이라는 재난을 피할 수 있게 해주었을 뿐만 아니라 '원교근공'의 외교정책을 제창하여 진나라가 전국을 통일하는 데 커다란 공을 세웠다. 그러나 합종과 연횡에 가장 능통했던 사람들은 역시 소진과 장의였다. 이 두 사람은 세 치 혀를 놀려 제후국들로 하여금 진나라와 연합하게도 했다가 다시 제후국들끼리 연합하여 진나라에 대항하게도 했으니, 참으로 흥미진진한 일이 아닐 수 없다.

남편 말을 들으면 남편 말이 옳다

소진이 조나라를 위해 합종 연맹을 조직할 생각으로 제나라 왕을 찾아가 말했다.

"제나라는 남쪽으로 태산泰山이 버티고 동쪽으로는 낭야산瑯琊山, 서쪽으로는 청하, 북쪽으로는 발해가 가로막고 있어서 철옹성이라 할 수 있습니다. 제나라는 영토가 넓고 병력이 수십만을 헤아리며 양식은 산더미처럼 쌓여 있지요. 게다가 제나라 전차는 성능이 매우 뛰어나 화살처럼 빠른 속도로 내달릴 수 있고, 전장에서의 위세는 우레와 같으며, 군사들은 비바람처럼 빠르게 흩어지거나 모일 수 있습니다. 전쟁이 일어난다 하더라도 적군이 태산을 넘거나 청하와 발해를 건너기가 힘들지요. 또한 제나라의 도성인 임치臨淄에는 남자만 21만 명이 거주하고 있습니다. 임치는 매우 풍요롭고 살기 좋은 곳입니다. 대왕의 현명함과 제나라의 강성함이 합치면 천하에 누구도 감히 대항하지 못할 것입니다. 그런데도 대왕께서는 서쪽으로 진나라를 섬기시니 부끄러움을 금할 수 없습니다.

한과 위 두 나라가 병사를 일으켜 진나라와 전쟁을 벌인다면 열흘이 채 안 돼서 흥패와 존망이 결판날 것입니다. 한, 위 두 나라가 전쟁에 이긴다 해도 병력의 태반이 손실을 입어 국경을 제대로 지켜내기 어려울 것이며, 다른 제후국들에 의해 멸망할 처지에 놓이게 될 것입니다. 물론 진나라를 이기지 못하면 멸망하게 되는 것은 당연한 일이지요. 그래서 한, 위 두 나라는 진에 대항하지 못하고 복종하는 것입니다. 하지만 진나라가 제나라를 공격한다면 한과 위가 뒤에서 진나라를 공격할 것을 걱정해야 하지요. 또한 제나라로 가는 길은 전차가 다닐 수 없을 뿐만 아니라 말 두 마리가 나란히 걸을 수조차 없지요. 때문에 제나라 병사 하나가 지키면 진나라 병사 1,000명이 공격한다 해도 뚫기 어려울 것입니다. 따라서 진나라는 허장성세로 위협하는 데 그칠 뿐 실제로는 감히 쳐들어가지 못할 것입니다. 이처럼 진나라는 제나라를 해칠 수 없습니다. 따라서 실제적인 정황을 고려하지 않고 진나라에 비굴하게 복종하는 대신들에게 문제가 있는 것이지요. 제나라가 진나라를 피하고 있다는 오명에서 벗어나 독립적이고 강대한 나라의 지위를 되찾을 수 있다는 점을 대왕께서는 왜 생각하지 못하시는지 알 수가 없습니다."

제왕은 그의 말에 일리가 있다고 생각했다.

"과인이 어리석었소이다. 이제 선생께서 조왕의 뜻을 과인에게 일러주셨으니 과인도 합종의 연맹에 참여하겠습니다."

한편 또 한 명의 저명한 변론가인 장의가 제왕을 찾아가 말했다. 그는 소진의 주장을 전면적으로 부정하면서 그와 상반되는 논조로 각 제후국들 사이의 합종 연맹을 타파하려 했다. 그는 놀랍게도 제나라 왕의 마음을 돌이켜 진나라에 복종하게 만들었다.

"아무리 강대한 제후국도 제나라만 못합니다. 조정의 대신들은 물론이고 종친의 세력이나 부유함도 제나라를 능가하진 못하지요. 하지만 대왕과 더불어 지모를 나누는 책사들은 하나같이 일시적인 이익만 고려할 뿐 장기적인 이익은 돌볼 줄 모릅니다. 합종을 주장하는 자들이 대왕께 유세하는 이유는 제나라 서쪽에 강대한 조나라가 버티고 있고 남쪽으로는 한과 위가 있기 때문입니다. 이 두 나라는 바닷가에 위치한 나라로 영토가 넓고 인구도 많은데다 강하고 용감한 군사를 거느리고 있으니 진나라가 아무리 강해도 당해내기 어려울 것입니다. 대왕께서는 그럴듯한 주장을 듣기만 할 뿐, 실제 상황을 고려하지 못하고 계십니다. 합종을 주장하는 자들은 사사로운 이익을 꾀하면서 제후들의 총애를 받고 공을 가로채려 할 뿐, 합종이 불가능한 것임을 말하지 않고 있습니다. 제가 듣건대 제나라는 노나라와 세 차례 전쟁을 치렀는데, 노나라가 전쟁에서 모두 승리를 거뒀지만 오히려 위험한 지경에 처해 멸망을 눈앞에 두고 있다고 합니다. 전승이라는 명분을 거두긴 했으나 실상 나라가 망한 셈이지요. 이렇게 된 이유가 무엇이겠습니까? 제나라는 크고 노나라는 작기 때문이지요. 지금 조나라와 진나라의 관계는 제나라와 노나라의 관계와 다를 바 없습니다. 진나라와 조나라가 장수에서 교전을 벌였을 때 조나라가 두 번 다 승리를 거뒀고 번오에서 다시 두 차례 더 전쟁을 치렀을 때 역시 조나라가 이겼습니다. 하지만 네 차례의 전쟁을 치르면서 조나라는 10만의 병사를 잃었고 한단을 지켜냈을 뿐이었지요. 진나라를 이겼다는 명분은 남았지만 국가적으로는 엄청난 손실을 입었던 것입니다. 이렇게 된 이유가 무엇이겠습니까? 진나라는 강하고 조나라는 약하기 때문입니다.

　진나라는 딸을 초나라에 시집보내면서 서로 사돈지간이 되었고, 최근에 한나라는 의양宜陽 땅을, 조나라는 하외 땅을 진나라에 바쳤으며, 조나라는 민지澠池에서 하간 땅을 바쳐 진에 대한 복종과 우의를 표했습니다. 이런 상황에서 대왕께서만 홀로 진과의 화친을 거부하신다면 진은 곧 한, 위 두 나라를 부추겨 제나라 남쪽으로 공격해 들어올 것이 분명합니다. 또한 조나라는 모든 병력을 동원하여 청하를 넘어올 것이고 그렇게 되면 박관博關과 임치, 즉묵卽墨 등지의 땅은 더 이상 지킬 수 없을 것입니다. 일단 공격을 당하게 되면 화친하려 해도 소용이 없을 것입니다. 상황이 이러하니 심사숙고하시기 바랍니다."

그의 말을 다 듣고 난 제나라 왕은 충분히 일리가 있다고 판단했다.

"제나라는 외지고 은밀한 곳에 위치해 있고 동쪽 바다에 면해 있기 때문에 지금까지 국가의 장기적인 이익을 심각하게 고려해본 적이 없었소. 다행히 선생의 가르침을 받았으니 진나라와 강화를 맺을 수 있기를 원하는 바이오."

이리하여 제나라는 생선과 소금이 많이 생산되는 땅 300리를 진나라에 할양했다.

이처럼 상반된 주장도 일리는 있다. 남편 말을 들으면 남편 말이 옳고 마누라 말을 들으면 마누라 말이 옳은 격이다. 이처럼 여러 나라를 오가며 유세하던 책사들의 언변은 실로 놀라운 것이었다. 그들은 제왕의 판단을 어지럽혀 한동안은 남북으로 합종할 것을 요구하다가 다시 동서로 연횡할 것을 종용하기도 했다. 제나라 왕은 나라를 어떻게 다스려야 할지 몰라 곤혹스럽기만 했다. 원래 제나라는 가장 먼저 강대국이 된 나라로 '춘추오패春秋五覇' 가운데서도 수장의 자리를 차지하고 있었으나, 결국 진나라에 의해 멸망당하고 말았다. 아마도 왕이 중심을 잡지 못하고 이리저리 흔들렸기 때문일 것이다.

변론가들은 현란한 언변을 갖추고 있었지만 범저가 말한 것처럼 뼈다귀를 놓고 다투는 개들에 지나지 않기 때문에 제나라가 흥하든 망하든 상관없었다. 그러나 제나라 왕으로서는 그들의 유세에 넘어가지 않을 수 없었고 결국 나라를 망치고 말았던 것이다.

탐욕을 이용하라

　제나라와 위나라가 마릉에서 교전을 벌인 결과 제나라가 대승을 거두면서 위의 태자 신申을 죽이고 10만 대군을 전멸시켰다. 위왕이 혜시惠施를 불러 말했다.

　"제나라는 과인의 원수이자 최대의 적이오. 죽어도 제나라에 대한 원한을 잊지 않을 것이오. 위나라가 약소국이긴 하지만 과인은 하루에도 몇 번씩 모든 병력을 총동원해서라도 제를 칠 생각을 하곤 하는데, 선생의 생각은 어떻소?"

　"그건 안 될 일입니다. 제가 듣건대 왕도를 실행하는 군주는 법도를 알고 패도를 실행하는 군주는 지모를 안다고 합니다. 하지만 방금 대왕께서 제게 하신 말씀은 법도와 지모와는 상관이 없는 얘기입니다. 대왕께서는 원래 조나라에 원한을 품으셨고, 나중에는 제나라와 전쟁을 벌이셨습니다. 그 결과 싸움에 참패하여 적의 공격을 막아낼 만한 능력이 없지요. 그런데도 전국의 병력을 동원하여 제를 공격하려 하신다면 이는 법도와 지모에 걸맞지 않는 일입니다. 대왕께서 정말로 제나라에 복수를 하고자 하신다면 차라리 군왕의 옷을 벗어버리고 비굴한 모습으로 제나라 왕을 알현하십시오. 그러면 초나라가 제나라의 강포함과 황당함에 대해 커다란 분노를 느끼게 될 것입니다. 그때 사람을 보내 두 나라 사이를 왕래하면서 싸움을 부추기시는 겁니다. 그러면 초나라가 제를 정벌하게 될 것입니다. 초나라가 이미 지쳐 있는 제나라 군대를 공격하면 반드시 제나라는 초군에 패할 것입니다. 이것이 초나라의 군사로 제나라를 치는 비책이지요."

　혜시의 말에 위왕은 고개를 끄덕이면서 즉시 제나라로 사람을 보내 제나라 왕에게 절을 올리겠다는 뜻을 전했다.

전영田嬰이 위나라의 제의를 받아들이자 옆에 있던 제나라 대신 장축이 나서서 말했다.

"그건 안 될 일입니다. 제나라가 위나라를 공격하지 않고 우호관계를 맺었다면 초나라를 공격해서 큰 승리를 거둘 수 있을 것입니다. 하지만 제나라는 이미 위나라를 대파하여 10만 대군을 전멸시키고 태자 신을 죽여 위를 신하의 나라로 삼았습니다. 이는 진과 초의 지위가 낮아졌음을 의미하지요. 제나라는 '포악한 나라'가 된 셈입니다. 게다가 초왕은 무력을 숭상하고 공을 세우기 좋아하지요. 대왕께서 제 말을 듣지 않으신다면 결국 제를 멸망시킬 나라는 초나라가 될 것입니다."

그러나 전영은 장축의 말을 일축하고 위왕의 뜻을 받아들여 절을 받았다.

조나라는 이 일로 인해 몹시 불쾌해했고 초왕은 직접 대군을 이끌고 제나라를 공격했다. 조나라도 군사를 일으켰고, 그 결과 서주徐州에서 제나라 군대를 대파했다.

혜시의 계책은 그다지 뛰어난 것은 아니다. 하지만 그는 탐욕을 이용할 줄 알았다. 제나라 왕은 위나라의 재물을 탐냈고 강대국이라는 헛된 명성을 추구했기 때문에 위나라의 제의를 받아들였다. 은밀하게 화를 다른 데로 돌리는 계책이 성공을 거둔 데는 여러 가지 원인이 있지만, 혜시의 책략처럼 겉으로 뻔히 드러나는 계략이 성공을 거둘 수 있었던 기본적인 원인은 제나라 왕의 탐욕에 있었던 것이다.

사신의 언변과 재주는 대단히 중요하다. 사신들이 세 치도 안 되는 혀에 전적으로 의지할 수 있었던 것은 결코 그 배후에 막강한 국가가 버티고 있기 때문이 아니었다. 이 점이 당시의 국제 정세가 현대와 크게 다른 점이라 할 수 있을 것이다. 일반적으로 고대의 외교사절은 현대에 비해 개인적 인품과 학문, 명망이 더욱 중시됐다. 이에 비해 현대 사회에서는 정치와 군사력이 외교 역량에서 절대적인 비중을 차지한다. 그래서 고대 외교정책의 성패 여부는 우연적 요소에 의해 결정되는 경우가 많았다.

이간질도 살아남는 방법이다

진나라와 초나라 사이에 전쟁이 일어났을 때 제, 위, 한 세 나라도 참여하면서 대단히 복잡한 형세를 이루었지만 적과 우방의 관계는 매우 분명했다. 그런데도 제나라는 진나라에 사자를 보냈다. 이 사자가 어떤 말을 했는지 모르지만 뜻밖에도 초나라는 두 눈을 뜬 채로 계략에 당하고 말았다. 『사서』에는 사자가 했던 말에 대한 상세한 기록이 남아 있지 않지만 충분히 짐작할 만하다.

진나라는 초나라의 한중 땅을 빼앗고 초군과 감전에서 격전을 벌여 큰 승리를 거두었다. 한과 위 두 나라는 초나라가 곤경에 빠졌다는 소식을 듣고는 이 기회를 놓치지 않고 남쪽으로 초를 공격해 곧장 등읍鄧邑까지 쳐들어갔다. 초나라는 대패하여 군대를 이끌고 돌아왔다. 이어서 제, 위, 한 세 나라가 공모하여 초나라를 공격했을 때 이들은 혹시라도 진이 초를 지원하지 않을까 두려워했다. 누군가 제나라 상국인 설공薛公에게 말했다.

"초나라에 사자를 보내 이렇게 전하세요. '지금 우리 제, 위, 한 세 나라의 군대가 초나라에서 철수할 준비를 하고 있습니다. 초나라가 우리에게 호응하여 함께 진나라를 공격한다면 빼앗지 못할 땅이 없을 것입니다. 초나라도 당연히 실지를 되찾게 되지요' 라고 말입니다. 초나라가 출병하면 진나라는 절대로 초를 지원하지 않을 것입니다.

이때 제, 위, 한 세 나라가 신속하게 초나라로 진격하면 다급해진 초나라는 진나라에 지원을 요청하게 될 것입니다. 그럴수록 진나라는 출병을 꺼리게 되지요. 이렇게 되면 우리는 진나라와 초나라의 관계를 이간질시켜 전력을 집중하여 초나라를 공격할 수 있게 됩니다. 이러한 방법으로 승리를 거두지 못할 이유가 없지요."

설공은 고개를 끄덕이고는 초나라로 사자를 보냈다. 초나라는 적극적으로 호응했고 제, 위, 한 세 나라의 연합군은 초나라에 맹공을 퍼부었다. 초나라는 위급한 사정을 알리며 진에 도움을 청했지만 진나라는 출병을 꺼렸고 결국 세 나라는 대승을 거두었다.

춘추전국시대는 재미있는 시대였다. 통일된 주나라 왕실로부터 수많은 제후국들이 분리되어 나왔고 제후국들로부터 수많은 소제후국들이 분리되어 나왔다. 그 결과 더 이상 나눠 가질 땅이 없어지자 제후국들은 서로를 치기 시작했다. 처음에는 10여 개의 제후국으로 합병되었다가 나중에는 제, 진, 초, 한, 조, 위, 연 등 일곱 나라로 압축되었다. 이 일곱 나라 가운데 진, 초, 제가 가장 강했으나 결국에는 모두 진에 합병당해 진나라가 지존으로 남게 되었다.

동주東周에서 진의 통일에 이르기까지 500여 년 동안 분열과 통합의 고통스러운 과정이 지속되었던 것이다. 이 시기는 잔혹한 전란의 시기인 동시에 중국 문화의 기초가 다져진 시기이기도 하다. 중국 문화의 원류가 이 시기에 발원했던 것이다.

그러므로 이 시기의 역사와 문화를 이해하는 것은 대단히 중요하고 의미 있는 일이다. 다른 것은 제쳐두고 이 시기에 태어난 『좌전左傳』과 『국어國語』, 『전국책』 3권의 저작물에 담긴 외교의 전략과 기술만 놓고 보더라도 세계적인 경전으로 평가하는 데 부족함이 없을 것이다. 한 가지 이해할 수 없는 일은 중국어와 역사를 배우는 사람들은 이 책들을 자주 접하는 반면, 정작 외교를 배우는 사람들은 이를 거들떠보지도 않고 있다는 사실이다.

8 | 이해관계가 전략이다

    맹상군孟嘗君은 정치 경영의 능력이 대단히 뛰어났던 인물로 제나라가 극도로 혼란스러울 때 재상을 지내면서 '전국 사공자四公子'[15] 가운데 한 사람으로 명망을 누렸다. 진나라가 위나라에 대한 공격을 준비하고 있을 때 맹상군은 마침 위나라에 와 있었다. 그래서 위왕이 맹상군을 불러 대응방법을 물었다. 맹상군은 과거에도 여러 제후들에게 문객을 보내 문제를 해결해주곤 했다. 그는 세 치도 안 되는 혀에 의지하여 조나라와 연나라를 움직여 10만이 넘는 대군을 위나라로 보내 지원하게 했다. 진나라 군대는 지원군이 온 것을 보고는 감히 위나

---

[15] 전국시대의 사공자라 하면 제나라의 맹상군, 조나라의 평원군平原君, 위나라의 신릉군信陵君, 초나라의 춘신군春申君을 가리킨다.

라를 공격하지 못하고 돌아갔다.

그러나 진나라는 다시 위나라를 공격할 준비를 갖추고 있었다. 위왕은 이 소식을 듣고는 그날 저녁으로 맹상군을 찾아가 말했다.

"진나라가 위나라를 공격하려 하니 선생께서 과인의 참모가 되어 대응할 방법을 모색해주셨으면 하오."

"제후들이 서로 나서서 도와주기만 하면 나라를 안전하게 보전할 수 있을 것입니다."

"그럼 선생께서 한번 다녀와주시오."

위왕은 이런 부탁과 함께 100량의 수레를 보내주었다. 그래서 맹상군은 조나라로 가서 조왕을 알현했다.

"저는 대왕의 군대를 빌려 위나라를 구했으면 하는 생각으로 이렇게 찾아왔습니다."

"그것은 좀 곤란하오."

"제가 감히 군대를 빌리러 온 것은 대왕께 충성을 다하기 위해서입니다."

"어째서 위를 돕는 것이 과인에게 충성을 다하는 것이 되는지 얘기나 들어봅시다."

"조나라 군대는 결코 위나라보다 강하지 않습니다. 하지만 해마다 전쟁의 위기에 노출되지도 않고 백성들이 전쟁으로 인해 죽는 일도 없습니다. 반면에 위나라는 해마다 전쟁에 휘말려 수많은 백성들이 죽어가고 있지요. 그 원인이 무엇인지 아십니까? 위나라가 서쪽에서 조나라의 방패가 되어주기 때문입니다. 지금 조나라가 위나라를 구해주지 않는다면 위나라는 곧 진나라와 결맹하게 될 텐데, 이렇게 되면 조나라는 강대한 진나라와 국경을 마주하게 되는 셈입니다. 결국 조나라는 해마다 전쟁의 위기에 휘말리게 되고 백성들이 목숨을 잃게 될 것입니다. 이것이 제가 대왕께 충성을 다한다고 말하는 이유입니다."

조왕은 그의 말을 듣고 충분히 일리가 있다고 판단하여 즉시 기병 10만과 300량의 전차를 위나라에 보내주기로 약속했다.

맹상군은 다시 연왕을 찾아가 말했다.

"과거에 저는 위와 연의 국교 수립을 위해 노력했습니다. 지금 진나라가 위를 공격하려 하니 대왕께서 위를 지원해주십사 하는 부탁을 드리고자 이렇게 찾아왔습니다."

"최근 2년 동안 연나라는 농사의 수확이 좋지 않습니다. 그런데 어찌 1,000리나 되는 길을 달려가 위나라를 구할 수 있겠습니까?"

"먼 길을 달려가 구해주는 것이 오히려 큰 행운이 될 것입니다. 지금 위왕은 성문을 나서기만 하면 적군과 마주치게 됩니다. 위왕 역시 먼 길을 달려가 다른 나라를 돕고 싶지만 그것이 어찌 가능한 일이겠습니까?"

연왕이 여전히 출병을 약속하지 않자 맹상군이 다시 입을 열었다.

"제가 대왕께 유리한 계책 한 가지를 바치겠습니다. 그래도 대왕께서 받아들이시지 않는다면 저는 그냥 돌아가겠습니다. 다만 천하에 큰 일이 터지지나 않을까 걱정스러울 따름입니다."

"선생께서 말하는 '큰일'이란 어떤 것인지 말해줄 수 있겠습니까?"

"진나라가 위나라를 공격하여 아직 승리를 거둔 것도 아닌데, 유람할 때 쓰이던 고대高臺는 이미 무너져버렸고 군왕이 음악을 즐기거나 사냥할 때 사용하던 이궁離宮도 이미 점령되고 말았습니다. 만일 연나라가 위나라를 지원하지 않는다면 위나라는 진나라의 신하가 되기로 약속하고 영토의 절반을 바쳐 강화를 하는 수밖에 없지요. 그러면 진나라도 군대를 철수할 것입니다. 진이 위에서 군대를 철수하고 나면 위왕은 한과 위 두 나라의 군대를 전부 동원하고 진나라의 병력을 지원받아 조나라 군대까지 끌어들여 연나라를 공격하게 될 것입니다. 그때 가서 대왕께서는 어떻게 대처하시겠습니까? 수천 리 길을 달려가 다른 나라를 돕는 것이 유리하겠습니까, 아니면 연나라 남문을 나서서 적군을 마주하는 것이 유리하겠습니까? 막강한 적군이 성 밑으로 몰려오는 것이 대왕께 무슨 이득이 되겠습니까?"

연왕은 맹상군의 설명을 듣고는 일리가 있다고 여겼고 두려운 생각이 들었다.

"선생의 말씀대로 따르겠소이다."

연왕은 곧장 위나라에 기병 8만과 전차 200량을 보내주었다.

맹상군의 유세가 성공했다는 소식에 위왕이 몹시 기뻐하며 말했다.

"선생께서 연과 조를 설득한 덕분에 빠른 시간에 엄청난 병력을 빌릴 수 있게 되었구려."

이러한 정세 변화에 두려움을 느낀 진왕은 위나라에 강화를 요청하게 되었다. 그리하여 위왕은 연과 조의 군대를 돌려보내고 맹상군에게 후한 상을 주었다.

사실 맹상군이 조와 연 두 나라를 설득하여 위나라를 지원하게 한 데는 별다른 묘책이 있었던 것이 아니다. 단지 제후국들 사이의 이해관계를 이용하여 두 나라의 군주를 움직였던 것뿐이다. 군주들도 이러한 이해관계를 전혀 인식하지 못한 것은 아니다. 단지 여론을 형성할 힘이 없었고 다른 군주들에게 이러한 정세를 명확하고 깊이 있게 인식시킬 수 없었던 것뿐이다. 또한 뚜렷한 의지가 없었기 때문에 이런저런 핑계로 위에 대한 지원을 피했다. 그러나 맹상군은 뛰어난 언변을 가지고 이해관계에 입각하여 각국의 역할과 입장을 설명함으로써 병력을 빌리는 과제를 완수할 수 있었던 것이다.

국제관계를 푸는 핵심 열쇠

진秦나라의 문신후 여불위는 조나라를 공격하면서 이를 계기로 하간 일대의 영토를 확대하려 했다. 이에 강성군剛成君 채택蔡澤을 연나라에 사신으로 보냈다. 3년 후 연나라가 태자 단丹을 진나라에 인질로 보내게 되자 여불위는 장당張唐을 보내 연나라를 돕게 했다. 연나라와 함께 조나라를 공격하여 하간의 영토를 확장하려는 속셈이었다. 그러나 장당은 이런 요청을 받아들이지 않았다.

"연나라에 가려면 반드시 조나라를 거쳐야 하는데, 조나라 사람들이 나를 붙잡으면 100리의 봉토를 얻게 됩니다."

여불위는 그를 돌려보내고 마음이 영 개운치 않았다. 소서자少庶子 감라甘羅가 여불위에게 물었다.

"군후께선 어인 일로 그렇게 불편해하십니까?"

"연의 태자 단이 인질로 왔기에 장당에게 연나라로 가서 조나라를 토벌하는 임무를 완수해 달라고 부탁했는데 그가 가려고 하질 않네."

"그를 보낼 방법이 있습니다."

"내가 직접 부탁을 해도 가려 하지 않았는데 자네가 어떻게 그를 연나라로 보낼 수 있단 말인가?"

"항탁項橐은 일곱 살에 공자의 스승이 되었는데 저는 지금 열두 살입니다. 저의 능력을 한번 시험해보시면 되는데, 내치실 필요까지 있겠습니까?"

그리하여 감라가 장당을 찾아가서 물었다.

"선생과 무안군武安君 백기白起를 비교한다면 누구의 공이 더 크겠습니까?"

"무안군은 무수한 전쟁에서 승리를 거뒀고 셀 수 없이 많은 성지를 함락시켰소. 그러니 무안군에게 견줄 수 없을 것이오."

"그럼 선생께서는 자신의 공로가 무안군만 못하다고 생각하시는 겁니까?"

"진심으로 그렇게 생각하고 있소."

"그럼 응후 범저가 진나라에 중용되었을 때, 그를 문신후와 비교하면 누구의 권력이 더 컸다고 생각하십니까?"

"응후는 문신후에 비할 바가 못 되오."

"정말로 응후의 권력이 문신후만 못하다고 생각하십니까?"

"정말 그렇다고 생각하오."

"당시 응후가 조나라를 공격하려 했을 때 무안군은 몹시 난감해하면서 가지 않고 버티다가 함양咸陽에서 7리 떨어진 곳에서 죽임을 당하고 말았습니다. 지금 문신후께서 연나라에 사신으로 가줄 것을 부탁했는데 선생께서 가려고 하지 않으시니 어디서 죽음을 맞게 되실지 알 수가 없군요."

"알겠소. 그대의 말을 받아들여 연나라로 가도록 하겠소."

그리하여 장당은 거마와 예물을 준비하고 출발 날짜를 잡았다. 감라가 문신후에게 말했다.

"제게 수레 5대를 내주십시오. 제가 장당을 대신하여 조나라에 통보하고 조왕을 알현하겠습니다."

감라가 조왕을 찾아가자 조왕은 친히 그를 영접했다. 감라가 조왕에게 물었다.

"태자 단이 진나라에 인질로 갔다는 소문을 들으셨는지요?"

"들었소."

"연나라 태자 단이 진나라에 인질로 갔다는 사실은 연나라가 진나라를 속일 리 없다는 것을 의미합니다. 또한 장당이 연나라에 사신으로 간 것은 진나라가 연나라를 속이지 않는다는 것을 뜻하지요. 진과 연이 서로를 속이지 않고 힘을 합쳐 조나라를 공격한다면 조나라는 커다란 위험에 처하게 될 것입니다. 진과 연이 서로를 속이지 않겠다는 뜻을 밝힌 것은 다른 이유 때문이 아닙니다. 조나라를 공격하여 진의 영토를 확장하기 위한 것이지요. 그러나 지금 대왕께서 제게 5좌의 성지를 주셔서 하간의 땅을 확장할 수 있게 해주신다면, 진나라는 연의 태자를 돌려보내고 강대한 조나라와 함께 약소국인 연나라를 공격할 것입니다."

조왕은 감라의 말을 듣고 즉시 5좌의 성지를 진나라에 할양하여 하간의 영토를 확장할 수 있게 해주었고, 그래서 진나라는 연의 태자를 본국으로 돌려보냈다. 조나라는 연나라를 공격하여 상곡上谷의 36현을 점령하고 그 가운데 1할의 땅을 진나라에 바쳤다.

큰 뜻은 나이에 있는 것이 아니라는 말을 확인시킨 쾌거였다. 감라가 12살의 어린 나이로 조나라에 사신으로 가서 엄청난 성과를 거두고 돌아온 것은 중국 역사를 통틀어 찾아보기 힘든 일이었다. 하지만 그가 장당과 조왕을 설득할 수 있었던 것은 이해관계에 기초한 분석 때문이었다. 결국 이해관계야말로 복잡한 국제관계를 푸는 가장 핵심적인 열쇠인 셈이다.

9 | 상대의 근심을 덜어주라

　노중련魯仲連은 예로부터 의인의 본보기로서 칭송이 끊이지 않았다. 후대 사람들은 나라가 어려움에 처하거나 멸망의 위기에 놓일 때마다 그를 생각하곤 했다. 이는 노중련이 온갖 압력과 견제에도 불구하고 굳게 주장을 지키며 위나라와 조나라를 설득했고, 바다에 몸을 던지는 한이 있더라도 진나라를 천자의 나라로 섬기지 않으려 했기 때문일 것이다.

　진나라가 조나라의 도성인 한단을 포위하자 위왕은 대장 진비晉鄙에게 군대를 이끌고 조나라를 지원하게 했다. 진비는 진나라 군대의 위세에 눌려 탕음湯陰에 이르러 진을 친 채 더 이상 진격하지 못하고 사태를 관망하고 있었다.

　위왕은 관리인 신원연辛垣衍을 몰래 한단으로 잠입시켜 평원군을 만나게 했다. 평원군을 통해 조왕에게 말을 전하려 했던 것이다.

"진나라가 조나라를 포위하고 있는 것은 진왕이 황제가 되기 위해서요. 이전에 진왕과 제나라 왕이 황제 자리를 놓고 다투었소. 진왕과 제나라 왕은 모두 황제라는 칭호를 사용했지요. 나중에 진왕은 황제의 칭호를 취소하도록 강요당했는데, 이는 제나라 왕이 먼저 황제 칭호를 취소했기 때문이었소. 상황이 많이 변해 제나라 국력은 그때보다 많이 쇠약해졌고 진나라가 강대한 나라가 되었소. 진나라가 이번에 한단을 포위한 것은 한단을 탈취하기 위해서가 아니라, 조나라가 자발적으로 진나라의 소왕을 황제로 받들게 하기 위한 것이오. 그렇게만 된다면 진왕은 흐뭇해하면서 틀림없이 군대를 철수시킬 것이오."

평원군은 이런 말을 듣고 결정을 내리지 못한 채 망설이고 있었다.

이때 노중련은 조나라의 세객이 되어 있었는데, 진나라 군대가 한단을 포위하고 있는 상황에서 위나라 사자가 조나라를 찾아와 진을 황제의 나라로 받들 것을 요구한다는 말을 들었다. 노중련은 평원군을 찾아가 물었다.

"공자께서는 진왕을 황제로 받드는 일에 동의하시려는 겁니까?"

"조나라 군사 100만이 국경 밖에서 이미 전멸당한 상태인데다 진나라 군대가 조나라 영토까지 들어와 한단을 포위하고 있소. 진나라 군대를 물러나게 할 방법이 없소이다. 게다가 위나라 사신 신원연이 바로 이곳에 있는데 내가 무슨 말을 할 수 있겠소?"

"저는 지금까지 공자께서 지혜롭고 유능한 분이라고 생각해왔는데, 지금 보니 그렇지 않은 것 같군요. 위나라 사신 신원연은 어디 있습니까? 제가 그에게 훈계를 좀 해야 되겠습니다."

평원군은 신원연을 불렀다.

"제나라에 노중련이라는 선생이 있는데 지금 마침 한단에 머물고 있어 그대에게 소개하고자 하오."

"노중련은 제나라의 고관이라고 들었는데, 저는 지금 위나라의 사신으로서 공무를 집행하는 중에 있는 몸이니 서로 만나지 않는 것이 좋을 것 같습니다."

"하지만 내가 이미 그에게 얘기해둔 상태요."

신원연은 하는 수 없이 노중련과 대면하게 되었다.

노중련은 신원연을 보고도 한 마디도 하지 않았다. 신원연이 참지 못하고 먼저 입을 열었다.

"제가 보기에 이곳 한단에 모인 사람들은 대부분 평원군께 요구사항이 있어서 찾아온 것 같은데, 선생은 아무 요구도 없는 것 같습니다. 그런데 어째서 조나라를 떠나지 않으시는지요?"

"세상 사람들은 대부분 은자인 포초鮑焦[16]가 조용히 죽지 않았다고 생각하지만 이는 범속한 사람들이 남의 생각을 마음대로 짐작한 탓이오. 지금 보통 사람들은 모두 멀리 내다보는 안목 없이 짧은 이익만 생각하고 있소. 진나라는 공을 세우는 데 급급할 뿐 인의를 중시하지 않는 나라로, 온갖 권모술수로 유생들을 부추기고 가혹한 형벌로 백성을 학대하고 있소. 만일 진왕이 황제가 된다면 더욱 오만방자해져서 아무 거리낌 없이 폭정을 행사할 것이 분명하오. 나는 동쪽 바다에 빠져 죽을지언정 결코 진나라의 백성은 되지 않을 것이오. 내가 그대를 만나

---

16 혼탁한 세상을 미워하여 은거하다 굶어서 죽은 주나라의 선비.

려 한 것은 조나라를 위해 함께 힘을 쓸 수 있을까 해서였소."

"선생께서는 조나라를 위해 어떻게 힘을 쓰실 생각이십니까?"

"나는 위나라와 연나라가 조나라를 돕기를 바라고 있소. 제나라와 초나라도 이미 조나라를 돕고 있소."

"연나라가 조나라를 도울지 안 도울지의 여부는 선생의 말씀에 달려 있는지도 모르지요. 하지만 위나라는 다릅니다. 저는 위나라 사람인데, 선생께서 위나라로 하여금 어떻게 조를 돕게 하실 건지 도무지 알 수가 없군요."

"그건 진나라가 황제의 나라가 되었을 때 발생하게 될 위험을 위나라가 헤아리지 못했기 때문일 것이오. 그 위험을 안다면 조나라를 도우려 나설 것이오."

"진나라가 황제의 나라가 된다면 위나라에 어떤 해가 미치게 되는지요?"

"이전에 제나라 왕은 일찍이 인과 의를 행하면서 모든 제후들에게 주 왕실의 천자를 알현하러 갈 것을 앞장서서 주장했소. 당시 주나라 왕실은 이미 약해져 있었고 제후들은 모두 천자를 알현하기를 꺼렸지요. 결국 제나라 왕 혼자서 주 천자를 알현했소. 1년이 지나 주나라 열왕烈王이 죽자 제후들이 모두 조문하기 위해 주 왕실을 찾았는데, 제나라의 사신이 늦게 도착하자 주 조정의 대신들은 몹시 화를 내면서 제나라에 보낸 부고에 이렇게 말했소. '하늘이 무너지고 땅이 꺼지도다. 주나라 조정의 천자도 조정의 정무를 중지하고 상례에 전념하는데 제나라 사신인 전영은 가장 늦게야 도착했으니 그를 참수하는 것이 마땅하다.' 제왕은 이 부고를 읽고는 버럭 화를 내며 욕을 했지요. '제기

랄! 어미가 종인 주제에.' 이 일로 인해 제나라 왕은 어질고 의롭다는 명예를 얻지 못했을 뿐만 아니라 천하의 웃음거리가 되고 말았소. 제나라 왕은 주 조정의 천자가 살아 있을 때는 알현하러 갔지만 주왕이 죽은 후에는 심하게 욕설을 퍼부었는데, 이는 사실 주나라 천자의 가혹한 요구를 견딜 수 없었기 때문이지요. 하지만 천자가 신하에게 가혹한 요구를 하는 것은 원래가 그러한 것이라 그리 이상할 것도 없는 일일 것이오."

하인 노릇은 사서 하지 말라

"10명의 하인이 주인 한 사람을 섬긴다면 이것이 설마 힘이 주인만 못해서이겠습니까? 아니면 지혜와 능력이 주인만 못해서이겠습니까? 주인이 무서워서 복종하는 것입니다."

"그렇다면 설마 위나라가 진나라의 하인이라도 된단 말이오?"

"그렇습니다."

"그렇군요. 그렇다면 내가 진왕을 찾아가 위왕을 삶아 죽이라고 하겠소!"

"선생께서는 어떻게 그런 말씀을 하실 수 있습니까? 선생께서 어떻게 진왕으로 하여금 위왕을 삶아 죽이게 할 수 있단 말입니까?"

"물론 나는 그럴 수 있소. 그대가 믿지 못하겠다면 그 이치를 천천히 설명해드리리다. 이전에 귀후鬼侯와 악후鄂侯 그리고 문왕 등은 전부 주왕紂王[17]의 제후였소. 귀후에게는 예쁜 딸이 하나 있어 주왕에게 바쳤지만 주왕은 오히려 그녀가 못생겼다며 귀후를 죽인 다음 시신으로 장조림을 만들어버렸소. 악후도 귀후를 위해 몇 마디 했다가 죽임을 당해 시신이 육포가 되고 말았지요. 문왕은 이런 상황을 보고 가볍게 한숨만 내쉬었는데 곧장 체포되어 100일 동안 감옥에 갇혔소. 주왕은 그를 죽이려고까지 했지요. 똑같이 황제가 될 수 있는 조건을 갖췄는데 어째서 누구는 장조림이 되고 누구는 육포가 되었겠소? 이와는 반대로 죽어도 자신을 굽히지 않았지만 비극적인 말로를 피할 수 있었던 경우도 있었소.

이전에 제나라의 민왕이 몰래 황제의 칭호를 사용했는데 그가 노나라에 가려고 하자 이유자夷維子가 말채찍을 들고 뒤를 따랐소. 이유자가 노나라 사람을 만나자 물었소. '당신들은 우리 군왕을 어떻게 접대할 생각이오?' 노나라 사람은 보통의 예절에 따라 말했지요. '우리는 소와 양 그리고 돼지를 10마리씩 잡아서 손님을 정성껏 접대할 것입니다.' 그러자 이유자가 다시 말했소. '어떻게 그런 식으로 우리 군왕을 접대할 수 있단 말이오? 우리 군왕은 천자의 신분으로 이곳에 온 것이오. 천자가 순시를 나오면 제후는 집과 열쇠를 내어놓아야 하고, 하인처럼 옷깃을 여미고 대청 아래에 서서 천자의 식사 시중을 시중들어야 하며, 천자가 식사를 마쳐야만 다시 물러나 정무를 볼 수 있는 것이오.' 이런 말을 들은 노나라 사람들은 즉시 성문을 닫고는 민왕과 이유자가 성 안으로 들어오지 못하게 했소. 노나라로 갈 수 없게 된 민왕은 다시 설薛나라로 방향을 돌려 길을 재촉하다가 추鄒나라를 지나게 되었소. 때마침 추나라의 군주가 죽어 민왕은 그를 조문하려 했지요. 이유자가 새로 즉위한 추나라 군주에게 말했소. '천자께서 조문을 오

---

17 고대 중국 은나라의 마지막 임금. 악한 임금의 대표적 인물.

시려 하니 대왕께서는 관의 방향을 바꿔 천자께서 제사 지내기 좋도록 하시오.' 이에 추나라 신하들이 말했지요. '목을 매어 죽을지언정 그런 모욕은 받아들이지 않을 것이오!' 결국 민왕은 추나라에도 들어갈 수 없었소. 노나라와 추나라 신하들은 살아서 천자 앞에서 하인 노릇을 할 수 없다 했고 죽어서도 천자를 대하는 의식에 따라 염하여 입관할 수 없다고 했지요. 그런데도 민왕은 오히려 그들에게 천자의 예절로 자신을 맞으라 했으니 애당초 이뤄질 수 없는 일이었소.

오늘날 진나라는 1만 채의 병거를 보유한 대국이고, 위나라 역시 1만 채의 병거를 가진 대국이오. 두 나라가 똑같이 황제의 자리에 오를 수 있는데 진나라가 단 한 번 전쟁에서 이겼다는 사실 때문에 진왕을 황제로 받들려 하는 것이오? 한나라와 위나라의 대신들은 노나라와 추나라의 하인과 첩들만도 못하단 말이겠구려. 진나라의 욕심은 끝이 없어서 황제의 자리에 오른다면 즉시 다른 나라의 내정에 간섭하려 할 것이고, 대신들을 경질하려 할 것이며, 이의를 제기하는 사람들을 제거하고 자신의 심복을 들어앉히게 될 것이오. 또한 자신의 딸과 간사하고 아첨을 잘하는 여인들을 제후들에게 시집보내려 할 텐데 이런 사람들이 위나라의 궁중에 들어오면 하루라도 편할 것 같소? 그리고 그대는 또 무슨 재주로 지위를 보존한단 말이오?"

노중련의 설명에 신원연은 갑자기 등골이 오싹해졌다. 마음이 움직인 그는 자리에서 일어서서 노중련에게 감사의 인사를 올렸다.

"저는 원래 선생을 보통사람으로 여겼는데 오늘에야 선생께서 뛰어난 식견을 가진 분임을 알게 되었습니다. 위나라로 돌아가 다시는 진왕의 황제 등극 문제를 거론하지 못하도록 하겠습니다."

진나라 장군도 이 말을 듣고는 두려워하며 병력을 50리나 퇴각시켰다. 이때 마침 위나라 공자 무기無忌가 병부兵符를 훔쳐 위군의 통수인 진비를 죽이고 병권을 빼앗은 다음 직접 대군을 이끌고 진나라를 공격했다. 진군은 즉시 포위망을 풀고 도망쳤다.

그래서 평원군은 노중련에게 상을 내리려 했으나 노중련은 사양하고 받지 않았다. 나중에 평원군은 노중련 등을 대접하는 자리에서 한창 주흥이 오르자 노중련에게 술을 따르고 축수하며 황금 1,000냥을 하사하려 했다. 이에 노중련이 웃으면서 말했다.

"천하의 시인들에게 있어서 가장 값진 일은 사람들의 근심을 덜고 위험에서 구해주고도 그 보답을 받지 않는 것입니다. 제가 이 보수를 받는다면 저는 상인이 되고 맙니다. 저는 결코 그런 사람이 되고 싶지 않습니다!"

이렇게 말하고 나서 자리를 떠난 노중련은 그 이후로 다시는 얼굴을 드러내지 않았다.

노중련이 후세 사람들로부터 칭송을 받는 이유는 크게 두 가지로 요약할 수 있다. 첫째는 의로써 진나라를 황제의 지위에 오르지 못하게 한 것이고, 둘째는 사람들의 근심을 덜고 위험에서 구해주고서도 아무런 보답을 받지 않은 것이다. 이 두 가지는 중국의 문화 전통에서 가장 고상하게 여기는 인품이자 덕성인 동시에 유구한 가치와 의의를 지닌 문화의 이상이었다. 노중련은 의로운 선비로서 후세에 길이 존경과 추앙을 받고 있다. 그의 탁월한 식견과 웅변의 능력도 그의 인품에 비하면 그다지 빛나 보이지 않는다.

10 호랑이를 상대로 가죽을 흥정하지 말라

춘추전국시대에 여러 제후국들 가운데 위나라가 처했던 지리적 위치는 대단히 미묘했다. 위나라는 진秦과 초, 제 등 여러 강대국들 사이에 끼어 있어 제후국들이 다른 나라를 공격하러 가기 위해선 반드시 위나라를 거쳐야 했다. 그래서 위는 유리한 지리적 위치를 차지하고도 항상 시비의 대상이 되어야 했다. 각 제후국들과의 관계를 어떻게 처리하느냐, 특히 진나라와의 관계를 어떻게 처리하느냐 하는 것에 위나라의 생사가 달려 있었다. 이때 주기朱己가 위왕에게 제시했던 진과 위의 관계에 대한 분석은 수천 년이 지난 오늘날에도 여전히 사람들에게 깨달음을 주고 있다.

위가 진과 연합하여 한을 공격하려고 하자 주기가 위왕에게 말했다.

"진나라는 융적戎狄[18]과 비슷한 습속을 갖고 있고 호랑이나 이리와 같은 심장을 지니고 있어서 탐욕스럽고 이익만을 추구할 뿐 신의를 지키지 않을 뿐만 아니라 예의와 염치가 무엇인지 모릅니다. 일단 이익을 도모하기 시작하면 부모형제나 친구도 돌아보지 않기 때문에 짐승과 다를 게 없지요. 진나라의 풍속은 천하가 다 알고 있습니다만, 절대로 은혜를 베풀거나 정성을 쌓는 나라가 아니지요.

그래서 진의 태후는 소왕의 모친이면서도 근심과 마음의 상처로 세상을 떠났고, 그 외삼촌은 큰 공로를 세우고도 결국에는 쫓겨나고 말았습니다. 두 동생도 아무런 잘못도 없이 두 차례에 걸쳐 치국治國의 권리를 박탈당하고 말았습니다. 친척과 형제들에게도 이러한데 적국이나 원수들에게는 어떻겠습니까?

지금 대왕께서는 진나라와 연합하여 한나라를 공격하려 하시는데, 이렇게 되면 진나라와 더욱 가까워질까 두렵습니다. 대왕께서 아직도 이런 문제를 제대로 파악하지 못하신다면 이는 지혜롭지 못한 일입니다. 이러한 이해관계를 분명히 알면서도 간언을 올리는 신하가 없다면 이는 충성을 다하지 않고 있다는 뜻이지요.

지금 한나라는 여인의 손에 다스려지고 있어 나라 안이 혼란스럽기 때문에 강대한 진과 위의 연합군에 대항할 수 없는데, 대왕께서는 어찌 한나라를 이기지 못할 것을 걱정하십니까? 일단 한나라가 멸망하게 되면 진나라는 한나라 땅을 전부 차지하게 되지요. 그렇게 되면 진나라는 대량大梁과 이웃하게 되는데, 과연 위나라가 안전할 거라고 생각하십니까? 대왕께서는 잃어버린 영토를 회복하시려다가 오히려 강

---

18 고대 중국인들이 이민족異民族을 얕잡아 부른 이름.

력한 진나라가 몰고 올 화를 자초하고 하고 계십니다. 이것 때문에 또다시 영토를 잃을 수 있다고는 생각하지 않으십니까?

진나라의 욕망은 아무리 해도 채울 수 없습니다. 한나라를 멸망시킨 뒤에는 또 다른 일을 만들어 이익을 낼 수 있는 땅을 점령하려 들 테지만, 그렇다 하더라도 절대로 초나라나 조나라를 공격하지는 않을 것입니다. 그 이유가 뭔지 아십니까? 진나라가 산을 넘고 강을 건너 한나라의 상당을 가로질러 강대국인 조나라를 공격한다면, 이는 과거에 실패했던 경험을 반복하는 것이라 절대로 하지 않을 것이기 때문이지요. 또한 하내河內를 통과하여 장수를 등지고 한단 외곽에서 조나라를 상대로 일전을 벌인다면, 일찍이 지백智伯이 당했던 재난을 되풀이하게 된다는 것을 잘 알기 때문에 진은 이렇게 하지도 못할 것입니다. 만일 초나라를 정벌하려 한다면 섭곡涉谷 30리 길을 통과해야만 초나라의 요새를 공격할 수 있는데, 그렇게 하려면 길이 너무 멀고 공격도 쉽지 않기 때문에 이런 책략을 취할 리도 없지요. 하외河外의 길을 택해 대량을 등지고 오른쪽으로 상채上蔡와 소릉召陵을 향해 진군하여 진나라 교외에서 결전을 벌이는 것도 어려운 일이지요. 따라서 진나라가 초나라나 조나라를 공격할 가능성은 전혀 없고 연나라나 제나라를 공격할 리도 없습니다. 한나라가 멸망하고 나서 진나라가 또다시 출병한다면 이는 필시 위나라를 공격하기 위한 것이 될 것입니다.

과거에 진나라가 아직 하서에 있었을 때에는 옛 도읍인 안읍安邑이 대량으로부터 1,000리나 떨어져 있는데다 주와 한이 그 사이를 가로놓여 있었습니다. 임향林鄕 전투 이후로 오늘날에 이르기까지 진나라는 10번이나 위를 공격했는데, 5번의 침략으로 변성이 모두 함락되었고 문대文臺가 파괴되었으며 수도垂都가 불타버렸습니다. 또한 수목이 전부 벌채되고 짐승이 전부 도살되었으며 도성이 포위되고 말았지요. 또한 진나라는 장기적으로 위나라 북부를 공격하여 동쪽으로는 도陶와 위의 변방을 점령했고 북쪽으로는 감지監地까지 이르렀습니다. 진나라의 공격으로 점령된 땅이 화산華山 이북에서부터 황하 이남과 이북까지 이르러서, 큰 현이 수백 개가 넘고 유명한 성진城鎭도 수십 개나 됩니다. 진나라의 우환이 이미 이런 지경에 이른데다 주나 한이 중간에서 막아주지도 못하기 때문에 실제로 대량은 100리 길에 지나지 않고 장차 미칠 화는 100배나 더할 것입니다."

도둑을 창고로 불러들이지 마라

"과거에는 합종 활동이 성공하지 못했고 초나라와 위나라가 서로를 시기하고 의심하는 바람에 한나라도 참여할 수 없었습니다. 한나라가 진나라의 공격을 받기 시작한 지 2년이 지났고 진은 어떻게 해서든지 한의 항복을 받아내려 하고 있지만, 한은 멸망한다 해도 끝까지 머리를 숙이지 않아야 제후국들에게 일제히 병사를 일으켜줄 것을 요청할 수 있다는 점을 잘 알고 있습니다. 제가 보기에 초나라와 조나라는 힘을 합쳐 진을 공격하게 될 것입니다. 그 이유가 뭔지 아십니까? 모든 제후국들은 진나라의 탐욕이 끝이 없고, 천하의 모든 군대를 전멸시키고 사해 안의 모든 백성들을 굴복시키지 않는 한 절대로 싸움을 중지하지 않을 것이라는 사실을 잘 알고 있기 때문이지요. 그래서 저도 합종의 힘을 빌려 대왕을 받들고자 하는 것이니, 하루속히 초나라와의 맹약을 수락하시고 한과 위의 인질을 받아들여 한을 위기에서 구하십시오. 이런 방법으로 한나라로부터 원래의 영토를 회수하고자 한다면 한나라도 기꺼이 동의할 것입니다. 이렇게 되면 백성들은 고생하지 않고 잃었던 땅을 되찾을 수 있으니 그 공적은 진과 함께 한을 토벌하는 것보다 훨씬 클 것이고, 위나라는 진과 국경을 마주하는 화도 면할 수 있을 것입니다.

한나라가 생존해야 위나라가 안정될 수 있고 천하가 이득을 얻게 될 것입니다. 이는 대왕의 목표를 실현할 수 있는 절호의 기회이기도 하지요. 한나라가 잃어버린 상당 지역과 공共과 막莫 지역을 연결시키기만 하면 이곳에 관문을 설치하여 모든 통행자들로부터 부세를 징수할 수 있을 것이고, 위나라는 한의 상당을 담보로 하여 이 부세를 나눠가짐으로써 나라를 부강하게 할 수 있을 것입니다. 이렇게 된다면 한나라는 감격할 것이고 위나라를 사랑하고 경외하게 될 것입니다. 또한 감히 위나라의 정책에 반대하지 못할 것이고 위나라의 일개 군현을 자처할 수도 있을 것입니다. 한나라가 위나라의 일개 군현이 된다면 위나라와 대량, 하외 등지가 안정될 것입니다. 만일 한나라가 살아남지 못한다면 동주와 서주西周가 위태로워질 것이고 안릉이 진나라에 점령되고 말 것이며 진나라는 조와 초를 공격할 것입니다. 그러면 위와 제가 위험에 처하게 되어 천하가 진나라를 섬기는 쪽으로 흘러가게 될 것입니다. 결국 위나라의 멸망을 앞당기게 되겠지요."

주기의 분석은 구구절절 뼈에 사무치는 탁견이었다. 위와 진을 제외한 다섯 나라의 관계는 수레의 축과 바퀴가 서로를 의지하듯 상부상조하는 구도를 이루고 있었다. 특히 한나라는 위나라에게 적의 공격을 막는 병풍과 같아서 한이 망하고 나면 위는 진의 군사력에 직접적으로 노출될 수밖에 없었다. 뜻밖에도 위왕은 한나라에 빼앗긴 영토를 되찾기 위해 진이 한을 공격하는 것을 기회로 삼아 진과 연합하여 한을 공격하려 했다. 이는 도둑을 창고로 불러들이는 것처럼 우매한 전략이었다. 게다가 진은 이리처럼 사납고 탐욕스러운 나라라서 6국을 점령하는 것을 궁극적인 목표로 삼고 있었다. 이런 형세에서 위가 진과 연합하여 진의 힘을 빌려 이익을 도모하려 하는 것은 호랑이를 상대로 가죽 값을 흥정하는 것과 다를 바 없었다. 반면에 한과 연합하여 한을 지켜주고 더 나아가 자국의 일부로 간주해야 한다는 주기의 외교 전략은 뛰어난 지략이 아닐 수 없었다.

11 │ 작은 잘못도 쌓이면
　　　되돌릴 수 없는 화가 된다

　엄안嚴安은 한漢 무제 시기의 중요한 책사로서 내정과 외교 분야의 정책을 제시함으로써 무제에게 중용되었다. 엄안이 무제에게 주장을 올려 말했다.

　"주 왕조가 천하를 다스리는 동안 상황이 가장 좋았던 시기가 300년에 달한다고 합니다. 성왕成王과 강왕康王이 통치하던 시기가 가장 흥성했던 시기로 40년 동안이나 형벌이 없었다지요. 주 왕조가 쇠퇴일로를 치닫던 시기도 역시 300여 년으로, 이 시기에 이르러서야 오패가 자신들의 세력을 과시했습니다. 오패는 이익을 좇되 해를 피했고 포악한 군주는 죽였으며 사악함을 금지하여 천하의 정도正道를 바로잡았습니다. 그러나 오패가 차례로 세상을 떠나고 이들의 뒤를 잇는 성현들이 나타나지 않자 주나라는 무력해졌지요. 천자가 호령을 해도 제후들이 귀를 기울이지 않았고 강대한 자들이 약한 자들을 능멸했으며 인구가 많은 제후국이 인구가 적은 제후국을 약탈하기 시작했습니다. 전상田常이 제나라의 정권을 탈취했고 육경六卿이 진나라 영토를 나눠 가지면서 전국이 각축을 벌이게 되었습니다. 백성들의 고난이 시작된 것이지요. 강대국들은 전쟁에 박차를 가하고 약소국들은 전화戰禍의 피해를 막는 데 주력하기 시작했습니다. 합종과 연횡의 계책이 횡행하고 사자들의 수레가 바삐 움직이며 전사들의 갑옷에는 이가 득실거리고 고통에 허덕이는 백성들의 원망이 높아지기 시작했지요.

  그러다가 진나라 영정嬴政이 천하를 평정하고 전국을 점령한 다음 스스로 황제라 칭했습니다. 그는 각국의 정치를 통일시키고 제후국들의 도성을 파괴했으며 제후국들의 병기를 전부 녹이고 금으로 인형을 만들어 세상에 더 이상 용병이 필요 없음을 알렸습니다. 선량하고 가난한 백성들은 그제야 전쟁에서 벗어날 수 있었고 저마다 새로운 생명을 얻게 되었지요. 만일 진나라가 형벌을 가볍게 하고 부세의 징세를 감면하며 요역을 줄이는 한편, 인의를 중시하고 충후忠厚를 숭상하며 간교한 지모를 경시하여 풍속을 새롭게 했다면 백성들의 교화가 순조롭게 이루어져 대대손손 안정과 평화를 누릴 수 있었을 것입니다. 하지만 진 왕조는 이러한 정치를 실행하지 않았고 과거의 풍속을 그대로 유지했습니다. 또한 간사한 지혜로 이익을 추구하는 자들을 기용하고 성실하고 충성스러운 인물들을 내쳤지요. 그 결과 법률이 지나치게 엄해지고 정치가 엄격해졌으며 아첨을 일삼는 무리들이 많아지면서 날마다 황제를 칭송하는 노래가 그치지 않았습니다.

  그리하여 진시황은 하늘이 높고 땅이 두터운 것을 모른 채 자신의 권위를 만방에 떨치기 위해 장군 몽염蒙恬에게 군사를 이끌고 북방의 흉노를 공격하여 영토를 개척하게 하는 동시에 황하 이북의 땅을 지키게 했고, 백성들에게는 그 뒤를 따라다니며 양초를 운반하게 했습니다. 또한 수군은 남방의 백월百越을 공격하게 하고 감어사監御史를 보내 운하를 개통하여 식량을 운송하게 했습니다. 진군이 월지 깊숙이 들어가자 월인들은 전부 도망쳐야 했지요. 하지만 월인들과의 대치 상태가 장기간 지속되면서 진군의 식량이 부족하게 되자 월인이 반격하기 시작했고, 결국 진군은 대패하고 말았습니다. 그러자 진 왕조는 조륜趙倫에게 월지를 지키게 했지요. 그 결과 진 왕조는 북으로는 흉노와 원수가 되었고 남으로는 월인과 원한을 맺게 되었습니다. 쓸모없는 땅에 대규모 군대를 주둔시키면서 앞으로 나아가지도 못하고 뒤로 물러서지도 못하는 지경에 이른 것이지요. 이렇게 10여 년이 흐르다 보니 성년 남자들은 전부 갑옷을 입고 전장으로 달려가야 했고 성년 여자들은 전부 식량 운송에 나서야 했습니다. 백성들은 하나같이 고통에 시달렸고 도처에 죽은 사람들의 시신이 즐비했지요. 그러다가 진시황이 죽자 백성들은 더 참지 못하고 진 왕조에 반란을 일으켰습니다.

먼저 진승陳勝과 오광吳廣이 진현陳縣을 공격했고, 무신武臣과 장이張耳가 과거의 조나라 땅을 공격했으며, 항량項梁이 오현吳縣을 점령했고, 경구景駒가 영繫을, 주시周市가 위나라 땅을, 한광韓廣이 연나라 땅을 차지하면서 전국에서 영웅호걸들이 일제히 군사를 일으켰지요. 하지만 이들은 전부 공후公侯나 왕손의 후예들이 아니었고 대관의 자손들도 아니었습니다. 아무런 권세도 없던 자들이 민간에서 들고 일어나 창과 칼을 손에 들고 시대의 흐름에 따라 움직였던 것이지요. 이들은 아무런 계획이나 지략도 없이 동시에 기병했고, 동시에 힘을 합쳐 끊임없이 영토를 확장하여 결국에는 패주가 되었습니다. 사실은 당시의 정세가 이들을 그런 지경으로 내몰았던 것이지요.

　진시황은 천자로서 천하의 모든 재산을 소유하고 있었지만 결국에는 망국의 군주가 되고 말았습니다. 이는 끊임없이 군사를 일으켜 군대를 피폐하게 만들었기 때문입니다. 그래서 주 왕실의 몰락은 국력의 쇠퇴에 그 원인이 있지만, 진 왕조의 패망은 국력이 너무 강했던 데에 그 원인이 있다고 말하는 것입니다. 이는 변화와 소통에 능하지 못했기 때문이지요.

　지금 조정의 신하들은 남이南夷로부터 항복을 받아내고 야랑夜郎[19]으로부터 조배朝拜[20]를 받으며, 흉노의 땅을 깊숙이 공격하여 그들의 용성龍城을 점령하는 문제에 찬성하고 칭송하는 것에만 열을 올리고 있습니다. 이는 신하된 자들이 사리私利를 추구하는 것이지 결코 천하를 위한 원대한 책략이 못 됩니다. 지금 중원에는 배워서는 안 될 천한 기능에 대한 경각심이 없고 전쟁 준비에 누적된 피로와 고통만이 쌓여 있습니다. 이런 상태에서 국가를 피폐하게 하는 것은 백성들을 먹여 살리고 나라를 안정시킬 수 있는 방법이 못 되지요. 또한 끝없는 욕망을 만족시키고 지나친 꿈을 실현하기 위해 흉노와 원한을 맺는 것은 변방을 안정시키기 위한 좋은 방법이 못 됩니다. 다른 나라와 원한을 맺고 이를 풀지 못하면 또다시 전쟁이 발생할 수밖에 없고, 결국 가까

19　중국 서남부의 소수 민족.
20　조공을 바치고 예를 올림.

이 있는 사람들은 근심을 덜 수 없고 멀리 있는 사람들도 두려움을 떨칠 수 없으니 장기적인 해법이 못 되지요.

지금 온 나라에서 갑옷을 만들고 도검을 주조하며 화살을 비축하고 식량을 운반하느라 정신이 없는데, 이런 상황이 언제 끝이 날지 모르겠습니다. 이는 나라 전체를 걱정과 두려움에서 헤어나지 못하게 만드는 처사입니다. 전쟁이 장기간 지속되면 백성들 사이에 불만과 의심이 만연하게 됩니다. 지금 이 나라는 외군外郡이 수천 리에 달하고 성지城池가 수십 좌이며 그 지세와 국력이 백성들을 통제하고 제후들을 위협하기에 충분하지만, 이는 결코 황상 폐하께 좋은 일이 못 됩니다. 제나라와 진나라가 멸망한 정황만 살펴봐도 그 원인을 잘 알 수 있을 것입니다. 한마디로 말해서 경대부卿大夫[21]들의 세력이 강한 데 비해 왕실의 세력이 약했던 것이지요. 진나라가 멸망한 것도 같은 원인이라 할 수 있습니다. 진은 형법이 지나치게 잔혹하고 욕망이 너무 컸기 때문에 망한 것입니다. 지금 이 나라 군수들의 권력은 과거 제나라 진나라의 경대부들보다 훨씬 강합니다. 저들이 장악하고 있는 땅의 인구도 진 왕조에 반기를 들었던 백성들의 수를 훨씬 능가하지요. 이런 상황에서 뜻밖의 사태가 발생하기라도 하는 날에는 그 결과는 불 보듯 훤할 것입니다."

미세한 악행이 쌓이면 나라가 패망한다

후주後周의 세종 시영柴榮은 곽위郭威의 양자로, 문무를 겸비한데다

---

21 경卿과 대부大夫. 정치를 맡은 고위 벼슬아치를 뜻함.

지혜롭고 덕이 있어서 곽위로부터 후주의 황위를 물려받게 되었다. 그러나 황제의 자리에 오른 직후부터 통일이 쉽지 않아 곤혹스러워했다. 현덕顯德 원년(954년), 산서山西 고평高平에서 북한北漢을 이긴 후로 세력이 증강되고 민심을 얻게 된 그는, 현덕 2년(955년)에 다시 군사를 일으켜 후촉後蜀의 군대를 대파하고 진주秦州와 성주成州, 계주階州, 봉주鳳州 등지를 수복했다. 이를 기반으로 그는 전국을 통일해야겠다는 야심을 갖게 되었다.

그러나 당시만 해도 어떻게 전국 통일의 전략을 실행할 것인지 몰라 막막했기 때문에 측근의 신하 20명에게 「개변책開邊策: 변방을 여는 책략」이라는 글을 짓도록 명령했다. 원대한 전략을 수립하는 데 도움을 얻기 위해서였다. 시영이 재상들에게 말했다.

"과인은 항상 어떻게 해야 나라를 잘 다스릴 수 있는지 고심하고 있지만 구체적인 방법을 얻지 못해 밥을 먹을 때나 잠을 잘 때나 이 문제가 뇌리를 떠나지 않고 있소. 후당後唐과 후진後晉 이래로 동오東吳와 파촉巴蜀, 유주幽州, 병주幷州 등지는 중원으로부터 격리되어 통일이 어려운 상태요. 그대들이 각자 생각을 모아 나라를 통일할 수 있는 대계를 세워주기 바라오."

병부낭중 왕박王朴은 능력이 뛰어난 인물로, 그가 쓴 개변책은 아주 뛰어났다. 그는 천하를 평정하기 위해서는 우선 쉬운 상대를 공격하고 어려운 상대를 나중에 공격해야 한다고 주장했다. 그는 먼저 혼란한 상황에 이르게 된 원인을 분석했다.

"중원이 사분오열하고 시기를 달리하여 동오와 파촉, 유주, 병주를 잃게 된 원인은 모두 나라를 다스리는 도에 부합하지 못했기 때문입니다. 지금은 먼저 영토를 잃게 된 원인을 철저히 규명한 다음 이를 수복할 수 있는 계책을 마련해야 할 때입니다. 우선 나라가 분열하게 된 원인을 따져보면 군주가 어리석고 신하와 관리들이 사악하며 군대가 오만하고 백성들의 삶이 곤궁했기 때문입니다. 또한 간사한 무리들이 조정을 장악하고 있는 가운데 무력을 지닌 자들이 밖에서 잔인한 악행을 일삼았기 때문이지요. 작은 잘못이 점차 커지고 미세한 악행들이 쌓이다 보니 이런 경향이 갈수록 심해져 되돌릴 수 없는 지경에 이르게 되었지요. 그러다가 결국 나라가 분열하고 패망하는 파국을 초래하게 된 것입니다. 잃어버린 땅을 찾을 수 있는 가장 좋은 방법은 원래의 도리로 돌아가는 것입니다. 조정 내에서는 속된 무리들을 제거하고 현명하고 뛰어난 사람들을 기용해야 합니다. 동시에 조정 밖에서는 널리 은혜를 베풀고 성실과 신의로 서로를 대하게 함으로써 민심을 얻어야 하지요. 또한 법제를 완비하고 상을 줄 때 분명히 하여 사람들로 하여금 모든 일에 힘과 마음을 다하게 해야 합니다. 아울러 규율을 엄격히 하여 사치를 금하고 근검절약하는 생활을 장려하면 민생을 풍요롭게 하는 동시에 나라의 부를 크게 증강할 수 있지요. 인재가 모이고 정치가 일정한 궤도에 들어서며 재물이 충분하고 인심이 돌아온 상태에서 일을 도모하고 계획한다면 이루지 못할 업적이 없을 것입니다."

천하를 통일하는 방법에 대한 그의 견해는 범저가 제시했던 원교근공의 책략과 크게 다르지 않았다. 여러 나라의 다양한 상황에 효과적으로 대처하기 위해 왕박은 쉬운 상대를 먼저 공격하고 어려운 상대를 나중에 공격한다는 이른바 '선이후난先易後難'의 책략을 제시했다. 왕박이 말했다.

"공격할 때는 약소국들을 쳐서 자국의 힘을 키우고 동맹국들을 격려하는 것이 상책입니다. 남당南唐은 우리와 경계를 접하고 있고 접경의 길이가 약 2,000리에 불과하기 때문에 제압하기가 가장 쉬운 상대입니다. 그리고 그들이 방어하기 가장 어려운 지역부터 공격해야 하지요. 그들이 서쪽의 방비를 강화하면 우리는 동쪽을 공격하고, 그들이 동쪽의 방비를 강화하면 우리는 서쪽을 공격하는 겁니다. 그렇게 되면 그들은 동분서주하면서 도처에 도움을 청할 것입니다. 군대를 배치하는 상황을 관찰하면 그들의 강약과 허실을 파악할 수 있지요. 그런 다음 실한 곳을 피해 허한 곳을 공격하고 강한 곳을 피해 약한 곳을 공격하면 될 것입니다. 대군을 동원할 필요 없이 적은 병력으로도 적을 교란시킬 수 있습니다. 남방 사람들은 겁이 많기 때문에 변경에 소규모의 난리만 일어나도 최대한 병력을 동원하여 지원에 나설 것이고, 대군이 빈번하게 출동하다 보면 백성들이 피폐해지고 경제적으로도 손실이 클 것입니다. 저들이 대군을 동원하지 않는다면 그 허점을 이용하여 공격하면 되는 것이지요. 이렇게 하면 양자강 이북의 주군州郡이 전부 우리의 소유가 될 것입니다. 일단 강북을 탈취하면 저들의 인력을 이용하여 우리의 힘을 증강시킬 수 있고 저들의 병력을 우리가 지휘하여 똑같은 방법으로 양자강 이남도 쉽게 차지할 수 있을 것입니다. 강남을 얻으면 영남嶺南과 파촉은 저절로 수중에 들어오게 되고 격문만 한 장 붙이면 저절로 평정되고 말지요.

이렇게 남북방이 통일되면 연운燕雲 16주의 땅도 자연스럽게 우리에게 귀속될 것이고, 만일 귀속되지 않는다면 병력을 북방으로 이동시켜 점령할 수도 있을 것입니다. 결국 후한後漢이 가장 상대하기 어려운 세력으로 남게 되는데, 그들과는 절대로 한 하늘을 이고 있을 수 없습니다. 그들에게는 은덕이나 신의가 전혀 통하지 않기 때문에 오로지 결전을 벌여 이기는 수밖에 없지요. 따라서 최대한의 병력을 동원하여 강력한 힘으로 제압하는 수밖에 없습니다. 하지만 저들은 고평高平 전역에서 패한 뒤로 힘이 크게 약화되어 있고 사기도 크게 떨어져 있어서 한동안은 우리의 적수가 되지 못할 것입니다. 잠시 내버려두었다가 천천히 토벌해도 상관이 없지요. 천하가 평정된 뒤에 기회를 잡아 공격하면 일거에 제압할 수 있을 것입니다."

후주의 세종 시영은 그의 계책을 듣고는 대단히 치밀하고 정확한 분석이라고 판단했다. 당시 문무백관들은 하나같이 현재 상황에 만족하고 정확한 정세 파악이나 지략을 제시하지 못했다. 간간히 내놓는 계책마저도 취할 것이 없었다. 왕박의 신비한 지모에서 나오는 결단력 있는 계책만이 시영의 계획과도 일치했다. 결국 시영은 그의 생각과 기량을 중시하고 그의 견해에 따르기로 마음먹었다. 왕박은 후에 높은 벼슬에 올랐다.

3장 사람을 쓰는 안목을 갖추라

12 | 칼과 도끼의 쓰임새는 서로 다르다

　가의賈誼는 중국 역사의 한 장을 장식한 뛰어난 기재奇才로 열여덟의 나이에 문필로 이름을 날렸고 스무 살 때에는 한漢나라의 문제文帝에 의해 박사로 임명되었으며 나중에는 태중대부太中大夫의 관직을 지내기도 했다. 그는 일찍이 한나라의 분봉分封제도가 중앙정권을 공고히 하는 데 매우 불리하다는 점을 들어 봉급으로 주는 땅을 삭감하는 이른바 삭번削藩 정책을 주장했다. 하지만 이는 일부 귀족들의 이해관계에 상반되어 극심한 반대와 모함에 부딪쳤고, 결국 장사長沙로 쫓겨나고 말았다. 그러나 나중에 가의가 예견했던 것처럼 사태가 전개되면서 한 경제景帝 시기에 마침내 오초칠국의 난[22]이 발생하고 말았다.

　가의의 「치안책治安策」에 담긴 대의를 통해 당시의 정치 상황에 대한 원대하면서도 깊이 있는 지략을 확인할 수 있다.

일단 제후국이 세워지면 제후와 조정은 서로 시기하고 지방에서는 자주 화를 당하게 되며, 제후는 조정과의 관계를 고려해야 하고 조정 역시 항상 근심해야 하기 때문에 이는 실질적으로 지방을 안정시키고 조정을 튼튼히 할 수 있는 방법이 못 됩니다. 지금의 상황은 아우가 음모를 꾸미며 동쪽에서 황제가 나서는가 하면, 형의 아들이 서쪽에서 공격해 오는 지경입니다. 또한 오왕의 불법행위를 고발하는 사람도 있지요. 황상께서 한창 왕성한 세력을 유지하고 계실 때는 무슨 일을 하시든지 정당하고 책임감이 있었고 지나친 부분이 없었으며, 심지어 그들에게 더 큰 은혜를 베푸셨습니다. 그런데도 그들은 이런 일들을 저질렀지요. 그러니 그들보다 권력이 10배 이상 되는 왕후들은 어떻겠습니까?

하지만 지금 천하는 비교적 안정된 국면을 보이고 있습니다. 그 이유가 무엇인지 아십니까? 큰 제후국의 국왕들이 아직 어리고 조정에서는 태부太傅나 국상國相들이 권력을 장악하고 있기 때문이지요. 앞으로 몇 년이 지나면 각 제후들이 장성하게 됩니다. 이들은 나이가 젊고 혈기왕성하기 때문에 조정이 세운 태부나 국상들을 전부 파면시키게 될 것이고, 현승縣丞과 현위縣尉 이상의 주요 관직을 모두 자신들의 측근에게 줄 것이 분명합니다. 이렇게 하는 것이 회남왕이나 제북왕의 태도와 무엇이 다르겠습니까? 이런 시기에 국가를 안정시킨다는 것은 요 임금이나 순 임금 같은 인물도 해낼 수 없는 일입니다.

---

22 기원 전 154년 중국 전한시대에 제후국인 7개의 나라가 일으킨 반란.

일찍이 황제께서는 "해가 머리 꼭대기에 떴을 때는 반드시 사물을 비춰야 하고, 손에 칼을 들었을 때는 반드시 사물을 베어야 한다"라고 말씀하셨지요. 지금 이러한 방법대로 일을 처리할 수만 있다면 나라를 안정시키는 것은 그리 어려운 일이 아닐 것입니다. 하지만 일찌감치 이런 전략을 쓰지 않는다면 결국에는 혈족을 해치게 될 것입니다. 이렇게 된다면 진 왕조의 최후와 무엇이 다르겠습니까?

지금 천자의 지위를 기반으로 삼아 유리한 기회를 이용하고 하늘의 도움에 의지하면서도 위급한 형세를 안정적으로 바꾸지 못하고 난세를 태평성대로 바꾸지 못한다면, 폐하께서는 제 환공桓公의 입장에 처하게 된다 해도 제후들과 연합하거나 천하를 구제하실 수 있겠습니까? 폐하께서는 그렇게 하시지 못할 것임을 저는 잘 알고 있습니다.

가령 천하가 이전과 같았다면 아직도 회음후淮陰侯는 초나라에서 왕이라 칭하고 있었을 것이고, 경포黥布는 회남에서 왕이 되어 있을 것이며 팽월彭越은 양梁나라에서, 한신韓信은 한韓나라에서, 장오張敖는 조나라에서 왕이 되어 있을 것이며, 관고貫高는 조나라의 재상이 되고, 노관盧綰은 연나라의 왕이 되어 있었을 것입니다. 이런 사람들이 있는 상태에서 폐하께서 천자의 지위에 앉으셨는데, 안정된 국면을 찾을 수 있을까요? 제게는 폐하께서 그러지 못할 것이라고 확신할 만한 이유가 있습니다.

천하가 혼란스러워지자 고황제高皇帝께서는 병사를 일으켰지만 수하들이 높은 권세를 얻은 사례는 없었습니다. 행운이 따른 자들은 중연中涓[23]이 되었고 그 다음 사람들은 간신히 사인舍人[24]의 자리를 얻었으며 재능이 미치지 못하는 사람들은 관직에서 아주 멀어졌지요. 고황제께서는 매우 현명하시고 명성을 지니셨으며 권세와 무력을 갖추고 있어 황제의 지위에 오르신 뒤에 제후왕과 여러 공들에게 비옥한 땅을 나누어주셨습니다. 많은 사람은 성지가 100좌를 넘었고 적게 받은 사람도 30~40좌의 성지를 받았으니 은혜가 크다고 하지 않을 수 없을 것입니다. 그러나 그 후 10년 사이에 반란이 9번이나 일어났습니다. 더구나 폐하께서는 여러 공들과 직접 능력을 겨루신 다음에 이들을 신하로 삼은 것이 아니었고 그들을 직접 왕으로 봉하신 것도 아닙니다. 고황제께서도 1년 넘게 평안할 수 없었으니, 폐하께서 그렇게 하실 수 없으리라는 것을 저는 잘 알고 있습니다.

그러나 폐하께서는 오히려 핑계를 대시면서 제후들이 황제와 소원한 것이 반란의 원인이라고 말씀하시니, 소신이 친밀함과 소원함에 대해 말씀드리고자 합니다. 도혜왕悼惠王은 제나라 왕이었고 원왕元王은 초나라 왕이었으며, 고황제의 둘째 아들은 조나라의 왕이었고 유왕幽王은 회양의 왕이었습니다. 공왕共王은 양나라 왕이었고 영왕靈王은 연나라 왕이었으며 여왕厲王은 회남의 왕이었습니다. 이 귀인들은 모두 걱정거리가 없는데, 이 무렵에 즉위하신 폐하께서는 여러 왕들을 제대로 다스리실 수 있겠습니까? 소신은 폐하께서 그렇게 하실 수 없었으리라는 것을 잘 알고 있습니다.

이들 제왕들은 이름은 왕이지만 실제로는 형제를 대하는 마음으로 황제를 대하고 있으며 군신의 도리를 없애고 황제와 똑같이 행세하려

---

23 주로 수령 곁에 머물러 심부름 내지 말을 전하는 비서의 임무를 띤 가신.
24 중연과 비슷하나 신변의 일보다는 집단의 일을 처리하는 가신.

합니다. 그들은 작위를 마음대로 수여하고 사형수를 사면했으며 심지어 수레의 덮개를 황제와 똑같이 황색으로 장식하고 있습니다. 이러니 한漢의 법령이 실행될 수 없지요. 법령을 제대로 실행하지 않는 여왕 같은 자는 조정의 명령마저 거역하고 있으니, 폐하께서 그를 장안으로 부르려고 하셔도 무슨 방법으로 오게 하실 수 있겠습니까? 다행히 그가 온다고 해도 어떻게 법령을 적용시킬 수 있겠습니까? 황친皇親 한 사람과 부딪치면 천하의 제후들이 깜짝 놀라 일제히 들고 일어날 것이니, 신하들 가운데 풍경馮敬처럼 용맹한 인물이 있다 해도 입을 여는 순간 자객의 비수에 가슴을 찔리고 말 것입니다. 폐하께서는 지극히 현명하시지만 누구와 더불어 제후들을 다스리겠습니까? 결국 소원한 제후들은 조정에 위해를 끼칠 것이고 친근한 제후들도 나라를 어지럽힐 것입니다. 이는 이미 증명된 사실이지요.

성이 다른 제후들이 자신들의 강대함을 믿고 모반을 일으켰고 다행히 한漢 조정이 그들과 싸워 승리하긴 했지만, 법제를 고쳐 모반이 다시 일어나는 것을 방지하기 위해 근본적으로 법제를 개혁하지 않은 상태입니다. 성이 같은 제후들이 저들을 본받아 모반을 일으켰다는 증거도 있으며, 여전히 제후들의 세력은 꺼질 듯하다가 다시 살아나기를 거듭하고 있는 실정입니다. 재앙을 가져오는 변화의 흐름이 어떻게 발전해갈지 모르는 상황에서, 폐하처럼 영명하신 황제께서 이에 제대로 대처하지 못하신다면 장차 후대에는 어떤 상황이 벌어지겠습니까?

짐승을 잡는 장인인 탄坦이 하루아침에 소 12마리를 도살해도 칼날이 전혀 무뎌지지 않는 것은, 치고 베고 벗기고 자를 때마다 각 부분을 솜씨 좋게 처리하기 때문입니다. 엉덩이뼈와 넓적다리뼈는 도끼로 잘

라야 하기 때문에 도끼는 항상 무디지 않고 날이 서 있어야 합니다. 인의와 은덕은 황제의 날카로운 칼날이고 권위와 법령은 황제의 도끼인 셈입니다. 지금의 제후들은 하나같이 엉덩이뼈나 넓적다리뼈와 같기 때문에 도끼를 사용해서 다스려야지, 칼날로 해결하고자 한다면 칼이 이지러지거나 부러질 것입니다. 그런데도 폐하께서는 어째서 회남왕과 제북왕에게 도끼를 사용하지 않으십니까? 이는 형세가 허락하지 않기 때문일 것입니다.

지나간 일들의 자취를 돌이켜보건대, 대체로 크고 강한 제후들이 먼저 모반을 일으켰습니다. 회음후 한신이 초나라 왕이었을 때 가장 먼저 모반을 일으켰고, 한왕韓王 신농信儂은 흉노족의 세력에 의지하여 반역을 꾀했으며, 관고는 조나라의 도움을 받아 모반을 일으켰고, 팽월은 양나라를 이용해서 모반을 일으켰으며, 경포는 회남의 조건을 이용하여 모반을 일으켰고 노관은 가장 약한 제후인데도 맨 마지막으로 모반을 일으켰습니다. 장사국長沙國의 인구는 겨우 2만 5천 명에 불과했기 때문에 한 왕조의 건국에 공은 적었지만 가장 완벽하게 보전될 수 있었으며, 세력은 보잘것없었지만 가장 충성스러웠습니다. 이는 다른 지역 사람들과 본성이 달라서가 아니라 형세가 그 정도밖에 되지 않았기 때문이었습니다. 번쾌樊噲와 역상酈商, 주발周勃, 관영灌嬰 등에게 수십 좌의 성지를 주고 왕 노릇을 하게 해주었더라면 지금은 이미 망해 없어졌을 것이며, 한신이나 팽월 같은 자들을 철후徹侯로 삼아 장안에 머물게 했다면 지금까지 생존해 있었을 것입니다.

이로써 알 수 있듯이 천하를 다스리는 데는 큰 책략이 필요합니다. 각 제후들이 조정에 복종하고 따르게 하려면 모두 장사왕처럼 만드는 것이 바람직하고, 신하의 살을 절이거나 삶지 않으려면 번쾌나 역상처럼 만드는 것이 바람직하며, 천하를 잘 다스리려면 제후들을 많이 세워 그 세력을 분산시키고 약화시키는 것이 바람직합니다. 제후들의 힘이 약해지면 인의로 다스리기 쉽고, 나라가 작으면 사심이 생기지 않기 때문이지요.

천하의 형세를 몸이 팔을 부리고 팔이 손을 부리는 것처럼 한다면 법도에 복종하지 않을 자가 없을 것이고, 제후국의 서자들이 감히 다른 마음을 품지 못할 것이며, 바퀴살이 바퀴통으로 모이듯 천자에게 복종할 것이고, 천한 백성들조차 평안함을 알게 되어 폐하의 영명하심을 천하가 깨닫게 될 것입니다. 땅을 떼어주되 법령을 제정하여 제와 조, 초 등의 나라들이 각기 몇 개의 작은 제후국을 만들게 하고, 도혜왕과 유왕, 원왕의 자손들에게 조부가 나눠준 땅을 물려받게 하며, 땅이 모두 처분되면 그만두게 해야 합니다.

연이나 양 같은 나라들도 이렇게 하면 될 것입니다. 나눠 받은 땅은 많지만 자손이 적은 경우에는 나라를 세우되 잠시 군君의 자리를 비워두었다가 자손들이 많이 태어나면 모두 군으로 삼으셔야 합니다. 제후의 영지가 한 왕실에 귀속된 경우에는 제후국을 위해 열후국을 왕국으로 옮기고 조정에서 경계를 확정한 다음 그 자손을 봉해 자식 숫자대로 보상하여 모두 그들에게 돌려주셔야 합니다.

원래 제후에게 속했던 한 뼘의 땅과 한 명의 백성에 대해서도 천자께서 이익을 취하시지 않는 것이 진정한 다스림이니, 천하 모든 사람들이 폐하의 겸손하고 청빈하심을 알게 될 것입니다. 일단 영지에 대한 법제가 안정되면 종실의 자손들은 왕 노릇을 할 수 없다고 생각지 않을 것이고, 아랫사람들은 배반할 뜻을 품지 않을 것이며, 윗사람은 벌을 주려는 생각을 갖지 않을 것이므로 천하 모든 사람들이 폐하의 인자하심을 알게 될 것입니다.

법이 세워지면 이를 어기지 않고 영令이 시행되면 이에 거스르는 사람이 없으니 관고나 이기利機 같은 사람들의 술책이 나오지 않을 것이고 시기柴奇나 개장開章 같은 사람의 계략도 나타나지 않을 것입니다. 그러면 백성들은 행실을 선하게 가지게 되고 조정의 대신들은 순종하여 천하가 모두 폐하의 의로우심을 깨닫게 될 것입니다. 이렇게만 된다면 갓난아기가 천하의 가장 높은 자리에 앉아도 안전할 것이고, 유복자를 제왕의 자리에 올리거나 선제의 갑옷만 조정에 두어도 천하가 어지러워지지 않을 것이며, 재위하시는 동안에 천하가 크게 다스려지고 후세에는 폐하를 성군으로 칭송하게 될 것입니다. 한 번만 움직이시면 다섯 가지 업적이 따라올 텐데 폐하께서는 무슨 까닭으로 이렇게 하지 않으시는지 모르겠습니다.

지금 천하의 형세는 병이 들어 다리가 퉁퉁 부어 있는 것과 같은 상태입니다. 정강이가 허리만 하고 손가락 하나가 넓적다리만 해서 평소에 거동할 때도 몸을 제대로 구부릴 수 없고 손가락 한두 개 펼 때마다 몹시 아픈데다 몸뚱이는 근심 때문에 아무런 즐거움도 없습니다. 지금의 기회를 놓쳐 이를 고치지 않는다면 고질병으로 발전할 것이며, 그때 가서는 편작扁鵲 같은 명의가 살아 돌아온다 해도 치유할 수 없을 것입니다.

초나라 원왕의 아들은 폐하의 사촌동생이며 지금의 초왕은 사촌동생의 아들입니다. 또한 제나라 혜왕의 아들은 폐하의 친형의 아들이고 지금의 왕은 친형의 손자이지요. 친근한 자(황제의 자손)에게는 땅을 나눠주지 않아도 천하가 편안해지지만 소원한 자들(혜왕과 원왕의 자손)의 대권을 통제하면 황제를 억압하려 들 것입니다. 이런 까닭에 신은 '병이 들어 단순히 붓기만 하는 것이 아니라 발바닥이 아파 걸을 수 없다'고 말씀드리는 것입니다.

13 | 도리에 맞는 말은 귀에 거슬린다

한비韓非가 한왕韓王에게 말했다.

"제가 말하기를 꺼려하고 망설이는 데는 다른 이유가 있습니다. 말이 거침없으면 겉만 화려하고 내실이 없는 것처럼 보일 것이고, 말하는 태도가 정직하고 신중하며 빈틈없이 완벽하면 오히려 서투르고 조리가 없는 것처럼 보일 수 있습니다. 남의 말만 인용하고 비슷한 사례를 들어 장황하게 얘기하면 겉치레뿐이고 내실이 없다고 여겨질 수도 있지요. 요점만 간추려 그 대강을 말하고 아무런 꾸밈없이 직설적으로 얘기하면 어눌하고 화술이 부족하다고 느껴질 것이고, 남의 속마음을 떠보는 것처럼 말하면 주제넘고 염치없이 보일 것입니다. 말하는 태도가 고상하여 그 깊이를 헤아릴 수 없으면 오히려 야단스럽기만 하고 무익하게 보일 수도 있고, 이해를 따져 세밀한 수치를 열거하면 고루

하게 여겨질 수도 있습니다. 또한 세속적인 말솜씨로 거슬리지 않는 말만 가려서 한다면 목숨을 부지하기 위해 아첨하는 것처럼 보일 수 있고, 저속한 말을 피하면서 탁월한 말재주로 이목을 끌면 무책임한 말재주꾼으로 여겨질 수 있지요. 재치 있게 말을 꾸미고 문채文采를 더한다면 지나치게 현학적으로 보일 수 있을 것이고, 일부러 문채나 학문을 배제하고 사물과 사실을 있는 그대로 드러내어 말하면 야비하다고 여겨질 수 있을 것입니다. 수시로 『시경詩經』과 『상서尙書』의 구절을 들먹이고 옛것을 본받는 척하면 기계적으로 암송만 되풀이하는 것처럼 여겨질 수 있지요. 이것이 바로 제가 말하기를 꺼려하고 염려스러워하는 이유입니다.

의견을 말하는 태도가 법도에 맞고 올바르다 할지라도 반드시 받아들여지는 것은 아니고 조리에 맞게 완벽한 논리를 구사한다 해도 반드시 채택되는 것은 아닙니다. 만일 대왕께서 지금처럼 믿지 않으실 경우에는 작게는 대왕을 헐뜯는 것이라 여기실 것이고 크게는 여러 가지 재앙과 죽음이 말하는 사람의 몸에 미치게 될 것입니다. 때문에 오자서는 계략에 능했는데도 불구하고 오왕에게 죽임을 당했고, 공자는 말솜씨가 탁월했는데도 생각이 비뚤어진 사람들이 그를 공격했으며, 관이오管夷吾는 진정한 현인이었는데도 노나라에서는 죄인으로 취급당했던 것입니다. 이 세 사람이 현명하지 못해서 그런 일을 당했겠습니까? 이는 세 군주가 사람을 보는 눈이 밝지 못했기 때문이지요. 옛날 탕왕湯王은 훌륭한 성인이었고 이윤伊尹은 뛰어난 신하였습니다. 그러나 그렇게 총명한 신하가 군주에게 무려 70번이나 말을 반복했는데도 받아들여지지 않았습니다. 결국 이윤이 직접 솥과 도마를 들고 부엌일을 맡아 탕왕에게 가까이 다가가 친숙해진 다음에야 탕왕은 그의 현명함을 알고 크게 중용했던 것입니다. 그래서 가장 뛰어난 지혜를 가진 신하가 가장 훌륭한 성인에게 유세해도 반드시 성공하는 것은 아니라고 말하는 것은 이런 경우를 가리키는 것입니다.

또한 가장 지혜로운 사람이 가장 어리석은 사람에게 유세해도 반드시 받아들여지는 것은 아니라고 말하는 것은 문왕이 주紂에게 유세한 경우를 말하지요. 문왕은 어떻게 해서든지 주를 설득해보려고 했지만 주는 그를 가둬버리고 말았습니다. 악후는 간언諫言을 올리다가 화형을 당했고 귀후는 그 시신을 저며 햇볕에 말리는 형벌을 받았으며 비간比干은 심장이 꺼내져 찢기는 형을 받았고 매백梅伯은 살을 저며 장조림을 만드는 형벌을 당했지요. 조패曹羈는 조백曹伯에게 유세했다가 죄를 얻어 진나라로 도망쳐야 했고 백리해百里奚는 길바닥에서 먹을 것을 구걸해야 했으며 부열傅說은 노예가 되어 이리저리 팔려 다녔고 손빈은 위나라에서 방연龐涓의 참언 때문에 무릎뼈가 잘리는 형벌을 당했습니다. 오기吳起는 서하를 지키다가 위 무후武侯가 안문 땅으로 부르자 눈물을 훔치면서 서하를 진나라에 빼앗길 것을 슬퍼했으나, 결국 초나라의 변법으로 인해 오마분시五馬分尸[25]의 참형을 당하고 말았지요. 공숙좌公叔座는 중병을 앓고 있으면서도 공손앙公孫鞅을 국가의 인재로 추천했다가 오히려 호된 비난과 질책을 당했고, 이에 공손앙은 진으로 도망쳐야 했습니다. 또한 관용봉關龍逢은 하夏나라 걸桀에게 간하다가 목이 잘리는 참형을 당했고 장굉萇宏은 창자가 토막토

---

25 다섯 마리 말에 죄인의 머리와 사지를 묶고 사방으로 뛰어가 찢겨 죽게 하는 형벌.

막 잘렸으며 윤자尹子는 가시 구덩이 속에 던져졌고 사마자기司馬子期는 살해된 후에 강물에 던져졌습니다. 전명田明은 고책辜轢이라는 형벌을 받아 시신이 갈기갈기 찢어졌고 복자천宓子賤과 서문표西門豹는 다투지 않았는데도 남의 손에 죽었으며 동안우董安于는 죽어서 시신이 저잣거리에 널렸고 재여宰子는 전상田常에게 살해되고 말았습니다. 또한 범저는 위나라에서 허벅지뼈가 부러지는 봉변을 당했지요.

　이 10여 명의 인물들은 하나같이 인자하고 현명하며 지혜롭고 충성스러운데다 탁월한 능력까지 갖춘 인재들이었지만 불행하게도 사리를 분별하지 못하는 어둡고 어리석은 임금을 만나 목숨을 잃었던 것입니다. 그렇다면 뛰어난 현인이나 성인이라 할지라도 죽음을 당하거나 곤욕을 치르게 되는 일을 피할 수 없는 까닭은 무엇이겠습니까? 그것은 어리석은 자를 설득하기가 어렵기 때문이지요. 그래서 군자는 말하기를 꺼려하는 것입니다. 무릇 도리에 맞는 말은 귀에 거슬리고 마음에 어긋나는 법입니다. 현인이나 성인의 자질을 갖춘 사람이 아니라면 좀처럼 받아들이지 못하지요. 부디 대왕께서는 이 점을 깊이 살피시기 바랍니다.”

　한비의 장황한 유세는 한왕의 신임을 얻기 위한 것이었다. 그가 말한 내용들은 역사적 사실들이었고 그 자신도 잘 알고 있었지만, 그 역시 나중에는 진왕의 신임을 잃어 죽임을 당하고 말았다. 이로써 진언의 어려움이 상상을 초월하는 것임을 알 수 있다.

　춘추전국시대의 종횡가들 가운데 크게 성공한 사례들도 적지 않지만 실패한 사례가 훨씬 더 많았고, 사서가 이를 기록하지 않은 것뿐이라는 사실을 기억할 필요가 있다.

14 수시로 변하는 상황에 적절히 대처하라

　모든 지모는 다양하게 발전할 가능성을 지니고 있다. 이러한 가능성을 예측하지 못한다면 수시로 변하는 상황에 대처할 수 없을 것이다. 그래서 책략은 일종의 시스템 공정과 같다고 할 수 있다.

　초 회왕懷王이 사망한 후에도 태자는 여전히 제나라에 인질로 잡혀 있었다. 소진이 설공에게 물었다.

　"공께서는 어째서 초나라 태자를 인질로 잡고 있으면서 그를 이용하여 제나라에 인접한 초나라 땅과 바꾸지 않으십니까?"

　"그건 불가능한 일일 것이오. 내가 초나라 태자를 인질로 데리고 있으면 초나라는 새로운 군주를 세울 것이고, 그렇게 되면 세상 사람들로부터 쓸모없는 인질을 잡아놓고 의롭지 못한 일을 하고 있다는 비난을 면치 못할 것이오."

"절대로 그렇지 않습니다. 만일 초나라가 새 군주를 옹립한다면 공께서는 초의 새 군왕에게 이렇게 말씀하시면 됩니다. '그대가 제나라에 인접한 초나라 땅을 내게 할양한다면 그대를 위해 태자를 죽일 것이고, 그렇게 하지 않는다면 다른 제후국들과 연합하여 태자를 초의 군왕으로 추대할 것이오.' 그렇게 하시면 제나라에 인접한 초나라 동쪽 땅은 공의 차지가 될 것입니다."

소진은 이러한 견해를 실행하기 위해 9단계 방법을 세워놓고 있었다. 첫째, 소진이 직접 초나라에 사신으로 갈 수 있다. 둘째, 초왕으로 하여금 하루속히 제나라에 인접한 동쪽 땅을 할양하게 할 수 있다. 셋째, 초나라로부터 많은 땅을 얻어낼 수 있다. 넷째, 초나라 태자를 설득함으로써 초나라로 하여금 더욱 많은 땅을 할양하게 할 수 있다. 다섯째, 초왕을 대신하여 태자에게 자유를 찾아줄 수 있다. 여섯째, 태자를 존중한다는 명목으로 태자를 즉시 떠나게 할 수 있다. 일곱째, 사람을 보내 설공의 면전에서 소진의 험담을 하게 할 수도 있다. 여덟째, 초왕에게 사람을 보내 소진에게 초나라 관직을 주도록 요구할 수도 있다. 아홉째, 설공을 설득하여 소진을 잘 대우하게 할 수도 있다.

소진이 설공에게 말했다.

"제가 듣건대 '책략이 새나가면 아무런 효과도 거둘 수 없고 일을 추진함에 있어서 결단력이 없으면 미명을 얻을 수 없다'라고 했습니다. 지금 공께서 초나라 태자를 억류하고 계신 것은 제나라에 인접한 초나라 땅을 얻기 위한 것에 지나지 않습니다. 하지만 지금 당장 이 땅을 얻지 못하고 초나라가 생각을 바꾼다면 공께서는 쓸모없는 인질을 잡고 있다가 세상 사람들의 조롱거리가 될 것입니다."

"그렇겠구려. 그럼 내가 어떻게 하면 좋겠소?"

"제가 공을 위해 초나라에 사신으로 가겠습니다. 만일 초나라가 제나라에 인접한 동쪽 땅을 바친다면 공께서는 손해 보실 일이 아무것도 없겠지요."

설공은 소진을 초나라로 보냈다. 소진이 초왕에게 말했다.

"제나라가 태자를 초왕으로 옹립하려 합니다. 제가 보건대 설공이 태자를 억류하고 있는 것은 초나라 동쪽 땅을 얻기 위해서입니다. 만일 대왕께서 그 땅을 제나라에 주지 않으신다면, 태자는 그 2배에 달하는 땅을 주겠다고 약속하면서 자신을 초왕으로 옹립해달라고 부탁하게 될 것입니다."

"선생의 분부에 따르도록 하겠소."

초왕은 곧장 땅을 바쳤다.

초나라에서 돌아온 소진이 설공에게 말했다.

"초나라의 형세를 보니 더 많은 땅을 얻을 수도 있을 것 같습니다."

"어떻게 그럴 수 있겠소?"

"태자에게 사태의 전말을 알려주고 정식으로 제나라에 도움을 요청하게 하십시오. 제나라가 그의 요구를 받아들이고 초왕이 이런 사실을 알게 된다면 초나라가 제에 바칠 땅은 훨씬 더 많아질 것입니다."

아울러 소진은 초의 태자에게 말했다.

"제나라는 태자를 초왕으로 받들고자 합니다. 그러나 초나라가 제에 영토를 할양하면서 태자를 계속 억류해줄 것을 부탁하고 있지요. 제나라는 초나라가 주는 땅이 너무 적다고 불평하고 있으니 태자께서 더 많은 땅을 제나라에 주겠다고 약속하시는 것이 바람직할 것 같습니다. 그러면 제나라는 반드시 태자를 초왕으로 추대할 것입니다."

초의 태자는 소진의 말에 따르기로 마음먹고 제나라에 훨씬 많은 땅을 주겠다고 약속했다. 이런 사실을 전해 들은 초왕은 크게 두려워하여 제나라에 더 많은 땅을 바치고도 일이 잘못되지나 않을까 노심초사했다. 이리하여 초나라가 제나라에 더 많은 땅을 바칠 수 있다는 말은 충분히 실현될 수 있는 것으로 증명되었다.

소진이 다시 초왕에게 말했다.

"제나라가 감히 초나라에 더 많은 땅을 달라고 요구할 수 있었던 것은 초의 태자를 제나라에 억류하고 있기 때문입니다. 제나라는 이미 초의 영토를 얻었지만 이것으로 그치진 않을 것입니다. 태자가 아직 제나라에 있어서 대왕과 세력 균형을 이루고 있기 때문이지요. 태자가 제나라를 떠나게 할 방법이 있습니다. 태자가 제나라를 떠나면 제나라는 태자를 초왕으로 추대할 명분이 없게 되고 대왕과의 약속을 어길 수도 없을 것입니다. 그런 상태에서 대왕께서 제나라와 우호관계를 맺으신다면 오히려 제나라가 대왕께 복종할 수도 있을 것입니다. 이렇게 되면 대왕께서는 원수를 제거하는 동시에 제나라와 좋은 관계를 유지할 수 있으니 일거양득이 아니겠습니까?"

소진의 설명을 듣고서 초왕은 몹시 기뻐했다.

"그럼 선생께서 초와 제 사이에 국교를 맺어주시구려."

이리하여 소진은 초왕을 대신하여 초의 태자가 제나라를 떠나게 할 수 있었다.

소진은 다시 초의 태자에게 말했다.

"초나라 정권을 장악하고 있는 것은 초왕입니다. 그리고 영토를 제나라에 바치겠다고 공허한 약속을 한 사람은 태자시지요. 제왕이 태자의 약속을 꼭 믿는다고만은 할 수 없습니다. 그렇지만 초왕은 확실히 토지를 주겠다는 성의를 표하고 있지요. 초나라가 제나라와 거래를 성사시킨다면 태자께서는 위험에 처하시게 될 것입니다. 하루빨리 대책을 강구하십시오."

태자가 그의 뜻에 따르겠다고 대답하고 그날 밤으로 수레를 준비하여 제나라를 떠났다. 이렇게 하여 태자가 제나라를 떠나게 하는 일도 실현되었다.

한편 소진은 설공에게 사람을 보내 이렇게 말하게 했다.

"공께 태자를 잡아두라고 권한 것은 소진이었습니다. 그러나 소진이 그렇게 한 것은 공을 위한 것이 아니라 오히려 초나라를 위한 것이었습니다. 소진은 공께서 자신의 속셈을 알아챌까 두려워서 초나라가 많은 땅을 바치게 만들어 자신의 음모를 숨기려 했던 것이지요. 태자에게 제나라를 떠나라고 권한 것도 소진인데, 공께서는 여태 이런 사실도 모르고 계시니 답답함을 금할 수 없습니다."

이에 설공은 소진에게 몹시 화가 났다. 결국 사람을 보내 설공에게 소진의 험담을 하게 하는 일도 실현되었다.

소진은 또 초왕에게 사람을 보내 말했다.

"설공께 태자를 잡아두게 한 사람은 소진입니다. 대왕을 모시면서 공을 초의 군왕으로 봉하려 한 것도 소진이고, 영토를 바치겠다는 조약을 맺은 것도 소진이며, 태자에게 충성을 바치겠다고 하면서 태자가 떠나도록 권유한 것도 소진입니다. 어떤 사람들은 설공의 면전에서 소진을 비난하면서 그가 제나라에 소홀히 하고 초나라에 충성을 다하고 있다고 말하고 있습니다. 바라건대 대왕께서는 이런 사실을 알아두시기 바랍니다."

초왕은 이 말을 듣고 소진을 무정군武貞君으로 봉했다. 이리하여 소진이 초나라에서 봉호를 얻는 일도 얼마든지 실현될 수 있는 것으로 드러났다.

소진은 다시 경리景鯉를 보내 설공에게 말했다.

"지금 공께서 천하의 모든 사람들로부터 존경을 받을 수 있는 것은 널리 인재를 등용하여 제나라의 대권을 장악하고 있기 때문입니다. 소진은 세상에서 가장 뛰어난 변사辯士로 천하에 보기 드문 인재이지요. 소진을 중용하지 않으신다면 충언의 길을 막게 될 뿐만 아니라, 천하의 인재들이 전부 소진의 뒤를 따르게 되어 공의 처지가 위험하게 될 수도 있습니다. 요즘 소진이 초나라와 매우 가깝게 지내고 있는데, 그와 친해지지 않으신다면 그가 원한을 품게 될 것입니다. 그러니 소진을 존중해주시고 그를 중용하여 이번 기회에 제나라와 우호관계를 맺게 하십시오."

이리하여 설공과 소진은 다시 가까워졌다. 이로써 설공에게 소진과 친해지라고 권유하는 일도 충분히 가능한 것임이 입증되었다.

소진의 말 한마디는 많은 사람들에게 두루 통할 수 있는 것이었다. 앞에서 언급한 다양한 분석들은 모두 합리적이고 실질적인 것으로, 소진이 마음먹고 실행에 옮긴다면 모두 현실화될 수 있는 것이었다. 그러나 현실은 예측에서 빗나가기도 하고 심지어 그 결과가 상반될 수도 있었다. 여기서 우리는 사건 전개의 다양한 가능성을 볼 수 있다. 그럼에도 불구하고 소진의 계획은 그대로 실현되었다. 더욱 놀라운 사실은 한 나라의 정치와 역사가 한 책략가의 손에 의해 좌지우지된다는 것이다.

특히 짚고 넘어가야 할 것은 중국 고대사가 대개 사실 위주로 기술되어 있는데, 상술한 내용은 『전국책』에서 추려낸 사례들로 글의 의도가 다를 수 있다는 사실이다. 맨 처음에 기술한 사례를 제외하면 나머지 사례들은 추측과 유추가 대부분으로, 이는 중국 역사서에서 찾아보기 힘든 현상이다.

15 | 가장 적절한 인물을 선택하라

　추양鄒陽은 서한 시기의 유명한 문학가로서 대단히 뛰어난 지략을 지닌 인물이었다. 그는 일찍이 양왕梁王에게 간언을 올려 모반을 막으려 했다가 오히려 투옥된 적이 있었다. 다음의 일화를 통해 그의 지략이 어떠한지 가늠할 수 있을 것이다.
　양 효왕孝王[26]이 경제景帝가 신임하는 대신인 원앙袁杠을 칼로 찔러 죽였다가 경제로부터 크게 화를 샀다. 몹시 화가 난 경제가 그에게 큰 벌을 내리려 했다. 두려워진 효왕은 일전에 추양이 자신에게 중요한 충고를 해주었던 일을 기억해내고는 그를 찾아가 이 문제를 상의하게 되었다. 그는 황금 1,000냥을 선물하면서 황제의 노여움을 풀 수 있는

26　문제의 아들인 유무劉武로 모친의 총애를 받았다.

계책을 마련해달라고 부탁했다.

추양은 문재가 남달랐고 지략도 뛰어난 인물이었다. 그에게는 잘 알고 지내는 왕 선생이란 사람이 있었다. 왕 선생은 여든이 넘은 나이에도 불구하고 여전히 기묘한 계책을 지닌 기인이었다. 그리하여 추양은 이 문제를 들고 왕 선생을 찾아갔다. 왕 선생이 말했다.

"이런 일은 처리하기가 아주 힘듭니다. 군주가 깊은 분노와 원한을 품고 있어 상대방을 죽여서 원한을 풀려고 할 것입니다. 태후처럼 존중을 받는 사람이나 가족, 형제자매의 깊고 두터운 정으로도 군주의 이러한 감정을 누그러뜨리지 못하는데 나처럼 평범한 사람이 어떻게 그 원분을 풀 수 있겠소? 차라리 왕장군王長君을 찾아가 그를 감동시킨다면 틀림없이 방법을 마련해줄 것이오."

추양은 왕 선생의 속뜻을 알아챘다.

"대단히 감사합니다. 선생의 가르침대로 하겠습니다."

왕 선생에게 작별을 고하고 나온 추양은 곧장 왕장군을 찾아갔다.

왕장군은 왕미인의 오빠였다. 추양은 한가한 시기에 적당한 때를 잡아 왕장군을 만나 말했다.

"소신은 일을 시킬 사람이 없어서 장군께 시중을 들러 온 것이 아닙니다. 신은 어리석고 거칠기 그지없는 사람이라 혼자 힘으로는 해결할 수 없는 문제가 있어서 장군께 사정을 아뢰고자 찾아온 것입니다."

왕장군이 거절하는 기미를 보이지 않자 추양은 얘기를 계속했다.

"소신이 듣건대 공께는 황상의 총애를 독차지하고 있는 여동생이 있다고 하더군요. 그런데 공의 행동거지 가운데는 이치에 맞지 않는 것이 있습니다. 이는 모든 사람들이 다 아는 사실이지요. 원앙이 죽은 사건이 아직 해결되지 않고 있습니다. 연루된 사람들을 계속 추궁하다가는 양왕이 죽임을 당할 것이 분명하지요. 그렇게 되면 태후께서도 사랑하는 아들이 죽어 슬픔에 휩싸이게 되고, 마음속의 울분을 이기지 못하다가 황상에게 분풀이는 하지 못하고 이를 황상이 총애하시는 비나 신하들에게 풀려고 하실 것입니다. 소신은 혹시 장군께서도 어려운 지경에 처하시게 되지나 않을까 몹시 염려스럽습니다."

왕장군은 추양의 말에 당황하여 잠시 동안 말을 잇지 못하다가 한참 만에야 간신히 입을 열었다.

"그럼 어떤 방법이 있겠소? 선생께서 나를 위해 대책을 마련해주시구려."

"공께서 황상 폐하를 설득하셔서 더 이상 양왕이 원앙을 죽인 일을 조사하지 않게 하신다면 장군과 태후의 관계는 훨씬 탄탄해질 것입니다. 태후께서 공의 도움을 받게 되면 공께 마음 깊이 감사하게 될 것이고, 공의 여동생은 한꺼번에 태후와 황상 폐하의 총애를 독차지하면서 지위가 더욱 굳건해질 것입니다. 원컨대 공께서는 이 점을 잘 고려해보시기 바랍니다.

옛날에 순 임금의 동생 상象은 아침부터 저녁까지 하루 종일 순 임금을 죽일 생각만 했던 때가 있었습니다. 그런데도 순은 황제가 된 후에 유비有卑의 땅을 상에게 주었지요. 어진 사람은 형제에 대한 원한을 오래 간직하지 않고 오히려 관심과 애정을 더하는 법입니다. 그래서 후대 사람들이 그를 더욱 추앙하고 칭송하는 것이지요. 순 임금도 이렇게 해서 후대 사람들이 칭송하는 성인이 될 수 있었던 것입니다. 공께서도 이 일을 들어 황상 폐하를 설득하시면 더 이상 양왕을 조사하지 않으실 것입니다."

왕장군은 추양이 가르쳐준 방법대로 실행하기로 마음먹고 적당한 기회를 잡아 황제에게 간언을 올렸다. 결과는 추양이 예견한 그대로 나타났다.

이런 상황에서 직접 말을 하는 것은 절대로 바람직하지 못하다. 우회적으로 전하는 것이 역효과를 방지할 수 있는 최선의 방법인 것이다. 문제의 핵심은 사람들 사이의 이해관계를 잘 따져 진언하기에 가장 적절한 인물을 선택하는 것이다. 왕장군은 경제의 총애를 받는 사람이면서 동시에 커다란 재앙을 당할 처지에 놓인 인물이었다. 이런 형세에서 진언을 거부할 수 없었던 그는 문제 해결에 가장 적합한 인물이었다. 또한 경제를 설득하는 말 역시 사전에 치밀하게 준비해야 했을 것이다. 자신을 성인에 비유하는 사람에 대해 안 좋은 감정을 가질 황제는 없는 법이므로 추양이 가르쳐준 방법은 경제의 완고한 마음을 풀어주기에 충분했다.

추양과 왕 선생의 모략을 자세히 되새겨보면 감탄하지 않을 수 없을 것이다.

칼을 다룰 줄 모르면 손을 벤다

자산子産은 춘추전국시대의 유명한 정치인이었다. 그가 정사를 도맡는 동안 정鄭나라는 크게 흥성했고, 공자도 그를 칭찬하였다. 그는 인자함과 덕으로 나라와 백성을 다스렸고, 모든 면에서 다른 사람들보다 뛰어난 능력을 발휘했다.

춘추전국시대에는 정나라의 자피子皮가 국정을 전담하고 있었다.

그는 자산에게 나라를 다스리고 인재들을 선발하는 남다른 능력이 있는 것을 보고 국가의 정무를 맡기려 했다. 자피의 수하에는 윤하尹下라는 가신家臣이 있었는데, 그는 자피에게 절대적으로 복종했고 자피 역시 그를 몹시 아꼈다. 어느 날 자피가 자산에게 물었다.

"윤하에게 내 봉읍을 다스리도록 맡기고 싶은데 그대는 이를 어떻게 생각하시오?"

"이 사람은 너무 젊기 때문에 국가를 다스리는 이치를 잘 모릅니다. 그러한 자리를 맡긴다는 것은 아무래도 위험하다고 생각합니다."

"이 사람은 매사에 신중하고 내 말도 잘 듣고 있소. 내가 가장 아끼는 신하라서 나를 배신할 염려도 없으니 앞으로 잘 가르치면 큰 문제는 없을 것이라고 생각하오."

자산은 자피가 계속 고집을 부리는 것을 보고는 고개를 가로저으며 말했다.

"그건 안 될 일입니다. 마음에 드는 사람에게 어떻게 해서든지 이익이 돌아가게 하려고 애쓰는 법이지만 지금 공께서 이 사람을 아끼시는 것은 오히려 그에게 해가 되는 일입니다."

자피가 자신의 말을 이해하지 못하자 자산이 설명했다.

"윤하는 나라를 다스리는 일에 익숙지 못한데도 공께서는 그에게 그 일을 맡기려 하십니다. 이는 칼을 다룰 줄 모르는 사람에게 부엌에서 일을 하라고 시키는 것과 마찬가지지요. 처음부터 손가락을 베게 될 텐데 누가 이런 일을 좋아하겠습니까?"

자피는 자산의 말을 듣고 나서 한동안 입을 다문 채 말을 잇지 못했다. 자피가 아무 말도 하지 않자 자산은 그가 몹시 불쾌해하고 있음을 알아차리고 이렇게 말했다.

"공께서는 정나라의 기둥이십니다. 기둥이 부러지면 집이 송두리째 무너지고 말 것이며 우리는 그 밑에 깔려 죽게 됩니다. 그런데도 제가 공께 거짓말을 할 수 있겠습니까?"

그제야 자피는 찌푸렸던 얼굴을 폈다. 자산이 물었다.

"공께 아름다운 비단이 있는데 이를 옷 만드는 사람에게 주어 마음대로 자르게 하실 수 있겠습니까?"

"당연히 주지 못할 것이오."

"그러시겠지요. 옷은 몸을 가리는 것에 불과한데도 공께서는 그토록 아끼십니다. 하물며 봉읍은 자신과 가족들의 생명이 걸린 것이니 아름다운 비단보다 더욱 귀중하지요. 이렇게 소중한 봉읍을 정치에 익숙지 않은 사람에게 연습용으로 맡기실 수 있겠습니까? 저는 충분히 배운 다음에 관원이 된다는 얘기는 들어봤어도 먼저 관원이 된 다음에 배우게 되었다는 말은 들어보지 못했습니다. 공께서 굳이 고집을 부리신다면 큰 상처를 입으시게 됩니다. 사냥을 해도 활쏘기에 능하고 말을 잘 타는 자만이 짐승을 잡을 수 있을 것입니다. 활도 쏠 줄 모르고 말도 탈 줄 모르는 사람은 어떻게 하면 수레가 뒤집히지 않고 그 밑에 깔리지 않을까 하는 것만 생각하게 되지요. 그러니 어떻게 사냥에 전념할 수 있겠습니까?"

자산의 비유는 핵심을 찌르는 것이었다. 자피는 자산의 말에 연신 고개를 끄덕이며 감탄을 금치 못했다.

"그렇겠구려! 내가 정말 어리석었소. 군자는 크고 멀리 생각하지만 소인은 작고 가깝게 생각한다고 들었소. 나는 정말 군자가 못 되는 것 같구려. 몸을 가리는 옷만 소중하게 다룰 줄 알았지, 몸을 지키는 봉읍의 가치는 모르고 이를 너무 쉽게 본 것 같소. 과거에 나는 그대가 정나라를 다스리고 나는 우리 가족만 잘 돌보면 나라도 강성하고 가족도 흥하리라고 생각했는데, 이제 와서 생각해보니 집안일을 다스리는 데도 그대가 없어서는 안 될 것 같소."

나라와 백성을 다스리는 일을 사냥에 비유한 자산의 충고는 따끔하게 일침을 놓는 것이었다. 사냥의 기술을 모르는 사람은 자기 몸 하나 돌보는 데도 정신이 없어 짐승을 잡을 수 없다. 수레가 뒤집혀 그 밑에 깔리거나 짐승의 공격에 부상을 당하기가 십상인 것이다. 치국과 치민의 능력과 기술을 터득한 후에 관리가 되는 것이 바람직한지, 아니면 관리가 된 다음에 치국과 치민의 능력을 키울 것인지 하는 문제에 대한 해답은 이 비유를 통해 분명하게 드러났다. 또한 귀중한 옷감을 아끼는 마음을 봉읍에 비교한 것은 그의 말솜씨가 얼마나 뛰어났는지를 보여준 사례라 할 수 있다.

춘추전국시대에 일어났던 무수한 역사적 사건들이 사자성어로 유전되면서 중국 수사학의 가장 대표적인 수사법을 이루게 된 것은 자산 같은 탁월한 책사들의 지혜 덕분이라 할 수 있다.

16 | 문밖을 나서지 않고 천하를 알다

옛말에 "수재는 문밖에 나서지 않고도 천하의 일을 알 수 있다"라고 했는데, 대부분의 경우에는 지나친 과장이 아닐 수 없지만 제갈량諸葛亮만큼은 오히려 이 말이 부족할 것이다. 제갈량은 초가집에 거하면서도 천하를 삼분했고 그 유명한 「융중대隆中對」를 지어 천하의 뜻있는 사람들에게 감탄의 대상이 되었다.

제갈량은 남양南陽에서 직접 농사를 지으면서 「융중대」라는 노래를 즐겨 불렀다. 제갈량은 키가 8척이 넘어서 항상 자신을 춘추전국시대의 관중[27]과 악의樂毅[28]에 비유하곤 했다. 그러나 당시 사람들은 제갈

---

[27] 제나라 환공을 패자로 만든 인물.
[28] 제나라에 복수하려던 연왕이 총사령관으로 삼아 제나라의 성을 둘만 남기고 모두 빼앗은 인물.

량의 능력을 인정하지 않았고 오히려 그를 과대망상에 사로잡힌 인물이라 여겼다. 오로지 그의 친구들만이 그가 뛰어난 능력을 지녔음을 잘 알고 있었다.

당시 유비는 매우 어려운 상황에 처해 있었다. 그는 원대한 이상과 포부를 지니고 있었지만 자신을 보좌해줄 어질고 능력 있는 사람을 만나지 못해 고민하고 있었다. 군사軍師였던 서서徐庶가 어쩔 수 없이 유비 곁을 떠나면서 그에게 제갈량을 추천했다.

"제갈량이란 인물이 있는데 그는 숨어 사는 인재입니다. 세상을 다스릴 만한 뛰어난 능력을 갖춘 인재이지요. 장군께서는 만나보실 의향이 있으십니까?"

제갈량이 자신에게 얼마나 중요한 사람인지 아직 깨닫지 못한 유비가 대답했다.

"그럼 자네가 그를 데리고 와보게."

"제갈량 같은 사람은 직접 찾아가 모셔와야지, 그에게 찾아오라고 해서는 안 됩니다. 장군께서 직접 찾아가시는 것이 옳습니다."

이리하여 유비는 마음을 비우고 제갈량을 만나러 길을 나섰다. 제갈량은 사람을 구하는 유비의 마음자세를 시험하기 위해 일부러 그를 피했고, 유비는 3번이나 그를 찾아간 끝에 간신히 만날 수 있었다. 제갈량은 유비가 평범한 인물이 아니라 가슴속에 커다란 의지를 품은 인재임을 확인하고는 주위에 있는 사람들을 전부 내보내고 유비에게 허심탄회하게 자신의 지혜를 털어놓았다.

유비가 먼저 제갈량에게 말했다.

"한 왕조의 통치가 무너지고 외척과 환관, 간신들이 차례로 권력을 가로채 황제 폐하께서는 피란길에 오르셔야 했습니다. 그래서 저는 덕과 힘이 부족한데도 이를 헤아리지 않고 천하에 큰 뜻을 펼쳐보려 했지만, 그저 날뛰기만 했을 뿐 끝내 좌절하여 이 지경에 이르렀습니다. 하지만 이 뜻만은 버리지 않고 있으니 선생께서 장차 어떻게 해야 좋을지 말씀해주시기 바랍니다."

"동탁董卓이 전권을 휘두르기 시작하면서 사방에서 호걸들이 들고 일어났지요. 이들이 차지한 땅이 헤아릴 수 없이 많습니다. 조조는 원소袁紹에 비해 명망도 낮고 병력도 적었지만 뜻밖에도 조조가 원소를 물리치고 약소한 세력에서 강대한 세력으로 떠오르게 되었습니다. 그 원인이 무엇인지 아십니까? 이는 하늘의 도움에 의지하는 동시에 인간의 지모에 의지했기 때문입니다.

지금의 상황을 살펴 보건대, 조조는 100만의 군대를 거느리고 있는 데다 황제를 끼고 제후들을 호령하고 있으며 유리한 형세를 차지하고 있기 때문에 그와 대대적인 싸움을 벌이는 것이 불가능한 상태입니다. 손권은 양자강 하류를 점거한 지 이미 3대에 이르고 있고, 지세가 아주 험한데다 백성들이 마음을 바치고 있으며 능력 있는 사람들이 대거 기용되어 있어 안정적인 세력을 형성하고 있습니다. 따라서 그의 세력을 약화시키거나 빼앗으려 해서는 안 됩니다.

형주荊州는 북쪽으로 한수漢水와 면수沔水에 인접해 있어 남해 일대의 이점을 전부 장악할 수 있고, 동쪽으로는 오군과 회계會稽군에 이어져 있으며 서쪽으로는 파군과 촉군에 이어져 있는데, 이들 지역들은 전부 군대를 일으키기 좋은 땅이긴 하지만 유표劉表는 이를 지켜내지 못할 것입니다. 이는 하늘이 장군을 돕기 위해 마련해두신 자원일 것입니다. 장군께서는 혹시 그럴 생각이 있으신지요?

　익주益州는 지세가 아주 험하고 기름진 땅이 1,000리에 달하며 물자가 매우 풍부한 땅으로, 한 왕조의 고조께서도 이 근처에서 업적을 이루셨습니다. 유장劉璋은 혼용하고 어리석은데다 장로張魯가 익주 북쪽을 점거하고 있습니다. 백성과 나라가 부유하지만 그는 백성들과 나라를 소중히 여길 줄 모르지요. 지혜롭고 능력 있는 사람들은 하나같이 훌륭한 군주가 나타나 믿을 만한 행동을 보여주길 기대하고 있습니다. 장군께서는 황실의 후예이실 뿐만 아니라 영웅들을 널리 받아들이시고 목마른 사람이 물을 찾듯이 어진 인재들을 찾고 계십니다. 만약 장군께서 형주와 익주를 장악하고 험준한 지역들을 굳게 지키시면서 서쪽으로는 서방 오랑캐들과 강화하시고 남쪽으로는 이월夷越을 달래는 동시에 대외적으로는 손권과 동맹을 맺고 대내적으로는 정치에 힘쓰시다가, 상장군에게 형주의 군대를 이끌고 완宛과 낙양으로 진격하게 하시고 장군께서는 익주의 군대를 거느리시고 진천秦川에서 출격하신다면 백성들은 술과 음식을 내어 장군을 맞아들일 것입니다. 이렇게만 하신다면 곧 업적을 이루실 것이고, 한 왕실도 다시 부흥시킬 수 있을 것입니다."

"아주 훌륭한 생각이오!"

　이때부터 유비와 제갈량의 관계는 날이 갈수록 친밀해졌다.

　그러나 두 사람의 관계에 대해 관우와 장비가 불만스러워하자 유비가 말했다.

"내게 제갈량이 있는 것은 물고기가 물을 만난 것과 같네. 그러니 자네들도 더 이상 불만을 갖지 말았으면 하네."

그 후로 장비와 관우도 불만 섞인 뒷말을 늘어놓지 않았다.

제갈량은 초가집에 머물면서도 천하의 대세를 손바닥 들여다보듯 훤히 알고 있었다. 유비의 질문에 제갈량이 천하를 삼분하는 책략을 내놓았던 일은 아름다운 이야기로 전해지고 있고, 이들은 뜻있는 인사들에게 존경의 대상이 되고 있다. 중요한 것은 그 이후의 역사가 제갈량이 분석한 대로 전개되었다는 사실이다. 이 점은 중국 역사를 통틀어 두 번 다시 없는 일로, 제갈량을 위대한 역사의 예언가라 하기에 충분한 증거라 할 수 있다.

그러나 사실 제갈량의 재능과 전략은 얻기 힘든 것이 아니었고 신비한 일은 더더욱 아니었다. 제갈량이 다른 사람들보다 뛰어날 수 있었던 것은 천하의 대사를 시의적절하게 거시적으로 이해하고 분석했을 뿐만 아니라 모든 사회적, 정치적 요소들에 대해 정확하고 깊이 있게 판단했기 때문이었다. 따라서 천하를 삼분하게 된다는 제갈량의 예언은 실제로 중국의 전통적인 지모를 계승, 발전시킨 것이지, '하늘과 땅에 두루 통달한 최고의 능력이자 귀신도 알지 못하는 신비한 술법'이었던 것은 아니다. 제갈량이 지모를 발휘한 방법과 원리를 과학적으로 연구하고 학습하다 보면 그 속에서 의미를 발견할 수 있을 것이다.

17 위태로움 없이는 이길 수 없다

중국에서 제갈량의 「후출사표後出師表」는 최고의 명문으로 평가되고 있다. 혹자는 이 작품이 제갈량의 이름으로 발표됐을 뿐, 결코 제갈량이 쓴 것이 아니라고 주장하기도 한다. 확실히 이 글의 내용과 품격은 제갈량이 쓴 「출사표」와 상당한 차이를 보이고 있다. 이 글에는 제갈량을 능가하는 뛰어난 식견과 진지한 감정이 담겨 있으며, 특히 진한 원망과 애모의 정은 읽는 이의 눈시울을 붉히기에 충분하다.

선제先帝께서는 정권을 훔친 역적과는 함께 설 수 없고 천하의 한 모퉁이를 차지한 것에 만족하여 주저앉을 수 없다고 여기시곤 신에게 역적을 칠 것을 당부하셨습니다. 그러나 신의 능력을 헤아리신 결과, 신의 능력은 역적을 치기에 부족한 반면 적의 세력은 너무 강하다는 점을 잘 알고 계셨습니다. 그렇다고 역적을 치지 않고는 대업을 보존할 수 없으니, 가만히 앉아서 적이 망하기만을 기다릴 수 있겠습니까? 선제께서는 위적魏賊을 치는 일을 신에게 맡기시고 의심치 않으셨습니다. 신은 선제의 명을 받은 뒤로 잠자리에 누워도 편치 않고 좋은 음식을 먹어도 맛을 몰랐습니다.

북쪽으로 위를 치려면 먼저 남쪽을 평정하지 않으면 안 되겠기에 지난 5월에 노수瀘水를 건넜습니다. 거친 땅 깊숙이 들어가 하루 한 끼만 먹으면서 애쓴 것은 신이 스스로를 아끼지 않아서가 아니었습니다. 대업을 돌아보며 위태로움과 어려움을 무릅쓰고 선제께서 남기신 뜻을 받들고자 한 것이지요. 그러나 그때도 따지기 좋아하는 사람들은 그것이 좋은 계책이 못 된다고 말했습니다.

이제 적은 서쪽에서 지쳐 있고 동쪽에서도 힘을 소진한 상태입니다. 적이 힘들어하는 틈을 타서 공격하는 것이 최상의 전법이라 했으니, 지금이야말로 크게 밀고 나아가야 할 때입니다. 이에 관해 삼가 아뢰자면 다음과 같습니다.

고제高帝께서는 해와 달처럼 그 지혜가 빛났고 곁에서 보좌하는 신하들의 슬기로움이 깊은 못과 같았으나, 무수한 고난과 심한 부상과 온갖 위험을 겪으신 뒤에야 비로소 안전하실 수 있었습니다. 그런데 지금 폐하께서는 현명함이 고제께 미치지 못하시고 곁에서 보좌하는 신하들도 장량張良이나 진평陳平만 못한데도 장기적인 계책만 따지면서 공격을 하지 않고 있습니다. 이는 가만히 앉아서 천하가 평정되기를 기다리는 셈이지요. 이것이 신이 이해할 수 없는 첫 번째 일입니다.

유요劉繇와 왕랑王郞은 각자 주군州郡을 점거하고서 안전을 확보하는 방법과 나라를 다스리고 변방을 안정시키는 치국안방治國安邦의 계책을 논하면서 성인의 말씀을 인용했지만, 걱정은 배에 가득하고 이런저런 논의는 가슴만 답답하게 만들 뿐입니다. 올해도 싸우지 않고 이듬해에도 싸우러 나가기를 망설이다가 마침내 손책孫策이 강동江東을 점령하면서 기반을 공고히 하게 되었지요. 이것이 신이 이해할 수 없는 두 번째 일입니다.

조조의 지모와 계략은 보통 사람들을 월등히 능가하고 군사를 부리는 것도 손자나 오기를 방불케 합니다. 그는 남양에서 곤궁에 빠지고 오소烏巢에서 위험한 지경에 처했으며 기련산祁連山에서 위태로움을 겪고 여양黎陽에서 쫓겼으며, 북산北山에서 패하고 동관潼關에서는 하마터면 목숨을 잃을 뻔했습니다. 그러나 끝내 위기를 극복하고 결국 오늘의 모습에 이르렀습니다. 그런데 신이 능력이 부족하면서도 어찌 위태로움을 겪지 않고 천하를 평정할 수 있기를 기대하겠습니까? 이것이 신이 이해할 수 없는 세 번째 일입니다.

조조는 5번이나 창패昌覇를 공격했으나 넘어뜨리지 못했고 네 차례나 소호巢湖를 건너 작전을 벌였으나 성공하지 못했습니다. 이복李服을 중용해보았으나 오히려 모반을 일으켜 조조를 해하려 했고, 하후연夏侯淵에게 중임을 맡겼으나 패망하고 말았습니다. 선제께서는 항상 조조가 능력 있는 인물이라고 추켜세우셨으나 그도 이처럼 많이 실패했는데, 하물며 신처럼 평범하고 무능력한 사람이 어찌 이기기만을 바랄 수 있겠습니까? 이것이 신이 이해할 수 없는 네 번째 일입니다.

신이 군사를 이끌고 한중漢中으로 온 지 아직 한 해가 다 차지 않았습니다. 하지만 조운趙雲과 양군陽群, 마옥馬玉, 염지閻芝, 정립丁立,

백수白壽, 유부劉郃, 등동鄧銅 등을 잃었고 그 수하의 곡장曲長과 둔장 屯將 10여 명을 잃었습니다. 이들은 모두 용맹한 무적의 장수들이었지 요. 또한 강족羌族의 장사들과 산기散騎와 무기武騎 등 기병 수천을 잃 었습니다. 이들은 모두 수십 년 동안 사방에서 불러 모은 정예 병력으 로서 한 주州에서 불러 모을 수 있는 병사들이 아닙니다. 이런 상태로 다시 몇 년이 지나면 병력의 3분의 2를 잃게 될 것이 불 보듯 뻔합니 다. 지금이야말로 중원을 회복할 수 있는 절호의 기회인데 공격하지 않고 있다가 나중에 무엇으로 적에 대응하겠습니까? 이것이 신이 이 해할 수 없는 다섯 번째 일입니다.

지금 백성들은 몹시 지쳐 있고 군대는 피폐해져 있지만 전쟁은 끝날 기미가 보이지 않습니다. 전쟁이 끝나지 않는다면 공격과 방어로 인해 소모되는 인력과 비용은 쌍방이 마찬가지지요. 하루속히 전란을 해결 할 책략을 마련하지 못한다면 일개 주에 지나지 않는 작은 땅을 놓고 오래 대치하게 될 것입니다. 이것이 신이 이해할 수 없는 여섯 번째 일 입니다.

무릇 천하의 일은 함부로 단정하여 말할 수 있는 것이 아닙니다. 과 거에 선제께서는 당양當陽에서 패하신 적이 있습니다. 이때 조조는 손 뼉을 치면서 좋아했고 천하가 이미 평정되었다고 생각했습니다. 그러 나 나중에 선제께서는 동쪽으로 오, 월과 손을 잡고 서쪽으로 파촉을 공격해 점령하신 다음 군사를 이끌고 북쪽으로 가서 마침내 하후연의 목을 베셨습니다. 이는 조조의 실책이자 그들이 생각하지 못했던 일이 지요. 결국 이로써 한나라의 대업이 이루어질 수 있었습니다. 그러나 나중에 동오는 맹약을 어겼고 관우는 싸움에 패해 죽었으며 아군이 제귀臻歸에서 엄청난 실패를 경험하는 사이에 조비曹丕가 한을 폐하고 스스로 황제라 칭하기에 이르렀습니다. 이 모든 일이 전혀 예측하기 어려운 것이었지요.

신은 단지 고난을 두려워하지 않고 한 몸을 희생하면서 죽을 때까지 최선을 다할 뿐입니다. 성공과 실패, 역경과 순조로움, 싸움의 진행 상황 등은 신이 예견할 수 있는 바가 아니지요.

제갈량이 직접 쓴 것이 아니라 해도 우리는 이 글을 통해 최선을 다하면서도 자신을 희생하는 신하의 고결한 정신을 확인할 수 있다. 현대를 사는 우리에게 부족한 가치를 재조명하는 문장이 아닐 수 없다.

18 | 제왕은 선비와 함께 하고 패자는 신하와 함께 한다

춘추전국시대에는 선비를 하나 얻어 나라가 흥하고 선비를 하나 잃어 나라가 망하는 현상을 흔히 볼 수 있었다. 영토가 사방 수백 리도 안 되는 소국이었던 진秦나라가 결국에는 천하를 차지하게 되었던 것도 문신과 무장들이 제각기 뛰어난 지략을 바쳤고 군주가 이를 받아들였기 때문이었다. 특히 진나라의 각 역사 단계에서 중요한 영향력을 미쳤던 사람들은 대부분 외국에서 온 인재들로, 진나라에서 성장한 사람은 하나도 없었다. 연나라의 소왕도 황금대를 높이 쌓아 현명한 선비들을 받아들여 한동안 연나라를 크게 부흥시킬 수 있었다.

소왕은 완전히 피폐해져 망해가던 연나라를 정비하고 나서 정식으로 왕위에 올랐다. 우선 그는 풍성한 예물을 준비하고 유능한 인재들을 받아들여 제나라에 복수할 준비를 했다. 복수를 위한 책략을 얻기 위해 소왕은 곽외郭隗 선생을 찾아가 물었다.

"제나라는 연나라에 내란이 일어난 틈을 타서 우리를 침략했습니다. 지금 연나라가 아직 국력이 약하기 때문에 당장 보복할 수 없다는 점은 잘 알고 있습니다. 현명하고 능력 있는 인재들이 저를 도와서 국사를 논의할 수만 있다면 선왕의 한을 풀 수 있을 것입니다. 선왕의 한을 푸는 것이 저의 가장 큰 소원입니다. 그러니 하루빨리 설욕할 수 있는 방법을 알려주시기 바랍니다."

"제왕의 업적을 이루고자 하는 군주는 현자를 스승으로 모셔야 하고, 왕의 업적을 이루고자 하는 군주는 현자와 친구가 되어야 하며, 천하를 다스리고자 하는 군주는 현자를 신하로 삼아야 하지요. 반면에 망국의 군주는 천한 소인배들을 신하로 삼는 법입니다. 만일 대왕께서 자신을 낮추고 현자를 스승으로 모시면서 가르침을 받을 준비가 되어 있다면 대왕보다 100배나 훌륭한 인재들이 대왕을 찾아올 것입니다. 또한 다른 사람보다 일을 더 하되 휴식은 적게 하고, 다른 사람의 의견을 경청한 후에 자신의 생각과 비교해볼 준비가 되어 있다면 대왕보다 훌륭한 인재들이 대왕에게 책략을 알려줄 것입니다. 또한 다른 사람과 똑같이 힘들게 일을 하면서 다른 사람들을 자신과 대등하게 대할 수 있다면 자신과 능력이 비슷한 인재들을 얻을 수 있을 것입니다. 그러나 탁자를 마주한 채 가만히 앉아 있거나 손에 지팡이를 들고서 다른 사람들을 가르치려고만 든다면 하인들밖에 얻을 수 없지요. 또한 거친 태도로 사람들을 대하거나 자주 화를 내면서 마음대로 호통을 친다면 노예 같은 인재밖에 얻을 수 없을 것입니다.

지금까지 말씀드린 것은 유능한 사람들을 불러 모으는 데 있어서 유의해야 할 사항들입니다. 대왕께서 나라 안의 유능한 현자들을 모으고 싶으시다면 먼저 그들을 직접 찾아가야 합니다. 그렇게 하시면 대왕께서 직접 방문하여 신하들을 찾으신다는 소문이 퍼질 것이고, 천하의 유능한 선비들이 구름처럼 연나라로 찾아올 것입니다."

"그럼 과인이 누구를 찾아가 만나야 하겠소?"

곽외는 소왕에게 자신이 들었던 고대의 군왕에 관한 이야기를 들려주었다.

"옛날에 한 군왕이 천금을 주고서라도 천리마를 사려고 했지만 3년이 지나도록 천리마를 구하지 못했습니다. 그러자 군왕의 시종 하나가 말했지요. '제가 가서 천리마를 구해 오겠습니다.' 군왕은 곧장 그 시종을 보내 말을 구해 오라고 했습니다. 3달이 지나 이 시종이 간신히 천리마를 구했지만 이미 죽은 말이었습니다. 하지만 그는 황금 500냥을 지불하고 죽은 천리마를 사 가지고 와서 군왕에게 바쳤습니다. 군왕이 크게 화를 내면서 호통을 쳤지요. '내가 사고자 하는 것은 살아 있는 말이다. 어째서 황금 500냥을 주고 죽은 말을 사 왔단 말이냐?' 시종은 조금도 당황하지 않고 말했습니다. '죽은 말을 황금 500냥에 샀으니 살아 있는 말이라면 얼마나 큰 대가를 치러야 하겠습니까! 이제 천하의 모든 사람들이 대왕께서 진정으로 좋은 말을 구하려 하신다는 것을 알게 되었으니 머지않아 천리마를 구할 수 있을 것입니다.' 그 뒤로 한 해가 채 지나기 전에 그 군왕은 천리마를 3필이나 얻게 되었습니다.

대왕께서 정말로 인재를 찾고 싶다면 여기 있는 저부터 시작하십시오. 저 같은 사람이 대왕께 중용된다면 저보다 유능한 사람들이야 더 말할 나위가 있겠습니까? 그들이 대왕을 찾아올 때 수천 리 길을 두려워하겠습니까?"

소왕은 곽외의 말에 따라 높은 대를 쌓고 곽외를 스승으로 모셨다. 아울러 따로 황금으로 대를 쌓고 현자들을 불러 모은다는 소문을 퍼뜨렸다. 이리하여 악의가 위나라에서 왔고 추연鄒衍이 제나라에서 왔으며 극신劇辛이 조나라에 있다가 소왕을 찾아왔다. 소왕은 그들을 극진히 대했고, 죽은 사람들을 조문하고 가난한 사람들을 구제하면서 백성들과 괴로움과 즐거움을 함께 하려 노력했다.

28년이라는 세월이 지나자 연나라는 부강한 나라로 발전했고 군사들은 싸움을 두려워하지 않았다. 소왕은 악의를 상장군으로 삼아 진과 초, 삼진三晉 등과 연합하여 제나라를 공격했다. 제나라 군대는 격파당했고 민왕은 다른 나라로 도망쳐야 했다. 연나라 군대는 자력으로 제나라의 패잔병들을 임치까지 추격하여 그곳의 보물을 전부 빼앗고 제나라의 궁전과 종묘를 모두 불태워버렸다. 이때 공격을 받지 않은 제나라의 성지로는 여성呂城과 묵성墨城 두 곳뿐이었다.

소왕이 황금대를 높이 쌓고 현명한 인사들을 받아들였던 이야기는 후대에 미담처럼 전해지고 있고, 소왕이 원수를 갚고 제나라를 멸망시키다시피 한 일도 유명한 역사적 사건으로 기록되어 있다. 그러나 이 모든 것이 곽외의 단 한 차례의 유세를 통해 이루어진 일이었다.

'제왕은 선비와 함께 하고, 패자는 신하와 함께 한다'는 곽외의 유명한 '지식인 정책'은 중국 역사에 지대한 영향을 미쳤다. 곽외는 구체적인 역사적 상황에 근거하여 소왕에게 건의함으로써 연나라에 찬란한 황금시대를 가져다주었다.

19 | 풀을 없애려면 뿌리를 남기지 말라

　장의는 춘추전국시대에 연횡의 책략을 대표한 인물이다. 진나라는 장의의 연횡책을 시행한 뒤로 완전히 바뀌어 외교와 군사 등의 영역에서 빠르게 발전했고 6국을 통일하기 위한 기초를 마련하게 되었다. 장의가 진나라 혜왕에게 연횡을 유세한 이야기를 통해 천하를 꿰뚫는 그의 정치적 통찰력과 전략을 세우는 뛰어난 재능과 지모를 확인할 수 있을 것이다.

　장의가 혜왕에게 말했다.

　"저는 이런 옛 교훈을 들은 적이 있습니다. '자신이 잘 모르는 일에 대해 함부로 말하는 것은 지혜롭지 못한 처사이고, 잘 알고 있는 일에 대해 말하려 하지 않는 것은 불충한 태도이다.' 신하가 군왕에게 불충하면 죽을죄를 짓는 것이고 말한 바가 진실하지 못하면 이 또한 죽을

죄를 짓는 것입니다. 따라서 소인이 아는 바를 대왕께 숨김없이 아뢸 것이니 대왕께서는 잘 들으시고 현명하게 판단해주시기 바랍니다.

　북방의 연나라로부터 남방의 조나라에 이르기까지 모든 제후국들이 또다시 연합했다고 합니다. 합종의 세력을 형성하여 진나라에 대적하려는 것이지요. 대단히 가소로운 일입니다. 세상에는 나라의 멸망을 초래하는 세 가지 상황이 있는데, 결국 능력 있는 사람이 나타나 파국을 수습한다고 했습니다. 이는 아마도 오늘 같은 상황을 두고 하는 말인 것 같습니다. 옛 선인들께서는 '정치가 혼란한 나라가 정치가 깨끗하고 바른 나라를, 무력으로 다스리는 나라가 인의로 다스리는 나라를, 자연의 이치와 민심을 거스르는 나라가 자연의 이치와 민심을 따르는 나라를 공격하는 것은 멸망을 자초하는 것이다'라고 지적하셨습니다.

　오늘날 6국은 재물이 부족하고 양식 창고가 텅 비었는데도 백성들을 전쟁터로 보내려 하고 있습니다. 이런 상황에서 백성들은 설사 시퍼런 칼날이 앞에 버티고 있고 도끼가 뒤에서 쫓아온다 해도 필사적으로 싸우려 하지 않을 것입니다. 게다가 상벌이 불분명하고 약속의 이행을 장담할 수도 없기 때문에 실패는 필연적이지요."

　이어서 장의는 6국의 상황을 진나라와 대조했다.

　"현재 진나라의 명령과 상벌은 엄격하고 공정해서 공이 있는 사람이든 없는 사람이든 모두 나라를 위해서 필사적으로 싸울 것입니다. 진나라의 백성들은 부모 품에서 자라 어릴 때부터 전쟁을 보지 못했고 선천적으로 전쟁을 좋아하지도 않지만, 일단 전쟁이 터졌다는 소식을 듣게 되면 발을 구르고 웃통을 벗어던지며 대담하게 적들의 칼과 창에

맞섭니다. 누구나 물불을 가리지 않고 1만 번의 죽음도 불사할 정도로 필사적으로 싸우는데, 이는 모두 현명하신 대왕께서 상벌을 엄격하게 하신 덕분입니다. 이러한 병사 1명은 적군 10명을 이길 수 있고 10명은 100명을, 100명은 1,000명을, 1,000명은 1만 명을, 1만 명은 천하를 이길 수 있을 것입니다.

현재 진나라는 영토가 수천 리에 달할 정도로 광대하고 군대는 수백만을 헤아리며 지형적 조건도 매우 우세합니다. 각 제후국들은 모두 이만 못하지요. 이러한 조건들을 기반으로 삼아 제후국들에 대응한다면 주재자의 자리에 서는 것은 물론이고, 더 나아가 제후국들을 점령하는 것도 문제가 되지 않을 것입니다. 만일 재물이 충분하지 못하고 곡물 창고가 부실하며 백성들이 평안하지 않고 이웃나라들이 복종하지 않는다면, 이는 결코 대왕의 과실이 아니고 진나라의 자원이 부족한 탓도 아닙니다. 신하들이 마음을 다하여 명령에 따르지 않기 때문일 것입니다."

이어서 장의는 과거에 진나라가 성공했던 일과 실패했던 일에 대해 깊이 있고 세밀하게 분석했다.

"이전에 제나라가 남쪽으로 초나라를 공격하고 동쪽으로는 송나라를, 북쪽으로는 연나라를, 서쪽으로는 진나라를 공격하여 정복했습니다. 중원에 위치한 한나라와 위나라는 부역을 제공해야 했지요. 제나라에는 장수와 병사가 넘쳐났고 사방을 호령하면 따르지 않는 자가 없었으며 전쟁에 나가면 반드시 승리했고 정복하지 못한 적이 없었습니다. 그 위세가 대단했다고 할 수 있지요. 이처럼 제나라는 다섯 나라를 물리치고도 단 한 번의 패배로 멸망에 이르고 말았습니다. 이로 미루어 볼 때 전쟁이야말로 국가의 중대사임을 알 수 있습니다.

또한 제가 듣기로는 풀을 없애려면 뿌리를 남기지 말아야 한다고 합니다. 과거 진나라는 초나라와의 전쟁에서 초나라를 물리쳐 도성을 빼앗았고 동정호洞庭湖를 점령하여 강남 일대까지 이르렀습니다. 초왕은 하는 수 없이 동쪽으로 피난하여 진나라 땅에서 제 몸 하나 보전하기에 급급했습니다. 만일 이때 계속해서 초나라로 진군했다면 초나라 전체를 점령할 수 있었을 것입니다. 일단 초나라를 점령하면 그 백성들과 땅을 전부 진나라를 위해 사용할 수 있으니 동쪽의 제나라와 연나라에 위협을 가할 수 있었을 것이고 중간에 있는 조와 위, 한 세 나라를 공격할 수 있었을 것입니다. 이렇게 되었다면 대왕께서는 황제가 되어 제후국들이 받들었을 것이고 사방의 여러 나라에서 공물을 바쳤을 것입니다. 그러나 진나라의 책략가들은 이렇게 하지 않고 반대로 초나라와 강화조약을 맺은 다음 군대를 이끌고 철수했습니다. 지금 초나라는 뿔뿔이 흩어진 백성들을 모아 새로운 왕을 세우고 황폐해진 나라를 수습하여 또다시 진나라에 대항하려 하고 있습니다. 이리하여 진나라는 업적을 이룰 수 있는 첫 번째 기회를 잃고 말았던 것이지요.

천하의 제후국들은 서로 연합하여 화양에 군대를 주둔시키고 진에 대항하고 있습니다. 대왕께서는 속임수로써 적군을 물리치실 수 있습니다. 위나라의 수도 대량까지 진군하여 수십 일 동안 포위 공격만 하시면 어렵지 않게 함락될 것입니다. 대량을 함락하면 곧바로 위나라 전체를 점령할 수 있고 그렇게 되면 초나라와 조나라는 곧바로 합종을 단념하게 될 것입니다. 또한 초나라와 한나라의 합종도 해체되어 조나라는 위험에 처하게 될 것이고 조나라가 위급해지면 초나라도 고립되고 말 것입니다.

　이리하여 동쪽으로는 제와 연을 약화시킬 수 있고 중간에 위치한 한과 조, 위 세 나라를 공격할 수 있게 될 것입니다. 그러면 대왕께서는 황제의 자리에 오르실 것이고 제후국들이 대왕께 공물을 바칠 것입니다. 그러나 책략가들은 또다시 그렇게 하지 않고 오히려 위나라와 강화조약을 맺고 군대를 철수시켰습니다. 위나라로 하여금 흩어진 백성들을 모으고 새로운 왕을 세워 멸망할 나라를 수습할 수 있게 한 것입니다. 이것이 두 번째 기회를 잃는 일이었지요.

　이전에 양후께서 진나라를 다스리실 때는 한 나라의 군대로 두 나라가 완성할 수 있는 업적을 세우려 하였습니다. 그러다 보니 병사들은 평생 나라 밖에서 전쟁을 하게 되어 원성이 자자했고 백성들도 궁핍해졌지만 진나라는 여전히 황제의 나라가 되지 못했습니다. 세 번째 기회를 잃은 것이었지요.

　조나라는 각지에서 사람들이 모여들어 이루어진 나라로, 백성들이 법령을 지키지 않아 관리가 힘들었고 상벌이 제대로 시행되지 않았습니다. 지리적인 형세도 매우 불리하였고 군왕도 백성들을 구휼하지 않아서 백성들의 힘을 충분히 동원할 수 없었습니다. 이것만 해도 나라가 망할 지경인데, 여기에 더해 장평張平에 군대를 주둔시켜 상당 지역을 놓고 한나라와 겨루었습니다. 이런 상황에서 대왕께서는 속임수를 써서 조나라를 패배시키고 무안을 점령하실 수 있었지요. 이때 조나라는 조정과 백성들이 서로를 믿지 않아 한마음 한뜻을 이룰 수 없었고 도성인 한단마저 지켜낼 방법이 없었습니다. 이런 기회를 틈타 한단을 공격했더라면 하간 땅을 수복하고 상당을 공격할 수 있었을 것입니다. 대군代郡은 36개 현을 보유하고 있고 상당은 17개 현을 거느리고 있는데, 칼에 피 한 방울 묻히지 않고도 쉽게 얻을 수 있었을 것입니다.

동양東陽과 강외江外 지역은 전쟁도 치루지 않고 손쉽게 제나라 땅이 되었고 중호지中縞池 이북 또한 전쟁 없이 연나라의 땅이 되었습니다. 만약 이런 식으로 진나라가 조나라를 점령했더라면 한나라는 멸망했을 것이고, 한나라가 멸망하면 초나라와 위나라는 독자적으로 생존할 수 없게 되었을 것입니다. 이처럼 단 한 번의 움직임으로 한나라를 파괴하고 위나라에 커다란 손해를 입히며 초나라를 통제할 수 있었습니다. 또한 동쪽으로는 제와 연을 약화시켜 결국에는 백마白馬 나루터를 열어 위를 망하게 할 수 있었을 것입니다. 이처럼 한과 조, 위 세 나라를 멸망시켰다면 합종의 연맹도 실패로 끝나고 말았을 것입니다.

그렇게 되었다면 대왕께서는 아무것도 하지 않고도 제후국들을 모두 굴복시키고 손쉽게 천하를 손에 넣으실 수 있었을 것입니다. 그러나 진의 책략가들은 그렇게 하지 않고 오히려 조나라와 강화조약을 맺고 퇴각 명령을 내리고 말았습니다. 대왕의 지혜와 진나라 군대의 강대함으로도 황제의 자리에 오르지 못하고 오히려 패배한 국가들의 웃음거리가 된 것이지요. 이 모든 것이 책략가들의 우둔함과 무기력함 때문이었습니다."

신중히 생각하면 화를 면할 수 있다

"조나라는 멸망해야 했지만 멸망하지 않았고 진나라는 패권을 잡아야 하지만 잡지 못했습니다. 제후국들이 진나라의 책략을 알아차린 것이 그 첫 번째 이유이지요. 진나라는 이런 교훈을 받아들이지 않고 오히려 전 병력을 동원하여 한단을 공격했으나 오랫동안 함락시키지 못하다가 결국 병사들이 투구와 갑옷을 벗어던지고 벌벌 떨며 퇴각하고 말았습니다. 제후국들이 진나라의 힘을 알아차린 것이 그 두 번째 이유였지요. 군대가 퇴각한 후에 대왕께서는 이읍李邑에서 군대를 다시 정비하여 힘을 다해 싸웠지만 끝내 승리를 거둘 수 없었고 또다시 퇴각할 수밖에 없었습니다. 또다시 제후국들이 진나라의 힘을 알게 됐지요. 이것이 세 번째 이유입니다.

제후국들은 진나라 책사들의 전략을 속속들이 알아차리고 병력 상황을 훤히 들여다보고 있었던 것입니다. 이로 미루어 보건대 우리가 합종의 힘에 대항하기 어려운 것이 분명합니다. 군대와 백성들은 힘이 다했고 논밭은 황폐해졌으며 창고는 텅 비어 있습니다. 반면에 제후국들은 다시 연합하여 진나라에 대항하려 하고 있지요. 대왕께서는 이 점을 심각하게 생각하고 헤아리시기를 간절히 바랍니다."

장의는 진나라가 저지른 실수들을 분석하고 혜왕에게 충고했다.

"옛사람들이 말하기를 '사람이라면 세상을 살아가면서 날마다, 때마다 근신해야 한다' 라고 했습니다. 신중하게 고려하여 방법을 생각해내기만 한다면 얼마든지 화근을 없애고 천하를 차지할 수 있지요. 이걸 어떻게 알 수 있을까요? 예전에 상의 주왕은 100만의 대군을 거느리고 있었습니다. 좌군은 아직 기곡淇谷에서 말에게 물을 먹이고 있었고 우군은 이미 원수에 도착해 있었지요. 주왕의 군대로 인해 기곡에는 물이 말랐고 원수에는 물길이 끊어졌습니다. 그 기세를 짐작할 만하지요. 반면에 주의 무왕은 3,000명의 슬픔에 찬 병사들을 데리고 단 하루 만에 주왕의 도성을 함락시키고 주왕을 생포했습니다. 무왕이 주왕을 멸망시켰지만 마음 아파하는 백성은 하나도 없었습니다. 이는 주왕이 오만방자하여 백성들을 학대했기 때문이지요.

진晉나라의 지백은 세 나라의 군대를 이끌고 진양으로 가서 조양자趙襄子를 공격하고 진의 수관水灌성을 뚫어 진양을 몰락시켰습니다. 그리하여 성내에는 부뚜막에 개구리들이 보금자리를 틀 정도였고 진양의 멸망이 눈앞에 보였습니다. 그러나 오만방자한 지백은 말을 함부로 하여 결국 한나라와 위나라의 반감을 사게 되었지요. 이에 조양자는 한나라와 위나라 세력을 연합하여 진나라를 멸망시켰습니다. 이리하여 조양자는 대업을 이룰 수 있었던 것입니다.

오늘날 진秦나라는 땅이 넓고 물품이 풍부하며 영토가 수천 리에 이르고 명령이 엄정하고 분명합니다. 지리적 형세 또한 유리하지요. 다른 제후국들은 절대로 이에 미치지 못합니다. 이런 조건을 기반으로 제후국들을 통합하신다면 반드시 천하를 얻게 될 것입니다."

마지막으로 장의는 연횡의 책략을 제시했다.

"제가 죽음을 무릅쓰고 대왕을 뵈러 온 것은 제후국들의 합종책을 단번에 깨뜨릴 수 있는 책략과 진나라가 우두머리의 자리에 올라야 하는 이치를 말씀드리기 위해서입니다. 조나라를 치지 않으면 한나라는 멸망하지 않을 것이고, 한나라가 멸망하지 않으면 초나라와 위나라가 복종하지 않을 것이고 제와 연 두 나라와 가까워질 수 없을 것입니다. 그러면 주위의 제후들이 대왕께 인사드리러 오지도 않을 것이고 결국 황제의 자리에 오르실 수 없게 될 겁니다. 대왕께서는 제 목을 베어 백성들에게 보여주시고, 이를 근거로 대왕께 책략을 바치기는 하지만 충성스럽지 못한 사람들을 징계하셔도 좋습니다."

　장의의 유세를 통해 유세객은 변론가일 뿐만 아니라 정치가와 외교가의 자질을 동시에 갖춰야 한다는 점을 알 수 있다. 제대로 유세를 하려면 다양한 자질과 소양을 갖춰야 하는 것이다. 첫째, 매우 해박한 역사적 지식이 있어야 하고, 특히 각국의 역사에 대해 손바닥 보듯 훤히 꿰고 있어야 한다. 둘째, 독창적인 견해가 있어야 하고 다른 사람들이 보지 못한 것까지 볼 수 있는 통찰력이 있어야 하며, 문제에 대한 분석이 군왕들을 깨우칠 수 있을 정도로 깊이가 있어야 한다. 셋째, 초인적인 담력과 지모, 웅대한 기백을 갖춰 다른 사람을 압도할 만한 말솜씨를 갖춰야 한다. 진나라를 구한 장의는 춘추전국시대의 유명한 유세객으로, 이러한 소질을 고루 갖춘 인물이었다.

　진나라는 상앙의 변법과 원교근공 등 정치 및 군사적으로 중요한 발전 단계를 경험했지만, 장의가 제시한 연횡의 군사 및 외교 전략은 진나라의 역사에 있어서 무엇보다도 중요한 의미를 갖는다. 중국 역사 전체의 발전에 지대한 영향을 미쳤다고도 할 수 있을 것이다. 따라서 이 시기 유세객들의 역할을 소홀히 여길 수 없는 것이다.

4장 | 가치는 언제나 움직인다

20 | 빼앗은 후에 인의로 보답하라

　유비劉備는 돗자리를 짜고 짚신을 삼아 먹고살다가 병사를 일으켜 여러 영웅들이 각축을 벌이던 시기에 온갖 어려움을 이겨내고 업적을 이룬 인물이었다. 그렇다면 그가 황제가 될 수 있었던 핵심적인 비결은 무엇일까? 물론 가장 중요한 원인은 제갈량이나 방통龐統 같은 인재를 얻었기 때문일 것이다. 그러나 유비가 성공하게 된 사건은 따로 있었다.
　방통이 유비에게 말했다.
　"형주는 전란으로 황폐해져 인구가 많지 않고 물품도 별로 없는데다 동쪽에는 손권의 오나라가 있고 북쪽에는 조조가 버티고 있습니다. 따라서 이 형주 땅에서 세 나라가 같이 서기는 어려울 것입니다. 지금 익주는 나라가 부유하고 인구도 100만이 넘습니다. 그리고 병마와 양식이 넉넉하고 풍부하며 진귀한 물건도 밖에서 들여올 필요가 없을 정도로 많습니다. 우리가 그 지역을 손에 넣으면 앞으로 3국이 같이 서는 데 커다란 도움이 될 것입니다."

"그대의 말은 나와 조조가 물과 불처럼 다르기 때문에 절대로 서로를 용납할 수 없다는 사실을 설명하는 것이라 할 수 있소. 조조의 성품이 불과 같다면 나는 물과 같고, 조조의 성격이 조급한 반면 나는 너그러우며, 조조는 사람을 대함에 있어 몹시 난폭한 데 반해 나는 인애를 갖추고 있고, 조조는 간사한 반면 나는 충직하오. 이처럼 어느 모로 보나 조조와 정반대이기 때문에 이런 면만 잘 유지한다면 반드시 대업을 이룰 수 있을 것이오. 작은 일로 인해 신의를 저버리라고 한다면 나는 절대로 받아들이지 않을 것이오."

"권력의 변화에 관한 이치는 한마디로 분명하게 선을 그을 수 있는 것이 아닙니다. 춘추오패는 약자를 합병하고 어리석은 자를 제거했으며, 반대하는 자를 처형하고 따르는 자를 지켜주었습니다. 그래도 사람들은 그들의 행위를 의로운 거사라고 칭송했지, 반대하거나 비난하지 않았습니다. 빼앗은 후에 인의로 보답하고 대업을 이룬 다음에 큰 제후에 봉해준다면 누가 신의를 저버렸다고 비난하겠습니까? 지금 우리가 익주를 점령하지 않으면 결국 다른 사람이 그곳을 차지하게 될 것입니다."

방통의 설명을 듣고 난 유비는 그제야 그의 말에 일리가 있다고 판단하고는, 형주의 수비를 관우에게 맡기고 군사를 이끌고 파촉을 차지하러 떠났다.

이때 익주 목사 유장劉璋은 조조가 한중으로 출병하여 장로를 토벌하려 한다는 소문을 듣고는 몹시 두려워하고 있었다.

별가別駕[29]인 장송張松이 유장에게 말했다.

"조조는 군사력이 강해서 천하에 적수가 없습니다. 만약 장로의 땅을 점령한 뒤에 그곳을 발판으로 하여 다시 촉을 공격한다면 어찌 당해낼 수 있겠습니까? 하지만 유비는 종실인데다 조조와 대립하고 있으니 그에게 장로를 공격하게 한다면 반드시 성공할 수 있을 것입니다. 장로를 격파하고 나면 익주도 강대해질 터이니, 그때는 조조가 쳐들어와도 어쩌지 못할 것입니다."

유장은 그의 말에 동감하고 법정法正을 파견하여 유비를 맞아들이게 했다. 유비와 유장이 부지涪地에서 회동한 후 유장은 그 길로 성도로 돌아갔고, 유비는 만반의 준비를 갖추어서 북쪽 정벌에 나서려고 했다.

선택은 과감하게 하라

방통이 다시 나서서 유비에게 말했다.

"암암리에 정예 병사를 신속히 행군시켜서 성도를 기습하도록 하십시오. 유장은 작전에 무능한데다가 아무런 경계도 하지 않을 터이니, 바로 성공할 수 있을 것입니다. 이것이 상책입니다. 양회楊懷와 고패高沛는 유장의 명장인데, 모두 정예 병사를 거느리고 관문을 지키고 있습니다. 그들은 몇 차례 상서를 올려 유장에게 장군을 형주로 돌려보내도록 권했다고 합니다. 지금 장군은 그들에게 편지를 보내서 형주가

---

29 중앙 관료 및 지방에 파견된 관리의 수행원을 일컬음.

아주 위급하니 급히 돌아가야 한다고 하십시오. 그리고 군사들이 형주로 돌아갈 것처럼 위장하는 겁니다. 두 사람은 평소에 장군의 이름을 높이 받들고 있으니, 장군이 떠난다면 반드시 무장을 풀고서 배웅하려 할 것입니다. 이때 그들을 붙잡은 뒤에 그 군사를 합류시켜서 함께 성도로 진격하십시오. 이것은 중책中策입니다. 백제성白帝城으로 돌아가거나 형주로 돌아가서 다시 도모할 방법을 모색하는 것은 하책下策입니다. 만약 주저한다면 더욱 심한 곤경에 빠지게 될 터이니, 그 후의 결과는 예상하기 어렵습니다. 오래 끌 일이 아닙니다."

유비는 상책은 너무 성급하고 하책은 너무 느리다고 하면서 중책을 택했다. 그리하여 양회 등의 장수들을 참수하고 바로 유장을 공격하러 나섰다. 이때 유장의 책사인 정도鄭度가 유장에게 말했다.

"좌장군左將軍이 우리를 습격하는데 군사가 1만 명도 안 됩니다. 그리고 군사와 민간인이 모두 들판의 곡물로 배를 채우고 있으니 그 형편이 매우 어렵습니다. 저의 생각으로는 파서 일대의 백성들을 모두 쫓아내고 부수涪水 서쪽 지역의 식물과 들판의 곡물을 모두 불살라버린 후, 성벽을 높이고 참호를 깊이 판 다음 그 변화를 살피는 것이 바람직할 듯합니다. 그들이 도전해도 우리가 응전하지 않으면 양식의 보급 때문에 오래 견디지 못할 터이니 100일을 넘기지 못하고 철수할 것입니다. 그들이 철수할 때 추격하면 유비를 생포하는 것도 어려운 일이 아닙니다."

그러나 유장은 무능한 자라서 정도의 계책을 채용하지 않았다. 그 덕분에 유비는 여러 지역을 공략하여 파촉을 점령했다.

이때 유비의 부하들이 유비를 황제로 추대하려고 하였으나 유비는 완강히 거부하면서 받아들이지 않았다. 이에 제갈량이 말했다.

"과거 오, 한 등이 세조世祖 유수를 제왕의 자리에 모시려고 했으나, 유수는 여러 차례 거부했습니다. 그러자 경순耿純은 그에게 이렇게 말했지요. '천하의 영웅들이 모두 당신을 숭배하고, 의지할 곳을 찾고 있습니다. 만약 이들의 제안을 수용하지 않는다면 다른 주인을 찾아서 떠날 것이며, 다시는 그들을 불러서 당신에게 충성하도록 하지 못할 겁니다.' 유수는 경순의 간절한 말에 감동하여 그 요구에 따르기로 했습니다. 지금 조조가 한漢 왕조의 강산을 빼앗아 영웅들에게는 우두머리가 없습니다. 대왕께서는 유씨의 후예이니, 세상을 위해 제왕의 자리에 오르는 것이 사리에 맞는 일이라고 할 수 있습니다."

유비는 제갈량의 말에 일리가 있다고 생각해서 더 이상 거절하지 않았다. 유비는 이렇게 해서 황제가 되었다.

유비가 황제의 업적을 이룬 것은 제갈량과 방통의 지략을 받아들여 서촉을 차지한 덕분이었다. 이처럼 중요한 책략을 행동으로 옮기지 않고 형주에 있는 소수의 병력으로 조조나 손권에 대항하여 균형을 이루려 했다면 얼마 못 가서 황야에 뒹구는 시체가 되고 말았을 것이고 촉한의 황제는 꿈도 꾸지 못했을 것이다. 성공을 거두기 위해서는 중요한 선택을 해야 할 때가 찾아온다. 그런 점에서 제갈량과 방통의 충고는 교훈으로 삼을 만한 것이다.

21 | 충성스런 간언의 조건

이필李泌은 중국 역사에서 대단히 기이한 인물이었다. 그는 자신이 나설 필요가 없다고 느낄 때에는 관직을 맡지 않았고, 황제가 여러 차례 불러도 끝까지 궁궐에 발을 들여놓지 않았다. 그러나 마땅히 출사해야 한다고 생각할 때에는 과감하게 황제를 찾아가 몸을 던져 일했다. 안사安史의 난이 평정되지 않은 시기에 사람들은 앞일을 가늠하지 못해 감히 선택을 하지 못하고 망설이고 있었지만 그는 자신의 태도를 분명히 했다. 그는 당 왕조의 통치 기간 동안 세 황제를 보좌했고, 황제 부자와 가족의 사이를 교묘하게 중재하면서 화목하게 지낼 수 있도록 노력했다. 폭력이 난무할 만큼 위급한 상황에서도 여유를 갖고 모든 문제를 원만히 해결할 줄 알았다.

특히 그가 덕종德宗을 설득한 일은 위기에서도 태연함을 잃지 않았던 여유로움을 확인할 수 있는 좋은 사례가 될 것이다.

누군가 태자비인 대장공주가 음란한 일을 저지르고 무당의 술법으로 사람을 저주한다고 덕종에게 밀고했다. 이런 고발을 듣고 덕종은 화가 나서 당장 태자비를 궁중에 감금한 다음 태자를 엄격하게 꾸짖었다. 그러자 태자는 태자비와 이혼하겠다고 들고 나섰다. 덕종은 쉽게 결단을 내릴 수 없어 승상 이필을 불러 대책을 논의했다. 덕종이 이필에게 말했다.

"서왕舒王[30]이 요즘 많이 커서 부모를 잘 섬기고 우애를 잃지 않으며 온화하고 의로운 것 같아 몹시 흐뭇하오. 그 애가 큰 그릇이 될 수 있을 것 같소?"

이필은 덕종의 말을 듣고 그가 모함하는 말을 들었다는 사실을 알아챘다. 태자를 내치고 다른 아들을 태자로 세우려는 의도가 분명했다.

"폐하께는 아드님이 한 분밖에 없는데 어찌하여 아들을 내치고 조카를 태자로 세우려 하십니까? 한번 생각해보십시오. 친아들도 의심스러운데 어찌 다른 사람의 자식을 믿으실 수 있겠습니까? 서왕이 지금은 아주 효경스럽지만 앞으로는 어떨지 알 수 없습니다. 조심할 필요가 있는 것이지요. 그가 평생 폐하께 효도할 것이라고 생각하신다면 큰 오산입니다."

"그대는 나의 뜻을 거역할 셈인가? 그대에게는 가족에 대한 연민이 전혀 없단 말인가?"

"저는 제 가족을 사랑하기 때문에 감히 이런 말을 할 수 있는 것입

---

30 원래는 덕종의 조카였으나, 선제의 명에 의해 아들로 삼았다.

니다. 일시적인 은총을 얻기 위해 폐하의 마음에 거스르지 않으려고 애쓴다면 언젠가는 저를 원망하며 이렇게 말씀하실 것입니다. '내가 네놈을 재상으로 임용했는데도 나의 실수를 막지 않아서 이 모양 이 꼴이 되었다'라고 말입니다. 그런 다음 저의 목을 베려하시겠지요. 그때가 되면 저 역시 늙은 몸일 테니 죽어도 여한은 없겠지만, 혹시 제 아들까지 죽임을 당해 조카가 후계자가 된다면 저는 제삿밥도 얻어먹지 못하게 될 것입니다."

말을 마친 이필은 대성통곡하기 시작했다. 덕종도 그제야 눈물을 흘리면서 말했다.

"일이 이 지경이 되었는데 어떻게 하면 좋겠소?"

"이는 결코 간단한 일이 아닌 만큼 폐하께서도 신중하게 처리하셔야 합니다. 예로부터 부자지간에 의심해서 나라가 망하지 않은 적이 없었습니다. 폐하께서는 건녕왕建寧王이 어떻게 죽임을 당했는지 잊으셨습니까?"

"건녕왕은 참으로 억울한 죽음을 당했지. 선제께서 성격이 너무 급하셨던 게 탈이야."

"건녕왕이 처형되고 나서 다시는 관직 생활을 하지 않겠다고 맹세했던 제가 지금 폐하의 재상이 되었습니다. 게다가 또다시 그런 사태를 목격하게 될 처지에 놓여 있지요. 당시 선제께서는 건녕왕을 처형하고 나서 두려움과 괴로움에 하루도 편할 날이 없었습니다. 제가 작별을 고하던 날 선제께「황과대사黃瓜臺辭」를 읽어드렸더니 후회의 눈물을 흘리시더군요."

덕종은 그제야 마음의 평정을 되찾고는 다시 물었다.

"과거 정관貞觀[31]이나 개원開元[32] 시기에도 태자를 바꾸었지만 나라가 망하지는 않았잖소?"

"과거 태자 승건의 모반이 탄로났을 때 태종은 외삼촌인 장손무기長孫無忌와 수십 명의 조정 대신들에게 그를 심문하도록 했습니다. 그 결과 진상이 밝혀지자 이렇게 사정하는 사람이 있었지요. '폐하께서 자애로운 아버지로서 태자의 목숨만은 살려주시기 바랍니다.' 그래서 태종은 위왕魏王 태泰만 쫓아내는 것으로 사건을 마무리했습니다. 폐하께서는 선제께서 성격이 급하셨다는 사실과 건녕왕의 죽음이 억울했다는 점을 잘 알고 계시니 다행스러운 일입니다. 폐하께서 모든 일을 자세히 살피고 계시다는 증거가 되기 때문이지요. 폐하께서는 이러한 실수를 교훈 삼아 더욱 일을 신중하게 처리하셔야 합니다. 그러면 태자가 결코 음모를 꾸미거나 도에 지나친 행동은 하지 않았다는 사실을 곧 아시게 될 것입니다. 만약 태자가 정말로 불법행위를 저질렀다면 그때 가서 서왕을 황손으로 추대해도 늦지 않을 것입니다. 그렇게 하신다면 100대가 지난 후에도 세상은 폐하의 자손들에 의해 지배될 것입니다.

개원 시기에 무혜비武惠妃가 태자 이영李瑛을 모함하고 이영의 형제를 살해했던 만행은 모든 백성들이 탄식하고 있는 일입니다. 이런 일이야말로 후세의 제왕들이 경계해야 할 일인데, 어찌 이를 그대로 따를 수 있겠습니까? 게다가 태자는 궁중에 거주하면서 외부 사람들과

---

31 당 태종 이세민의 치세.
32 당 현종의 치세.

접촉할 기회가 거의 없고 외부의 일에 간섭한 일도 없는데 어떻게 다른 마음을 품을 수 있겠습니까? 폐하께 거짓을 고했던 사람들은 간사하고 교활한 자들임에 틀림없습니다. 그들이 진晉의 민회愍懷 태자가 쓴 것과 같은 친필서나 태자 이영이 입었던 갑옷과 같은 증거물을 제시한다 하더라도 믿을 바가 못 됩니다. 하물며 어떻게 다른 사람이 지은 죄로 불이익을 당하게 할 수 있단 말입니까? 폐하께서 이 일을 제게 말씀해주신 것이 천만다행한 일입니다. 저는 제 가족의 목숨을 걸고 태자에게 결코 모반의 마음이 없다고 말씀드립니다. 옛날의 양소楊素나 허경종許敬宗, 이임보李林甫 등을 다시 불러올 수 있다면, 그들은 필경 태자가 천하를 얻도록 도울 것입니다."

"그러고 보니 서두를 일은 아닌 것 같구려. 내일 다시 생각해보기로 합시다."

이필은 덕종에게 엎드려 절하면서 눈물을 감추지 못했다.

"폐하의 말씀을 들으니 폐하 부자께서 화목하게 지내실 수 있으리라 생각되어 마음을 놓을 수 있겠습니다. 후궁에 가셔서 신중하게 생각하시되, 절대로 주변 신하들에게 속마음을 말씀하시면 안 됩니다. 신하들이 서왕에게 이런 사실을 알리게 되면 태자의 신변이 위태로워질 것입니다."

"그대 뜻대로 하겠소."

또 하루가 지나 덕종은 연영전延英殿에서 이필을 따로 불러내 눈물을 흘리며 말했다.

"그대의 말이 없었더라면 후회할 뻔했소. 과연 태자는 마음이 착하고 어질었으며 나쁜 심보는 전혀 없었소."

이필은 머리 숙여 축하의 인사를 건넸다. 그러고는 기회를 잡아 재상의 직책을 사임하고 고향으로 돌아가게 해달라고 요청했다.

태자의 폐위에 관해서는 외부 사람들에게 발언권이 주어지지 않았다. 발언권이 주어진다 해도 설득력이 약하면 황제의 마음을 돌려세울 수 없을 것이고 너무 강한 태도로 나서다가는 황제의 노여움을 살 수 있었다. 역사상 황실 내부에서 싸움이 있을 때마다 대신들은 침묵을 지켜서 자신의 관직과 목숨을 보전했다. 설사 대담한 대신들이 황제의 아픈 곳을 건드렸다 할지라도 화를 당했을 뿐 상황이 바뀌지는 않았다. 그래서 대부분의 신하들은 위험을 무릅쓸 필요가 없다고 여겼던 것이다.

이필은 덕종이 격분해 있는 상황에서도 진실하고 간절한 마음으로 황제를 감동시켰다. 특히 건녕왕의 억울한 죽음을 예로 든 것은 절묘했다. 황제가 쉽게 받아들일 수 있는 사례를 반복적으로 제시함으로써 황제 스스로 뉘우치게 만들었던 것이다. 어쩌면 이필과 같은 신분과 경력을 가진 사람이었기 때문에 황제의 마음을 돌이킬 수 있었는지도 모른다. 성실하게 충고하려면 일정한 조건이 갖춰져야 한다. 그렇지 않으면 아무리 진실한 말이라 하더라도 황제의 분노를 살 수 있고, 황제를 공격한다는 누명을 벗지 못하고 결국 자신과 가족에게 화가 돌아올 수도 있는 것이다.

인정과 도리로 관계를 회복시키다

중국의 궁정에서는 항상 서로 경쟁하고 배척했지만 그렇다고 진실한 인정과 도리가 전혀 없었던 것은 아니다.

위 문후文侯는 태자 격擊을 폐하고 그를 보통 사람으로 강등시켜 중산中山 땅에 봉했다. 그 후로 3년 동안 부자지간에 아무런 왕래가 없었다. 조창당趙倉唐이 태자에게 말했다.

"자식으로서 3년 동안 부친께 안부를 묻지 않는 것은 커다란 불효이고, 어버이로서 3년 동안 자식의 안부를 묻지 않는 것은 결코 자애로운 태도가 아닙니다. 제가 사자使者가 되어 부친께 안부를 여쭙고자 합니다. 아버님께서 좋아하시는 것이 무엇인지 말씀해주시지요."

"아버님께서 가장 좋아하시는 음식은 새벽에 물가에 나온 물오리와 북방의 개입니다."

조창당은 새벽 물오리와 북방의 개를 마련하여 위 문후의 궁정을 찾아갔다.

"저는 폐하의 서자인 격의 사자로 대부大夫가 아니라서 감히 폐하를 뵐 수 없음을 잘 알고 있습니다. 단지 생신 연회에 새벽 물오리를 올릴 수 있을까 하여 이렇게 찾아왔습니다. 아울러 북방의 개 한 마리를 준비하여 폐하께 드리고자 합니다."

문후는 조창당이 가져온 것들이 전부 자신이 좋아하는 물건임을 알고서 몹시 기뻐했다.

"내가 무얼 좋아하는지 아는 걸 보니 격이 진심으로 아비인 나를 사랑하는구나."

그래서 문후는 조창당을 불러 물었다.

"그대의 군주는 무고하신가?"

"아주 평안하십니다. 제가 떠나올 때 대청까지 저를 배웅하셨지요."

문후는 고개를 돌려 좌우의 신하들을 가리키며 말했다.

"그의 키가 이 가운데 어떤 사람과 비슷한가?"

"의례에 따르자면 사람을 비교할 때는 동등한 사람을 찾아 비교해야 하지요. 하지만 태자님은 유일무이한 존재라 다른 사람과 비교할 수 없을 것입니다."

"그럼 그의 덩치를 과인과 비교하면 어떻겠는가?"

"폐하께서 주신 가죽옷은 태자님 몸에 꼭 맞습니다. 고쳐 입을 필요가 없지요."

문후는 매우 흐뭇해하면서 조창당에게 태자의 옷 한 벌을 내릴 테니 아침 닭이 울기 전에 태자를 만나라고 명령했다.

조창당은 지체하지 못하고 서둘러 돌아가 태자를 만났다. 태자는 자리에서 일어나 무릎을 꿇고 절을 올린 다음 옷이 든 상자를 열었다. 상자 안에는 옷이 거꾸로 놓여 있었다. 태자가 말했다.

"어서 수레를 준비해주시오. 아침 일찍 출발하여 부왕을 찾아뵈어야겠소. 아버님께서 나를 찾고 계시오!"

"제가 떠나올 때 태자님을 불러오라는 명령을 받지 못했습니다."

"아버님께서 내게 옷을 하사하신 것은 추위를 이기라는 뜻이 아니라 나를 만나보고 싶다는 의미였소. 그래서 아침 닭이 울기 전에 나를 만나라고 명령하셨던 것이오. 『시경』에서 노래하기를 '동쪽이 밝기 전에 옷을 거꾸로 놓아 군왕이 그를 부르네' 라고 했소. 상자 안의 옷을 살펴보시오. 아버님께서 나를 부르는 것이 틀림없소."

이리하여 태자 격은 문후를 찾아갔고 문후는 아들이 자신을 진정으로 위한다는 사실을 깨달았다. 문후는 크게 기뻐하며 잔치를 베풀며 말했다.

"현자들을 멀리하면서 자신이 총애하는 사람들만을 돌보는 것은 나라에 복을 부르는 좋은 방법이 아니오."

이리하여 문후는 작은아들 지擊를 중산에 봉하고 격을 태자의 자리에 회복시켰다.

옛말에 "자식을 이해하려면 먼저 그 친구들을 살펴야 하고 군주를 이해하려면 파견된 사신을 살펴야 한다"라는 말이 있다. 조창당이 단 한 번의 출사로 문후를 자애로운 아버지로, 태자 격을 효자로 만든 것을 보면 그 말이 맞는 것 같다.

진실한 정은 언제, 어디서, 어떤 사람에게든지 필요한 것이다. 때때로 일시적인 사정 때문에 그 참모습이 가려질 뿐이다. 일개 태자의 사자로서 조창당이 이처럼 주인의 상황을 헤아릴 수 있었던 것은 쉽지 않은 일이었다.

22 | 정성이 지극하면 돌도 마음을 연다

중국 속담에 "정성이 지극하면 돌도 마음을 연다"라는 말이 있다. 중국 사람들은 이밀李密의 「진정표陳情表」를 읽고서 울지 않는 사람은 효자가 아니고, 제갈량의 「출사표」를 읽고서 울지 않는 사람은 충신이 아니라고 말한다. 이밀은 진실한 정성으로 진晉 무제武帝의 돌과 같은 마음을 움직여 천고에 아름다운 이름을 남겼다. 「진정표」의 내용은 다음과 같다.

저는 불행하게도 일찍이 부모를 잃었습니다. 갓난아이 때 아버님이 돌아가시고 네 살 때 외삼촌이 수절하려는 어머니를 강제로 재가하게 만들어서, 조모 유씨가 외롭고 병약한 저를 불쌍히 여겨 몸소 키워주셨습니다. 저는 어릴 적부터 병치레가 잦았고 아홉 살이 되어도 제대로 걷지 못했으며, 고생스럽게 자랐습니다. 제게는 숙부나 백부가 없었고 형제도 없었습니다. 가문이 쇠퇴하고 복이 없어 늦게야 자식을 두었으니 밖으로는 가까운 친척이 없고 안으로는 문 앞에서 손님을 맞을 어린 시동 하나 없습니다. 외롭게 살아가면서 몸과 그림자가 서로를 위로할 따름이었습니다. 안타깝게도 조모 유씨마저 일찍이 병에 걸려 줄곧 자리보전을 하고 누워 계십니다. 저는 탕약을 다려 올리며 한 번도 조모의 곁을 떠난 적이 없었습니다. 예전 태수께서 저를 효렴孝廉[33]으로 발탁해주셨고 나중에는 자사子史께서 저를 천거해주셨습니다. 하지만 저는 조모의 공양을 맡아줄 사람이 없어서 부임하지 않았는데, 마침 특별히 조서가 내려져 저를 낭중郎中으로 임명하셨고 얼마 지나지 않아 또다시 나라의 은혜를 입어 관직을 맡게 되었습니다. 외람되게도 이런 미천한 몸으로 동궁을 모시게 되니 목숨을 바친다 해도 그 은혜에 보답할 수 없을 것입니다.

하지만 저는 저의 사정을 자세히 아뢰는 표를 올리고 사양하여 또다시 공직에 나서지 않았습니다. 지금 폐하께서 조서를 내리시어 제가 책임을 회피하고 있다고 준엄하게 책망하시고, 군과 현에서는 제가 서둘러 부임지로 떠날 것을 재촉하고 있으며, 주州의 관리들도 문 앞에 와서 재촉해대고 있습니다. 저는 명령을 받들어 당장이라도 임지로 떠나고 싶지만, 조모 유씨의 병환이 날로 위독해져 구차히 개인의 사정을 따르고자 하소연해도 들어주시지 않으니, 정말 낭패가 아닐 수 없습니다.

---

33 효도하는 사람과 청렴한 사람.

엎드려 생각하건대 성군께서 다스리시는 지금의 조정은 효로써 천하를 다스려 모든 노인들이 보살핌을 받아 잘 부양되고 있는 것 같습니다. 그러니 저처럼 혼자 고생하는 사람에게는 그 혜택이 더 말할 필요도 없지요. 또한 저는 젊어서 촉나라를 섬겨 벼슬을 하면서 상서랑尙書郞 등의 관직을 지낸 바 있지만 명예와 지조를 고려하진 않았습니다. 저는 망한 나라에서 온 포로로서 지극히 미천한 몸인데도 과분하게 발탁되었으니, 달리 바라는 바가 있겠습니까? 단지 조모 유씨의 목숨이 서산에 걸린 해와 같아서 곧 숨이 끊어지려 하니, 아침에 저녁의 일을 생각할 수 없는 실정입니다. 조모가 없었다면 저는 오늘에 이를 수 없었을 것이고, 조모께서는 제가 없으면 여생을 마칠 수 없을 것입니다. 조모와 손자 두 사람이 서로 목숨을 의지하고 있는 셈이지요. 이런 까닭에 조모를 봉양하는 일을 두고 멀리 떠나기가 어렵습니다. 저는 금년에 나이가 마흔넷이고 조모 유씨는 이제 아흔여섯이니, 제가 폐하께 충성을 다할 날은 길고 조모 유씨를 봉양할 날은 짧습니다.

　저는 까마귀가 되새김질로 자신을 양육한 어미 새의 은혜에 보답하는 마음을 갖고 있으니, 청컨대 폐하께서는 마지막까지 조모를 봉양할 수 있도록 윤허하여 주십시오. 저의 어려운 처지는 촉의 인사들뿐만 아니라 양주와 익주의 장관들도 잘 알고 있으며 천지신명께서도 내려다보고 계실 것입니다. 폐하께서 비천한 저의 사정을 가엾게 여기시고 작은 소망을 들어주셔서 조모 유씨가 편안히 마지막 생을 보낼 수 있게 해주시길 바랍니다. 이렇게만 할 수 있다면 저는 살아서는 죽음으로써 은혜에 보답할 것이고 죽어서도 은혜를 갚을 것입니다. 간절한 마음을 이기지 못해 삼가 표를 올려 아뢰는 바입니다.

이밀은 서진西晉의 평범한 관리로 두드러진 공로도 없었고 특이한 행적도 보이지 않았다. 그러나 그가 『사서』에 길이 이름을 남길 수 있었던 것은 천고의 명문으로 평가되고 있는 「진정표」 덕분이었다. 이밀은 지금의 사천四川 팽산彭山 사람으로, 일찍이 부친을 여의고 모친이 재가하게 되면서 조모 유씨의 손에 성장했다. 촉한의 유명한 학자인 초주譙周를 가르쳤고 서진 초기에는 무제에 의해 발탁되었으나 「진정표」를 올려 조모에 대한 효심을 밝히고 부임하지 않았다. 특히 '목숨이 서산에 걸린 해와 같아서 아침에 저녁의 일을 생각할 수 없다'라는 구절은 무제의 심금을 울렸고, 결국 무제는 이밀의 간청을 들어주었다. 조모가 세상을 떠난 뒤에 이밀은 관직을 맡다가 다시 한중 태수를 지내게 된다.

절절한 감정이 담긴 이밀의 글은 무제뿐만 아니라 사람들의 공감을 얻으면서 오늘날까지 명문으로 인정받고 있다. 사정은 사람마다 다르지만 감정은 다르지 않은 법이다. 이밀의 「진정표」는 개인의 정을 토로하는 동시에 천하의 마음을 쏟아냈던 것이다. 이처럼 정성이 지극하면 돌도 마음을 여는 법이다.

좋은 쇠는 칼날로 사용하라

「출사표」에 담긴 제갈량의 충성과 목숨을 바치면서도 후회하지 않는 숭고한 정신은 모두의 귀감이 될 만하다. 「출사표」의 내용은 이러하다.

선제께서는 건국의 뜻을 반도 이루시기 전에 돌아가셨고, 지금 천하는 셋으로 분할되어 있습니다. 게다가 익주는 싸움으로 황폐해졌으니 나라의 흥망성쇠가 걸린 위급한 시기라 할 수 있을 것입니다. 그러하되 폐하를 모시는 신하들이 열심히 일하고 충성스러운 무사들이 자신의 안전을 잊고 싸우는 것은, 모두가 선제의 남다른 지모와 인품을 추모하여 폐하께 이를 보답하려는 것입니다.

마땅히 폐하께서는 사람들의 생각을 널리 듣고 선제께서 끼친 덕을 더욱 빛나게 하시며 뜻있는 선비들의 의로움을 더욱 넓히고 키우셔야 할 것입니다. 결코 스스로 덕이 얕고 능력이 모자란다고 함부로 단정하셔서는 안 될 것이며, 옳지 않은 비유로 충성된 간언이 들어오는 길을 막으셔도 안 될 것입니다. 폐하께서 거처하시는 궁중과 관원들이 정사를 보는 조정은 하나가 되어야 합니다. 관직을 올리는 일과 벌을 내리는 일은 그 선함과 악함에 따라야 한다는 데 궁중이나 조정이 일치해야 할 것입니다.

간사한 죄를 저지른 자나 충성스럽고 착한 일을 한 자는 마땅히 그 일을 맡은 관원에게 넘겨 상벌을 결정하게 함으로써 폐하의 공평하고 밝으신 다스림을 세상에 분명하게 드러나게 하셔야 합니다. 사사로이 한쪽으로 치우쳐 안(궁중)과 밖(조정)의 법도가 달라지게 해서는 안 될 것입니다. 시중侍中과 시랑侍郞의 관직에 있는 곽유지郭攸之와 동윤董胤은 모두 선량하고 진실하며 충성되고 깨끗한 사람들입니다. 선제께서는 그 때문에 그들을 여럿 가운데서 뽑아 쓰신 것입니다. 저의 어리석은 생각으로는 궁중의 일은 크고 작음을 가리지 않고 이들에게 물어 그대로 따르시는 것이 좋을 듯합니다. 이들은 폐하를 잘 보필하여 이로움을 더할 것입니다.

장군인 상총向寵은 그 성품과 행동이 맑고 치우침이 없으며 군사를 부리는 일에도 세밀하고 밝습니다. 지난날 선제께서도 그를 써보시고는 능력이 있다고 말씀하신 적이 있어 여러 사람들과 의논한 끝에 그를 도독으로 삼은 것입니다. 저의 어리석은 생각으로는 군사에 관한 일이라면 크고 작음을 가리지 마시고 그와 상의하시는 것이 바람직할 것 같습니다. 그는 군사들을 화목하게 하고 뛰어난 자와 못한 자를 가려 써야 할 곳에 쓸 것입니다. 전한前漢은 어질고 밝은 신하를 가까이 하고 소인을 멀리한 까닭에 흥성할 수 있었고 후한後漢은 소인을 가까이 하고 어진 신하를 멀리한 까닭에 기울어졌습니다. 선제께서 살아 계실 때 이 일을 논하다 보면 환제桓帝와 영제靈帝[34] 시절의 어지러움을 한스럽게 여기지 않을 수 없었습니다.

지금 조정에 있는 시중 곽유지와 상서 진진陳震, 장사長史 장예張裔, 참군參軍 장완蔣琬 등은 하나같이 성실하고 강직하며 절개를 지킬 만한 신하들입니다. 폐하께서 그들을 가까이하시고 믿어주신다면 한漢 왕실이 다시 융성할 수 있을 것입니다. 신은 본래 아무런 벼슬도 못한 평민으로 남양에서 밭을 갈고 있었습니다. 어지러운 세상에서 목숨이나 부지하며 지낼 뿐 조금이라도 제 이름이 제후의 귀에 들어가 쓰이게 되기를 바라지 않았습니다. 저는 보잘것없는 사람인데도 선제께서는 귀한 몸을 굽혀 신의 오두막집을 3번이나 찾으시고 지금 세상에서 해야 할 일을 물으셨습니다. 신은 이에 감격하여 선제를 위해 그 뜻을 받아들였던 것입니다.

---

34 후한 말기의 황제로서 환관과 외척들을 대거 등용했다.

그 뒤 선제의 세력이 엎어지고 뒤집히려 할 때 저는 싸움에 진 군사들 틈에서 그들을 되살리는 소임을 맡고, 위태롭고 어려운 지경에서 구해달라는 명을 받았습니다. 그로부터 스물하고도 한 해가 지나 선제께서는 제가 성실하다고 여기시고 돌아가실 때에 즈음하여 나라의 큰일을 맡기셨던 것입니다. 명을 받은 이래로 아침부터 밤까지 제가 걱정하는 것은 그 당부를 들어드리지 못하여 선제의 명성에 누가 되지나 않을까 하는 것이었습니다. 그리하여 저는 지난 5월에 노수를 건너 거친 오랑캐 땅 깊숙이 들어갔습니다.

다행히 남방은 평정되었고 싸움에 쓸 무기며 병력도 넉넉해졌습니다. 마땅히 삼군을 격려하고 이끌어 중원을 정벌해야 합니다. 느린 말과 무딘 칼 같은 재주이지만 힘을 다해 간사하고 흉악한 무리를 쳐 없애고 한 왕실을 부흥시켜 옛 경사(장안)로 되돌리겠습니다. 이것이 선제께 보답하는 길이며 폐하께 충성하기 위해 마땅히 해야 할 일이기도 합니다. 그동안 이곳에 남아 폐하께 충언을 올리는 것은 곽유지와 동윤의 일입니다. 바라건대 폐하께서는 제게 역적을 치고 나라를 되살리는 일을 맡겨주시기 바랍니다.

그리고 제대로 그 일을 해내지 못하면 죄를 다스리시고 선제의 영전에 알리십시오. 폐하의 덕을 높일 만한 충언을 올리지 않으면 곽유지와 동윤을 꾸짖어 그 게으름을 밝히십시오. 폐하 또한 선한 길을 도모하시기 바랍니다. 아름다운 말은 살펴 받아들이시고 선제께서 남기신 가르치심을 마음 깊이 새겨 좇으시길 바랍니다. 저는 은혜에 감격하여 이제 먼 길을 떠나거니와, 떠남에 즈음하여 이렇게 표를 올리려 하니 눈물이 솟아 더 말을 잇지 못하겠습니다.

제갈량은 지혜로운 재상의 모범이자 충의의 상징으로 평가되는 인물이었으나, 끝내 한 왕실을 회복하는 대업을 이루지 못하고 후대 사람들에게 한없는 유감을 남겼다. 당대의 대시인 두보杜甫는 「촉상蜀相」이란 제목의 시에서 "출병하여 이기기 전에 몸이 먼저 죽으니, 길이 영웅들로 하여금 눈물로 옷깃을 적시게 하네出師未捷身先死, 常使英雄淚滿襟"라고 노래하였다. 이런 점으로 미루어 볼 때 제갈량의 「출사표」는 중국의 무수한 주장奏章과 표장表章 가운데 가장 감동적이고 영향력 있는 것이라고 할 수 있다.

23 | 위협과 회유를 함께 하라

한비가 진왕秦王에게 한나라를 공격해서는 안 된다는 내용의 서신을 올렸다. 진왕은 결정하지 못하고 서신을 이사李斯에게 넘겨주었다. 이사가 진왕에게 말했다.

"제 생각에는 한비의 견해가 잘못된 것 같습니다. 진나라의 동쪽에 한나라가 있는 것은 마치 사람의 마음속에 병이 있는 것처럼 평소 아무 일도 없을 때에도 이미 충분히 고통스럽고, 눅눅한 곳에 살고 있어서 지병이 몸에 딱 달라붙어 어떻게 해도 고칠 수 없는 상황과 같습니다. 빨리 뛰기라도 하면 곧바로 발작을 일으키게 됩니다. 지금은 한나라가 진나라의 신하를 자처하며 복종하고 있긴 하지만 언제든지 진나라의 상처가 될 수 있고, 위급한 일이라도 발생하는 날에는 절대로 한나라를 신뢰할 수가 없습니다.

조나라와는 서로 적국이 되어 사신을 제나라로 보내 조나라와 절교할 것을 설득하긴 했지만 지금 상황이 어떻게 돌아가고 있는지 알 길이 없습니다. 제가 보건대 제나라와 조나라가 관계를 끊을 것 같지는 않습니다. 그들이 관계를 끊지 않는다면 병력을 동원하여 광대한 영토를 가진 두 강국에 대응해야 할 것입니다. 한나라는 진나라의 도의에 굴복하는 것이 아니라 진나라의 강대함에 굴복하고 있는 것입니다. 지금 진나라가 병력을 전부 동원하여 제나라와 조나라를 공격한다면 한나라는 발작을 일으킬 것입니다. 만일 한이 초와 연합하여 진을 공격한다면 각 제후국들은 또다시 한과 초와 함께 들고 일어설 것이고, 그렇게 되면 진나라는 효산에서의 패배를 되풀이하게 될 것입니다.

한비가 이번에 진나라에 온 것은 한나라를 보전하기 위해서일 것입니다. 그는 말솜씨가 뛰어나기 때문에 화려한 말로 잘못을 그럴듯하게 가리고 사기와 거짓으로 진나라에서 이득을 챙기는 동시에 한나라를 이롭게 하기 위해 폐하의 의중을 떠보려고 온 것입니다. 진나라와 한나라의 관계가 가까워지면 한비의 지위 또한 중요해지겠지요.

제가 한비의 서한을 자세히 살펴보니 그는 사람의 마음을 혼란시키는 표현을 숨기고 화려하고 아름다운 말로 꾸미는 데 급급합니다. 이것이 그의 재능이지요. 저는 폐하께서 한비의 말에 혹해서 사태의 진상을 명확하게 살피지 못하실까 염려됩니다.

이제 저의 우둔한 생각을 대왕께 설명드릴까 합니다. 만일 진나라가 어느 한 나라를 토벌한다고 하면 한나라의 집정자들은 진나라를 섬기는 책략을 세울 것입니다. 제가 한나라로 가서 한왕을 만나본 다음, 한왕이 직접 진나라에 와서 폐하를 뵙게 하겠습니다. 폐하께서 한왕을 돌아가지 못하게 하시면 한나라의 집정 대신들은 한나라 백성들과 한왕을 교환하자고 할 것입니다. 그렇게 되면 적진 깊숙한 곳에 있는 한나라의 땅을 받을 수 있지요. 그런 다음 몽염에게 동군東郡의 병력을 이끌고 변방을 순시하되 어느 곳으로 가는지는 말하지 않게 하십시오. 그러면 제나라가 몹시 두려워하며 즉시 조나라와 절교할 것입니다. 이렇게 하면 진나라 군대가 국경을 벗어나지 않고도 강경한 한나라가 우리의 위세에 굴복할 것이고 강대한 제나라도 우리의 도의에 복종하게 될 것입니다.

이런 일이 다른 제후국들에 알려지면 초나라도 진을 두려워하게 될 것이고, 조나라는 결단을 내리지 못하고 망설이게 될 것입니다. 결국 모두가 진나라에 충성을 다하게 되겠지요. 초나라가 병력을 움직이지 않는다면 위나라는 더 이상 두려운 대상이 되지 못할 것이고, 그렇게 되면 제후국들은 진나라에 조금씩 점령되고 말 것입니다. 조나라하고는 한번 겨뤄볼 필요가 있지요. 폐하께서는 저의 계책을 자세히 통찰해주시길 바랍니다. 절대 가볍게 생각하시면 안 됩니다."

입술이 없으면 이가 시리다

그리하여 진왕은 곧장 이사를 한나라에 사신으로 파견했다. 그러나 이사는 끝내 한왕을 접견할 수가 없었다. 이사는 사람을 시켜 곧바로 한왕에게 말을 전했다.

"과거에 진, 한 두 나라는 뜻을 같이 하고 힘을 합쳐 서로를 침범하지 않았습니다. 덕분에 천하의 어떤 나라도 감히 우리를 침범할 수 없었지요. 이런 형세가 이미 몇 대를 거쳐 유지됐습니다. 과거에 다섯 나라의 제후들이 연합하여 한나라를 공격했을 때 진나라는 군대를 파견하여 한나라를 지원했습니다. 한나라는 중원에 위치하여 영토가 1,000리가 되지 않는데도 천하의 각 제후국들과 대등한 지위를 누릴 수 있었습니다. 한나라가 안전할 수 있었던 것은 후손들에게 대대손손 진나라를 섬기는 자세를 잘 가르쳤기 때문입니다. 그러나 과거 다섯 제후국들이 연합하여 진나라를 공격했을 때, 한나라는 진나라를 도와주지 않았을 뿐만 아니라 제후국들을 위해 앞장서서 함곡관에서 진나라 군대를 공격했습니다. 하지만 각 제후국들의 힘이 다하여 하는 수 없이 병력을 철수시켜야 했지요.

나중에 두창杜倉이 진나라 재상이 되자 다섯 제후국들에게 복수하기 위해 병력을 총동원하여 먼저 초나라를 공격했지요. 이에 초나라 영윤令尹은 매우 다급해하며 초조한 마음으로 말했습니다. '한나라는 진나라를 신의를 중시하지 않는 나라로 여기면서도 다시 진나라와 형제 관계를 맺고 진과 공동으로 천하의 제후국들을 위협했다. 그러나 나중에는 진나라를 배반하고 앞장서서 함곡관을 공격했다. 한나라는 중원에 위치한 지극히 변덕스러운 소국에 불과하다. 진나라는 반드시 한나라를 먼저 공격해야 할 것이다!' 라고 말입니다. 각 제후국들은 한나라에서 받은 상당 지역의 성지 10좌를 진나라에 바치면서 사죄했습니다. 진나라의 위협을 해소하려 했던 것이지요. 결국 한나라는 진나라를 한 번 배반했을 뿐인데 국가가 위협을 받게 되고 영토를 이리저리 빼앗겼으며 병력이 쇠약해져 지금까지 이 상태를 지속하고 있음을 알 수 있습니다. 이렇게 된 이유는 간신들의 말만 듣고 사태를 정확히 통찰하지 못했기 때문이지요. 그래서 나중에 간신들을 전부 처형했음에도 불구하고 한나라는 다시 강성해지지 못하고 있는 것입니다.

　지금 조나라는 병력을 한데 집중시켜 진나라를 공격하기 위해 한나라에 사람을 보내 길을 내달라고 요구하고 있습니다. 저는 일찍이 '입술이 없으면 앞니가 곧바로 냉기를 느끼게 된다' 는 말을 들은 적이 있습니다. 진나라와 한나라는 공통의 근심을 갖고 있는데 이러한 정세는 이미 명확하게 드러나고 있습니다. 위나라가 한나라를 공격하려 하자 진나라는 사람을 보내 위나라의 사신을 한나라에 넘겨주었습니다. 지금 진왕이 한나라에 사신을 파견했지만 아직까지 폐하를 만나지도 못하고 있지요. 저는 폐하의 대신들이 과거의 계책을 그대로 따라서 또다시 영토를 잃는 재앙이 발생하지나 않을까 몹시 걱정됩니다.

　만일 제가 폐하를 뵙지 못한다면 진나라로 돌아가 이런 사실을 진왕께 보고할 것입니다. 그러면 진과 한의 국교는 단절되고 말겠지요. 제가 한나라에 사신으로 온 것은 폐하의 이익을 위한 것이고 한나라에 유리한 계책을 바치고자 하는 것인데, 저를 계속 이런 식으로 대하지는 않으시겠지요? 신은 폐하를 직접 만나뵙고 폐하의 면전에서 저의 우둔한 계책을 설명하고자 합니다. 그런 연후에 몸이 갈기갈기 찢겨 죽는 형벌을 당한다 해도 여한이 없을 것입니다.

　지금 저를 한나라에서 죽이신다 하더라도 한나라는 강대해지지 못할 것이고, 제 계책을 듣지 않으신다면 큰 재앙에 직면하게 될 것입니다. 만일 진나라가 출병하여 진군한다면 한나라는 큰 위기에 놓이게 되겠지요. 제가 한나라의 길거리에서 처형당하고 난 다음에는 저의 졸렬한 계책이나마 찾고자 해도 불가능한 일이 될 겁니다. 변경의 성벽이 무너지고 전쟁의 북소리가 귀에 가까워지고 나서야 제 계책을 받아들여 사용하려 해도 그때는 이미 늦을 것입니다. 게다가 한나라의 병력은 천하의 제후들이 이미 알고 있고, 강대한 진나라를 배반했다는 사실도 알려져 있습니다. 만일 한나라가 성읍을 포기하고 다시금 군대가 패전하게 된다면 국내의 반군들이 성읍을 빼앗을 수도 있을 것입니다. 성읍이 함락되면 백성들은 이리저리 흩어지게 되고 백성들이 흩어지면 군대도 사라지게 됩니다. 만일 한나라가 성읍을 굳게 지킨다면 진나라는 군대를 파견하여 성을 포위하고 도로를 단절시킬 것이며 한나라는 곤경에 처하게 될 것입니다. 그때 가서는 어떤 계책을 세우더라도 형세를 역전시킬 방법이 없어지지요. 또한 그때가 되면 대신들의 계책 또한 쓸모없어지고 말 것입니다.

저는 폐하께서 이러한 상황을 깊이 있게 고려해주시길 간절히 바랍니다. 제가 지금까지 말씀드린 것 중에 사실이 아닌 부분이 있다면 대왕의 면전에서 직접 말을 마칠 수 있도록 허락해주시기 바랍니다. 지금 진왕은 음식을 먹어도 맛을 느끼지 못하고 산천을 유람해도 즐거움을 느끼지 못하면서 오로지 조나라를 공격해 땅을 빼앗을 생각만 하고 있습니다. 그래서 신을 보내 이런 말씀을 올리게 한 것이지요.

저는 직접 폐하를 알현할 수 있기를 희망합니다. 대왕과 급히 계책을 상의하고 방법을 협의해야 하기 때문입니다. 제가 대왕을 뵙지 못한다면 어떻게, 어디에서 한나라가 진나라에 대한 충성을 보일 수 있겠습니까? 그렇게 된다면 진나라는 조나라를 공격하려던 병력을 한나라로 돌리게 될 것입니다. 폐하께서는 문제를 다시 한번 고려해주시기 바랍니다."

24 | 인재를 얻는 자가 천하를 얻는다

진秦나라의 왕족과 대신들이 모두 진시황에게 말했다.

"각 제후국에서 사람들이 몰려와 진나라를 모시려 했으나 각 군주를 위해서 유세하여 사이만 벌어지게 했을 뿐입니다. 진나라를 찾아오는 모든 외국인을 쫓아내는 것이 바람직할 것 같습니다."

이사도 진나라에서 쫓겨나게 되었는데, 그는 진의 국경을 벗어나면서 「간축객서諫逐客書」를 써서 진시황에게 보냈다.

듣건대 진나라 관리들이 타국 출신의 관리들을 쫓아내려고 상의하고 있다고 하는데, 이것은 잘못이라고 생각합니다. 과거에 목공穆公께서는 선비들을 구한 결과 서쪽 변방 오랑캐 땅에서 유여由余를 얻었고 동쪽의 원宛 땅에서 백리해百里奚를 얻었으며 송나라에서 건숙蹇叔을 맞아들였고 진나라에서 비표조豹와 공손지公孫支를 얻었습니다. 이 5명의 선비들 역시 진나라에서 태어나진 않았지만 목공께서는 이들을 임용하여 30여 개 나라들을 점령하고 서쪽 변방의 오랑캐를 완전히 제압할 수 있었습니다. 효공孝公께서는 상앙商鞅의 변법을 받아들여 기존의 법령과 풍속을 폐기했습니다. 그 덕분에 백성들의 삶이 행복하고 여유로워졌으며 국가도 부강해져 백성들이 나라를 위해 충성을 다하고 각 제후들이 진나라의 명령에 순순히 복종했습니다. 이어서 진나라는 초나라와 위나라를 크게 물리치고 영토를 1,000리 밖으로 확장했습니다. 지금까지도 진나라의 통치는 계속 유지되고 있지요.

혜왕께서는 장의의 연횡책에 따라 낙양 일대의 지역을 공격해 빼앗았고 서쪽으로는 파와 촉을 점령했으며 북쪽으로는 상군上郡을 접수했고 남쪽으로는 한중을 공격해 빼앗고 구이九夷의 영토를 점령했으며 초나라의 언鄢과 영郢을 통제하게 되었습니다. 또한 동쪽으로 험준한 호로관虎牢關을 점령하여 비옥한 토지를 얻었습니다. 이로써 6국의 합종을 와해시켜 진나라를 잘 섬기게 했으니 그 공적은 지금까지 사라지지 않고 있습니다. 소왕께서는 범저를 얻어 양후를 폐하고 화양군을 추방함으로써 왕실의 권력을 강화했고, 귀족들이 정치를 농락하는 폐해를 막아 점차 각 제후들을 진압하여 진나라의 제업을 이루게 되었습니다. 이 네 분의 명군들은 모두 타국 출신의 관리를 임용하여 성공했습니다. 애초에 이 명군들께서 타국 출신 관리들을 거부하여 문을 굳게 닫고 외부에서 온 인재들을 쓰지 않으셨다면 오늘날 진나라의 부강함도 없었을 것이고 강대한 명성도 얻을 수 없었을 것입니다.

지금 폐하께서는 곤산崑山의 아름다운 옥을 수집하고 계시고 화씨

벽도 보유하고 계시며 옷에는 달처럼 진귀한 보석들이 줄줄이 장식되어 있고 태아太阿 보검을 차고 계십니다. 또한 귀한 말을 타고 봉황의 깃털로 장식한 깃발을 꽂으시며 거북의 가죽으로 만든 북을 가지고 계십니다. 이처럼 귀중한 물건들 가운데 진나라에서 생산한 것은 단 한 가지도 없지만 폐하께서는 오히려 이런 물건들을 매우 아끼고 좋아하십니다. 만일 진나라에서 생산된 것만 쓸 수 있다면 야광옥으로 조정을 장식할 수 없었을 것이고 무소의 뼈와 상아로 만든 물건들로 폐하께서 좋아하시는 노리개를 만들지 못했을 것입니다. 또한 조나라와 위나라의 미녀들이 폐하의 후궁을 가득 채우지 못했을 것이고 북방의 좋은 말들이 폐하의 마구간을 가득 채우지 못했을 것이며, 강남의 금석이나 서촉의 단청도 조정을 화려하게 장식하지 못했을 것이고 후궁들의 복식을 치장하는 데 쓰이지도 못했을 것입니다. 눈과 귀를 즐겁게 해주는 이 물건들이 전부 진나라에서 생산되어야만 쓸 수 있었다면 옥 귀고리와 비단옷 등은 폐하께 진상되지 못했을 것이고 행동거지가 세련되고 우아한 여인들도 폐하의 주변에 두지 못했을 것입니다. 북이나 쟁과 같은 진나라의 악기들이 수두룩하고 진나라의 음악도 듣기 좋은데 폐하께서는 진나라의 악기와 음악을 전부 내치시고 정나라와 위나라의 음탕하고 사치스러운 음악을 즐기고 계십니다. 그리하는 까닭은 무엇입니까?

하지만 지금 폐하께서는 사람을 쓰는 데 있어서는 이렇게 하지 않으시고, 쓸 만한 사람인지 아닌지조차 따져보지 않으시면서 진나라 사람이 아닌 사람들은 전부 진나라를 떠날 것을 요구하고 계십니다. 모든 객경客卿[35]들이 쫓겨나게 된 것이지요. 폐하의 눈에 드는 것은 여인들

뿐이고 수많은 선비들은 경시한다는 것을 증명하는 일입니다. 이것이 천하를 정복하고 제후들을 복종시킬 방법이겠습니까?

제가 듣건대 지역이 넓으면 물품이 풍부하고 나라가 강성하면 백성이 많고 병력이 강대하며 병사들이 용맹하고 싸움을 잘한다고 합니다. 태산은 흙을 거부하지 않아 이처럼 높게 설 수 있었고, 황하와 바다는 졸졸 흐르는 개울을 포기하지 않아 이처럼 방대하고 깊을 수 있었던 것이지요. 대왕이 되는 사람은 여러 신하들과 백성들을 거부하지 않아야 황제의 덕을 세울 수 있습니다. 그러므로 지역의 경계가 없고 백성들의 국적에 차이가 없으며 사계절이 항상 풍부하고 넉넉해야 귀신도 복을 주는 것입니다. 이것이 삼황오제三皇五帝[36]에게 적이 없었던 까닭이지요. 그러나 지금 폐하께서는 백성을 포기하여 오히려 적국을 이롭게 하고 손님을 거부하여 제후들을 강대하게 하며 천하의 인재들을 진나라에서 쫓아내 감히 서쪽으로 향하지 못하게 하고 계십니다. 모두들 무서워서 진나라에 들어가지 못하게 된 것이지요. 이것이 '식량을 강도에게 주고 무기를 적에게 빌려주는' 꼴이 아니고 무엇이겠습니까!

수많은 물건들이 진나라에서 생산된 것이 아닌데도 보물이 되듯이, 수많은 지식인들이 진나라에서 태어나지는 않았지만 진나라를 위해 충성을 다하고 있습니다. 지금 폐하께서는 타국 출신의 관리를 쫓아냄으로써 적국을 도와주고 본국의 백성을 줄여서 적국을 강대하게 하고 계십니다. 결국 대내적으로는 자신의 힘을 약화시키고 대외적으로는

---

35 다른 나라에서 와서 재상의 위치에 있는 사람.
36 삼황은 천황, 지황, 인황을 뜻하지만, 복희, 신농, 여와 씨를 가리키기도 한다. 오제는 황제헌원, 전욱고양, 제곡고신, 제요방훈, 제순중화이며, 복희, 신농, 소호 등을 드는 경우도 있다.

각 제후와 새로운 원한을 맺는 것입니다. 이렇게 하면서도 나라가 위기에 빠지지 않기를 바란다면 그것이 가능한 일이겠습니까?"

이사의 편지를 읽고 감동을 받은 진시황은 즉시 축객령을 폐지하고 이사의 직위를 회복시켰다. 말 그대로 '산은 높은 것을 싫어하지 않고, 물은 깊은 것을 싫어하지 않으며, 주공은 진실을 토로하여 천하의 민심이 제자리로 돌아간' 셈이었다. 이사가 진시황에게 올린 글 가운데 제시한 사례들은 하나같이 사실이었고 논리를 전개하는 이치도 정확했다.

진나라의 역사를 통틀어 볼 때 보잘것없는 소국에서 대국으로 발전하여 마지막으로 6국을 점령하고 전국을 통일하게 된 것은 커다란 의미를 갖고 있다. 이러한 과정에서 중요한 역할을 한 사람들은 대부분 국외에서 온 인재들이었다. 외국에서 온 인재들이 없었다면 진나라는 크게 발전하고 강대해질 수 없었을 것이다. 진나라의 예에서 알 수 있듯이 '인재를 얻는 자가 천하를 얻을 수 있다'는 사실은 중국 역사에 나타난 중요한 법칙 가운데 하나이다.

25 | 모든 일에는 순서가 있다

한비는 원래 한나라 귀족의 후손으로서, 한나라의 이익을 위해 진왕에게 진나라가 한나라를 침공한 사건이 부당하다는 사실을 분석해주었다. 비록 그 궁극적인 목적이 한나라를 위한 것이긴 하지만 진나라에게도 정확한 판단이라고 할 수 있다.

한비가 진왕에게 말했다.

"한나라가 진나라를 섬긴 지 이미 30년이 넘었습니다. 외교 분야에 있어서 한나라는 진나라의 외곽을 보호하는 장벽이 되어 진나라를 대신해 산동 각국의 공격을 저지했고, 내정 분야에 있어서도 한나라는 진나라의 멍석과 방석이 되어 마음대로 사용하게 했습니다. 진나라가 정예 부대를 파견하여 다른 나라들의 영토를 빼앗을 때마다 한나라는 항상 그 뒤를 밀어주었지요. 이로 인해 한나라는 제후국들로부터 원한을 사게 되었지만 그 공로와 이익은 오히려 전부 진나라에게 속하게 되었습니다. 게다가 한나라는 진나라에 조공을 바치고 있으니 진나라의 군현이나 다름없지요. 최근에 진나라 권문귀족들이 대왕을 위해 마련한 책략을 듣게 되었는데, 군사를 일으켜 한나라를 공격한다고 합니다.

대왕께선 아시는지 모르겠지만, 지금 조나라는 널리 병사들을 모으고 합종의 연맹을 주장하는 무리들을 부추기며 각국의 군대가 연합하여 진나라를 공격해야 한다고 주장하고 있습니다. 진나라를 멸망시키지 못하면 자신들이 멸망하게 될 거라는 주장이지요. 각 제후국들은 진나라를 약화시키는 것을 가장 큰 과제로 인식하고 있으며, 이런 생각을 갖게 된 것은 하루 이틀의 일이 아닙니다. 상황이 이런데 조나라는 화근을 방관하면서 오히려 자신의 신하와 같은 한나라를 공격한다면, 천하의 제후국들이 조나라와의 합종을 통해 진나라를 공격하려는 계획이 매우 타당한 것임을 증명하는 일이 될 것입니다.

한나라는 일개 소국에 불과하긴 하지만 사방에 있는 천하 제후들의 공격에 계속 대응해야 했습니다. 군주는 모욕을 당하고 신하들은 고통받으며 군신이 함께 근심한 세월이 오래되었기 때문에 강대한 적들에 대비하여 물자를 비축하고 성벽을 건설함으로써 방비를 굳게 하고 있습니다. 따라서 지금 당장 한나라를 공격한다 해도 1년 안에 멸망시키지는 못할 것입니다. 그러나 만일 성지 1좌를 함락시키고 곧 군대를 철수한다면 천하 제후국들이 우습게 여기고 진나라를 공격할 것입니다. 만일 한나라가 진나라를 배반한다면 위나라는 곧 한나라의 편을 들 것이고, 조나라는 제나라에 지원을 요청할 것입니다. 이리하여 한나라와 위나라는 조나라를 지원하고 조나라는 제나라에 의지하여 합종 연맹을 굳건히 함으로써 진나라와 승부를 가리려 할 것입니다. 이는 조나라에게는 행운이지만 진나라에게는 오히려 큰 화근이 될 것입니다.

나아가 조나라를 공격한다 해도 승리하기 어려울 것이고 물러나서 한나라를 공격하는 것 또한 성공을 보장할 수 없으며 적진 깊숙이 들어가 싸움을 벌이는 사병들은 지칠 것이고 등에 군수물자를 가득 지고 부대에 군량을 공급하는 사람들도 허약해질 것입니다. 이처럼 온갖 고생으로 지치고 허약해진 사람들을 모아 조나라나 제나라 같은 만승萬乘의 대국들이 연합한 세력에 대항하는 것은 스스로 멸망을 자초하는 일이 아니겠습니까? 만일 대신들의 계획에 따라 일을 진행해 나가신다면 진나라는 반드시 천하 각국의 공격 목표가 될 것이고, 설사 폐하께서 오래 사신다 하더라도 천하를 통일할 수 있는 날은 절대로 오지 않을 것입니다.

신의 어리석은 생각으로는 초나라에 사신을 보내 넉넉한 예물로 집정 대신들을 매수하고 조나라가 진나라를 기만해온 수단들을 명백히 설명하는 한편, 대왕의 가족을 위나라에 인질로 보내 민심을 안정시키고, 한나라와 진나라가 연합하여 조나라를 공격하면 설사 조나라가 제나라와 연합한다 하더라도 걱정할 염려가 없을 것 같습니다. 조와 제 두 나라를 공격하여 성공을 거둔다면 한나라는 격문 한 장 붙이는 것만으로도 쉽게 평정할 수 있을 것입니다. 이렇게 되면 한 가지 행동으로 조와 제 두 나라를 멸망으로 몰고 갈 수 있을 것이고 한과 위 두 나라는 자발적으로 우리를 섬기게 될 것입니다. 그래서 군사를 일으켜 전쟁을 하는 것이 흉악한 일이라고 하는 것이지요. 대왕께서는 이 점을 잘 헤아리시기 바랍니다.

진나라와 조나라가 서로 대항하고 있으며 제나라가 조나라의 지원 세력이 된 마당에 지금 또 한나라에 등을 돌린다면, 진나라와 초, 위 두 나라의 연합을 신뢰할 수 있을 만한 어떤 조치도 취할 수 없게 될 것입니다. 더구나 한나라를 공격하여 승리하지 못한다면 진나라에게 는 커다란 재앙이 도래할 것입니다. 계략은 일의 성패를 결정하는 것 이니 세심하게 고려하시지 않으면 안 될 것입니다. 조나라와 진나라 중에 누가 강하고 누가 약한지는 금년 안으로 곧 밝혀지게 될 것입니 다. 게다가 조나라와 각 제후국들이 진나라를 치려 한 것은 오래전부 터 있었던 일이라, 지금 군사를 일으켜 한나라를 공격함으로써 자신의 약점을 드러내는 것은 대단히 위험합니다. 계책을 마련하면서 제후들 이 속셈을 의심하게 만드는 것처럼 위험한 일은 없습니다. 한나라를 공격하려는 계책은 이미 이 두 가지 결점을 드러내고 있기 때문에 황 제의 자리를 차지하는 좋은 방법이 못 됩니다. 폐하께서는 저의 계책 을 다시 한번 세심하게 고려해주시길 간절히 바랍니다. 만일 한나라를 공격했다가 합종에 참여하는 나라들이 그 틈새를 파고들기라도 하는 날에는 후회해도 손쓸 기회가 없을 것입니다."

당시의 상황으로 볼 때 진나라가 한나라를 공격하는 것은 '아군에 게는 불리하고 적군에게는 유리한' 일이었고, 이에 대한 한비의 분석 은 정확한 것이었다. 그러나 다른 각도에서 보면 진나라의 목적이 6국 을 점령하는 것인 만큼 진나라에게는 아군과 적군의 구별이 있을 수 없었다. 단지 어느 나라를 먼저 공격하고 어느 나라를 나중에 공격하 느냐 하는 것만이 책략을 수립하는 데 있어서 유일한 고려 대상이었던 것이다.

보신에도 도리가 있다

연의 소왕은 제나라에 복수하기 위해 온갖 궁리를 다하고 있었다. 창국군昌國君 악의는 소왕의 명을 받아 다섯 나라의 군대를 연합하여 제나라의 70개 성지를 공격하여 빼앗은 다음, 이를 전부 군현으로 삼아 연나라에 귀속시켰다. 그러나 소왕은 남은 3개의 성지를 정복하지 못한 채 세상을 떠나고 말았다. 소왕에 이어 혜왕이 즉위하였으나 제나라의 반간계反間計[37]에 넘어가 악의가 모반하려 한다고 의심하고는 곧 기겁騎劫을 보내 악의를 대신하게 하고 그를 장군의 자리에서 쫓아내버렸다.

결국 악의는 조나라로 도망쳤고 조왕은 그를 망제군望諸君으로 봉했다. 제나라 대장 전단은 술책을 써서 기겁을 속여 연나라 군대를 물리치고 제나라가 잃었던 성지를 완전히 수복하여 제나라를 재건했다. 혜왕은 그제야 조나라가 악의를 임용하여 연나라가 약해진 틈을 타 공격했다는 사실을 깨닫고 크게 두려워했다.

혜왕은 사람을 보내 악의에게 사과를 하는 한편, 그를 책망했다.

"선왕께서 연나라 전국戰局을 장군에게 위탁하셨고 장군이 연나라를 위해 제나라를 무찔러 선왕의 원수를 갚았다는 사실을 천하에 모르는 사람이 없는데, 과인이 어찌 하루 만에 장군의 공로를 잊었겠소? 그런데 선왕께서 세상을 떠나시고 과인은 아직 어리고 무지하여 실수를 범하고 말았소. 기겁을 보내 장군을 대신하게 했던 것은 장군이 오랫동안 전투를 수행하느라 심신이 몹시 지쳐 있을 것이라는 생각에서

---

37 적을 이용하여 적을 제압하는 계책으로, 36계 중 하나이다.

였소. 그래서 잠시나마 쉬게 하면서 함께 국사를 의논하고자 했던 것이오. 그러나 장군은 과인의 뜻을 오해하여 불온한 감정을 품고 연나라를 버리고 조나라에 몸을 의탁했소. 이는 장군이 자신의 안전을 염려하여 내린 빈틈없는 결단이긴 하지만, 장군은 무엇으로 장군에 대한 선왕의 인정과 의리에 보답하려 한단 말이오?"

악의가 연왕에게 서신을 보내 말했다.

"신은 능력과 인덕이 부족하여 선왕의 가르침을 그대로 따르지 못했으며 대왕의 속마음을 헤아리지도 못했습니다. 소신은 신상의 화를 당하지나 않을까 걱정한 데다 선왕의 사람 보는 안목을 손상시키지나 않을까, 그리고 폐하께서 의롭지 못한 명성을 얻지나 않을까 두려웠습니다. 그래서 하는 수 없이 조나라로 도망쳐 몸을 기탁한 것입니다. 대왕께서 사자를 보내 저의 죄를 조목조목 지적하셨지만, 저는 선왕께서 저를 등용하신 이유와 제가 선왕의 뜻을 정성껏 받들었던 이유를 폐하께서 제대로 알지 못하실까 심히 염려되어 이렇게 서신을 올리는 바입니다.

소신이 듣건대 현명한 군주는 자신이 아끼는 사람들에게 봉록을 베풀지 않고 공로가 많은 사람에게 관직을 내린다고 했습니다. 또한 관직과 작위를 군왕이 좋아하는 사람들에게 나눠주지 않지요. 인재를 살펴 적당한 관직을 부여할 수 있어야만 비로소 성공한 군주로서 호평을 받을 수 있으며, 사람들의 품행을 바로 보고 친교를 맺을 수 있어야만 명망이 높아질 수 있는 것입니다. 소인은 선왕의 시책을 제대로 알았고 선왕께서 세인들을 뛰어넘는 생각을 지니셨음을 잘 알았기 때문에 위왕이 소인에게 연나라에 갈 수 있는 기회를 주었을 때 직접 가서 형세를 살필 수 있었던 것입니다. 선왕께서는 저를 과분할 정도로 중용하셨고 대신이나 친척들과 상의하시지 않고 저를 높은 관리에 임명하셔서 관리 등용의 중요한 임무를 맡기셨습니다. 저는 스스로 선왕의 뜻을 성실하게 받들기만 하면 과오는 범하지 않을 것이라 생각하여 그 자리를 순종하는 마음으로 받아들이고 사양하지 않았습니다.

선왕께서는 제게 말씀하셨습니다. '짐은 제나라에 불구대천의 깊은 원한을 품고 있고 비록 지금은 짐의 힘이 약소하지만 언젠가는 기필코 제나라에 복수하려 하오.' 제가 선왕께 아뢰었지요. '제나라가 비록 강대하긴 하지만 이는 이전에 천하를 호령하고 남은 위세에 불과합니다. 대왕께서 제나라를 치고자 하신다면 여러 나라와 연합하여 공동으로 제나라에 대응하셔야 합니다. 또한 각 제후국들이 병사를 일으켜 제나라를 공격하게 하려면 조나라를 끌어들이는 것이 최선책이고 그러면 초나라와 위나라를 끌어들일 수 있을 것입니다. 제나라를 치고자 하는 바람이 우리와 다르지 않기 때문이지요. 일단 조나라가 동맹 제의를 수락하고 초와 위 두 나라가 온 힘을 다해 지원할 것을 약속하면 연과 조, 초와 위 네 나라의 연합군이 제나라를 치고도 남을 것입니다.' 이에 선왕께서는 흔쾌히 동의하셨습니다. 그리하여 소신은 직접 명을 받들어 연나라의 신표를 몸에 지니고 곧장 조나라로 향했습니다. 저는 네 나라의 승낙을 받아 귀환했고 각국은 즉시 병사를 일으켜 제나라를 공격했습니다.

하늘의 보살핌과 선왕의 명성과 위엄에 힘입어 황하 이북의 영토는 순식간에 점령되었고 제나라 강변에 도달한 각국의 군대는 선왕의 명을 받들어 승리를 거두었습니다. 간소한 군장에 뛰어난 장비, 강한 전투력을 겸비한 군대는 승승장구하면서 제나라 도성까지 쳐들어갔습니다. 결국 제왕은 거莒 땅으로 도망쳐 간신히 목숨을 보전할 수 있었습니다. 제나라의 진귀한 금은보석과 거마, 병사들의 갑옷, 진귀한 물건 등은 전부 연나라의 차지가 되었지요. 대여악종大呂樂鐘은 다시 원영전元英殿에 진열되었고 연정燕鼎은 다시 역실전歷史殿으로 돌아왔으며 제나라의 각종 보물은 영대寧臺에 진열되었습니다. 또한 계구薊丘에는 제나라에서 가져온 대나무가 심어져 있습니다.

오패 이래 선왕의 공로는 그 누구도 따를 자가 없었습니다. 선왕께서는 매우 흡족해하셨고 저의 공적을 높이 평가하시어 봉지를 하사하셨으며 소국의 제후와 동등한 직위를 내리셨습니다. 하지만 소신은 우둔하여 단지 명을 받들기만 하면 화를 면할 수 있을 것이라 여겨 이를 거절하지 않고 받았습니다."

시작이 좋다고 끝이 좋은 것은 아니다

"소신이 듣건대 현명한 군주는 업적을 세우는 것을 중도에 그만두지 않고, 그렇기 때문에 역사에 길이 이름을 남길 수 있다고 했습니다. 또한 선견지명을 갖춘 사람은 명성을 이룩한 뒤에도 이를 훼손하지 않고 잘 유지하여 후세에 아름다운 이름을 남긴다고 했습니다. 선왕께서는 원수를 갚고 치욕을 씻기 위해 수만의 전차를 보유한 강국을 물리치셨을 뿐만 아니라 제나라가 800년 동안 쌓아놓은 것을 고스란히 차지하셨습니다. 그리고 세상을 떠나실 때 남기신 가르침은 여전히 자손들에게 소중한 교훈이 되고 있습니다. 봉직하는 신하들은 충실히 법령을 따르고 왕실 자제들은 공손히 복종하는 지침이 되었으며, 최하층의 백성들 또한 은혜를 입고 이 모든 가르침이 후세에까지 전해질 수 있게 되었습니다.

소신이 듣건대 나라를 세우는 데 능하다고 해서 반드시 이를 완성하는 데 능한 것은 아니며, 시작이 좋다고 해서 반드시 좋은 결과가 있는 것은 아닙니다. 과거에 오왕 합려는 오자서의 말을 받아들여 초나라를 공격했습니다. 반면에 그 뒤를 이은 부차夫差는 오자서의 말을 믿지 않고 오히려 오자서가 스스로 목숨을 끊게 했습니다. 부차는 가죽으로 만든 큰 자루에 오자서의 시신을 담아 강물에 던졌습니다. 부차는 오자서가 오나라를 위해 큰 공을 세운 인물이라는 사실을 몰랐기 때문입니다. 그래서 그의 시신을 강물에 던지고도 후회하지 않았던 것이지요. 이처럼 오자서는 부차와 합려의 식견이 크게 다르다는 사실을 일찌감치 알아채지 못했기 때문에 죽음을 피할 수 없었던 것입니다. 제 자신의 화를 면하고 제나라를 물리친 공로를 보전하면서 선왕의 업적을 밝히는 것이 제가 추구하는 최고의 책략입니다. 반면에 비방과 모욕을 당하고 이로 인해 선왕의 명성을 훼손하게 되는 것이 제가 가장 두려워하는 일이지요. 예측하기 어려운 고난이 도사리고 있는 상황에서 어떻게 제가 조나라를 도와 연나라를 쳐서 이익을 취할 수 있겠습니까? 이는 인간의 도리로는 감히 할 수 없는 일입니다.

신이 듣건대 고대의 군자들은 우의를 끊을 때도 서로 공격하지 않았다고 합니다. 신하가 나라를 떠나면서도 왕을 비방하지 않는 것은 자신의 청렴결백을 나타내기 위함이지요. 능력이 부족하긴 하지만 저는 늘 군자의 가르침을 본받아왔습니다. 저는 대왕께서 늘 좌우 측근들의 말에만 귀를 기울이시고 저처럼 왕래가 적은 사람들의 행동을 헤아리지 못하실까 염려되어 이렇게 용기를 내어 서신으로나마 답변을 드리는 바이니 대왕께서는 귀찮으시더라도 부디 읽어주시기 바랍니다."

악의가 연왕에게 회답한 편지의 내용은 비굴하지도 않았고 거만하지도 않았다. 대장군다운 편지였다. 그는 오자서의 경우와 비유하여 자신의 처지와 무한한 충성심을 표현했고 완곡한 언사로 혜왕의 심리적 특성을 지적했다. 이는 대단히 예리하고 깊이 있는 통찰이었다. 그는 자신이 조나라로 도피한 것에 대해 매우 합리적으로 해명함으로써 자신이 연나라에 충성을 다하지 않았다는 사람들의 비판을 막아버렸다. 또한 자신이 대의를 위해 연나라를 공격할 수 없었다는 사실을 밝힘으로써 사람들을 감동시켰다. 이처럼 악의는 충의와 덕행을 지키면서 자신의 몸을 보전하는 데도 능했다.

5장 | 힘으로 사람의 마음을 얻다

26 | 전쟁 없이 이기는 법

　춘추전국시대의 종횡가들은 세상을 바꿔놓을 수 있을 만큼 엄청난 영향력을 행사했다. 여러 나라들 사이에서 분쟁이나 불필요한 전쟁을 일으키는가 하면, 전쟁을 막기도 했다. 종횡가를 빛낸 가장 대표적인 사례는 여러 제후국들에게 수십 년간의 태평성세를 가져다주었던 소진(혹자는 소진이 아니라 동생인 소대라고 주장하기도 한다)의 종횡담이었다.

　진秦나라가 조나라를 치려고 하자 소진이 소왕을 찾아가 말했다.

　"제가 듣건대 지혜롭고 총명한 군주는 백성들 가운데 인재를 선발할 때 한 가지 격식에 구애받지 않고 그들의 특징과 능력에 따라 임용한다고 합니다. 그래야 백관들 또한 최선을 다하며 무한한 역량과 재능을 발휘한다고 하더군요. 그들의 의견에 귀를 기울이고 잘 분석하여 합리적인 의견들을 채택하여 사용해야 합니다. 이렇게 하면 나라가 진행하는 갖가지 사업들이 실패하지 않을 것이고 큰 실수도 피할 수 있을 것입니다. 그러니 제 말을 심각하게 고려하시고 실천을 통해 검증해주시기를 바라는 바입니다.

진귀한 보석을 지닌 사람은 한밤중에 나다니지 않고 큰 공을 세우고자 하는 사람은 다른 사람을 무시하지 않는다고 합니다. 지혜로운 사람들은 항상 책임감이 강하고 신중하게 행동하며, 총명한 사람은 공로가 크지만 말과 행동은 여전히 순종적이지요.

그래서 백성들이 그들의 높은 지위를 못마땅해하지 않고 시기하지 않는 것입니다. 다른 나라보다 100배 큰 나라의 백성들은 더 이상 전쟁을 바라지 않고, 크게 공을 세운 나라의 군주는 더 이상 백성들을 힘들게 하지 않습니다. 현명한 군주라면 이미 기진맥진한 백성들을 다시 고된 노역으로 내몰지 않을 것입니다. 만약 원하는 것이 있고 순조롭게 목적을 달성하고자 한다면 쓸데없이 백성들을 괴롭혀서는 안 될 것입니다. 큰 공을 세우고자 한다면 백성들의 부담을 덜어주고 활력을 되찾게 하는 것이 중요하지요. 이것이 백성들을 부리는 도리입니다.

그런데 오늘날 군주들은 백성들을 평생 쉴 수 없게 하고 그들이 지칠 대로 지친 상태에서도 멈출 줄 모릅니다. 진나라가 조나라를 미워하여 조나라를 진나라의 일부로 삼는다면 조나라는 존재하기 힘들 것입니다. 그러나 조나라는 지리적으로 사방으로 통한 나라라서 조나라를 얻은 후에도 공격이 끊이지 않을 것이 분명합니다. 때문에 장기적으로 본다면 진나라의 이익에 부합하지 않지요.

또 다른 측면에서 보자면, 조나라를 점령하면 영토는 넓어지겠지만 사방에서 공격을 당할 것이 분명하기 때문에 백성들이 궁핍해지고 안정을 잃게 됩니다. 게다가 백성들을 엄격한 법으로 다스리게 되면 일시적으로는 복종하겠지만 결국에는 오래 지속하기 어려울 것입니다. 사람들은 흔히 말하기를 '싸움에서 이겨도 나라는 여전히 위험하다'고 합니다. 이는 전쟁을 멈출 수 없는 상황을 말하는 것이지요. 나라가 탁월한 업적을 세우고도 여전히 발전하지 않는 것은 영토가 자신의 것이 되지 않았기 때문입니다. 그래서 정확하지 못한 조치를 취하면 아버지라 할지라도 자식의 지지를 얻지 못할 것이고 무절제한 요구를 계속한다면 군주일지라도 신하들의 옹호를 받지 못할 것입니다. 따라서 약한 상태에서 시작하여 점차 발전해가는 근본적인 도리를 알면 국가를 강성하게 만들 수 있고, 백성들을 편안하게 다스릴 줄 알면 백성들의 힘을 잘 사용하여 제후들 사이에 군림할 수 있을 것입니다. 또한 미약한 힘을 모아 무거운 것을 들어 올릴 수 있는 도리를 깨달으면 제왕이 될 수 있지요."

싸우지 않고 이기다

"만일 내가 병사들을 출병시켜 전쟁을 일으키지 않고 백성들을 편히 쉬게 한다면 여러 제후들이 합종으로 연합하여 진나라를 공격할 것이 분명하오."

"제가 알기로 여러 제후들이 합종으로 연합하여 진나라에 대항하는 것은 불가능합니다. 전단과 여이의 생각은 크게 잘못된 것입니다. 그리고 이들만 틀렸겠습니까? 천하의 제후들도 모두 틀렸지요. 쓰러져 가는 제나라 무기력한 초나라, 혼란스러운 위나라와 장차 어찌 될지 알 수 없는 조나라가 연합하여 진나라와 한나라를 친다는 계획은 어리석기 짝이 없는 것입니다. 제나라의 위왕과 선왕은 현명한 군주들이었습니다. 인덕이 있고 영토가 광활했으며 나라가 부강했지요. 또한 백성들은 하나같이 순종했고 장수들은 명령에 복종했으며 사병들은 용맹했습니다. 제의 선왕은 이런 조건들에 힘입어 한나라를 공격하고 위나라를 위협했으며 서쪽으로 진나라를 공격했습니다. 진나라는 제나라의 공격을 받아 효산 서쪽으로 밀려났고 제나라는 10년 동안 영토를 확장했지요. 그러나 진나라 사람들은 멀리 도망가서 제나라에 복종하지 않았습니다. 결국 제나라는 오래가지 못하고 국토는 폐허가 되었으며 백성들은 무더기로 떼죽음을 당했지요. 제나라 군대가 패하고 한나라와 위나라가 계속 살아남을 수 있었던 이유가 무엇이겠습니까? 제나라가 초나라를 치고 진나라를 공격한 데 따른 재앙 때문이었습니다.

오늘날 제후들은 위왕과 선왕 때처럼 부유하지 않습니다. 선왕 때와 같은 무기고조차 없지요. 또한 군대의 장수들 중에는 전단이나 사마양저司馬穰苴 같은 책략가들이 없습니다. 이런 상황에서 무너져가는 제나라와 무기력한 초나라, 위나라, 장차 어찌 될지 모르는 조나라가 연합하여 진나라를 곤경에 몰아넣고 한나라를 공격한다면 이보다 큰 잘못은 없을 것입니다. 합종의 연합은 절대로 성공할 수 없습니다. 이것은 이미 여러 사람들이 지적하고 비난한 바 있으며 저 또한 합종책이야말로 오늘날 세상 사람들에게 가장 큰 우환이라고 생각합니다.

이전에 진나라는 군사를 보내 회지를 공격했고 위나라와 싸워 이겼으며 조와 제, 초 세 나라는 모두 회지를 지원했습니다. 조나라와 제나라는 각각 조사趙奢와 포접鮑接이라는 장수에게 군대를 이끌고 지원하게 했고 초나라는 3명의 장군들에게 군사를 주어 지원하게 했지요. 그러나 이들은 도착해서도 위나라 군대를 지원하지 않았고 진나라 군대가 퇴각한 뒤에도 추격하지 않았습니다. 대체 이 세 나라가 진나라를 적으로 여기고 회지를 도우려 했던 것인지, 아니면 회지를 적으로 생각하고 진나라를 도우려 했던 것인지 알 수 없는 노릇입니다. 병사들은 전쟁을 지원하지도 않았고 철수하는 진나라 군대를 추격하지도 않았지만 피곤에 지쳐 아무런 공도 세우지 못했습니다. 이것이 바로 조사와 포접의 능력이었습니다. 그래서 위나라는 제나라에 땅을 줄 수밖에 없었지요. 전단은 제나라의 정예 병력을 거느리고 14년 동안이나 중원 땅을 누비면서도 진나라와 한나라를 공격하는 것은 엄두도 내지 못했습니다. 이런 상황에서 합종의 연맹이 어떻게 성공할 수 있겠습니까?"

소진의 말을 듣고난 소왕은 전쟁 준비를 중단하고 다시는 나라 밖으로 군대를 보내지 않았다. 제후들 사이에도 더 이상 전쟁이 일어나지 않아 천하가 태평해졌으며, 그 후로 29년 동안 각국은 서로 공격하는 일이 없었다.

'남편은 남편대로 자신의 말이 옳다고 주장하고 아내는 아내대로 자신의 말이 옳다'고 우기는 격으로, 합종이든 연횡이든 종횡가들의 유세는 여러 제후국 사이에 심한 갈등을 불러일으켰고, 이것이 전쟁으로 발전하기도 했다. 그러나 이번 유세는 완전히 성격이 다른 것으로 애당초 전쟁을 없애는 데 목적이 있었다.

어쩌면 소진의 유세의 최초 목적은 조나라나 진나라를 위한 것이 아니었는지도 모른다. 그러나 소진은 당시 국제 정세를 '정확하게' 분석하여 진나라가 조나라를 침공하지 않게 함으로써 6국이 연합하여 진나라를 공격하는 것을 막을 수 있었다.

이러한 유세를 지켜보면서 우리는 많은 것을 느낄 수 있다. 역사는 어쩌면 남의 손에 의해 아무렇게나 치장된 어린 소녀와 같아서 애당초 자신의 생각이 존재하지 않는지도 모른다.

27 | 정직함과 도덕으로 상대를 설득하다

　노중련은 춘추전국시대의 유명한 책사로 다른 종횡가들과는 달리 수많은 제후국의 걱정을 덜어주고 어려움을 해결해주었으면서도 관직을 사양하였다. 또한 인품이 고상하고 뛰어나서 명망이 아주 높았다. 노중련이 악의에게 보낸 편지를 보면 그의 뛰어난 예지력과 정의감, 사상적 정조를 이해할 수 있을 것이다.

　연나라는 제나라에 복수하기 위해서 여러 해 동안 노력한 끝에 악의를 대장으로 삼아 제나라를 격퇴시키고 70개가 넘는 성지를 빼앗아 망하기 직전까지 몰고갔다. 얼마 후 연왕은 반간계에 말려들어 대장 악의 대신 기겁을 장군으로 삼았으나, 기겁은 결국 제나라 장수 전단에게 패하고 전사했다.

　당초 연나라 군대가 요성聊城을 공격할 때 누군가 연왕에게 "악의의 군대가 큰 공을 세운 후 통제가 불가능합니다. 아마도 모반을 준비하고 있는 것 같습니다"라고 모함했다. 악의는 이런 소식을 전해 듣고는 연왕에게 억울하게 죽을 것을 두려워하여 요성을 고수하면서 연나라로 돌아가지 않았다. 제나라 장수인 전단은 병사를 이끌고서 1년이 넘게 공격했지만 병사들만 무수히 죽었을 뿐, 끝내 성을 빼앗지 못하다가 결국 노중련에게 도움을 청하게 되었다.

그래서 노중련은 편지를 써서 화살에 매달아 요성 안으로 쏘아 보냈다. 편지에서 노중련이 말했다.

"지혜로운 자는 때를 어겨 이익을 놓치는 일이 없고, 용감한 자는 죽음이 두려워 명예를 훼손하는 일이 없으며, 충성스러운 자는 자신을 먼저 생각하느라 군왕을 뒤로 미루는 일이 없습니다. 지금 공께서 일시적인 분을 못 이겨 연왕의 무수한 병사들을 붙잡고 있는 것은 결코 충성스러움이라 할 수 없을 것입니다. 또한 목숨을 다해 요성을 점령하고서도 위세가 제나라에 미치지 못하는 것은 용맹이라 할 수 없고 공적이 사라지고 지위도 명예도 잃게 되는 것은 명예라 할 수 없습니다. 지금 공의 목숨과 지위가 모두 이 기회에 달려 있습니다. 원컨대 진중하게 고려하시기 바랍니다.

지금 초나라가 남양을 공격하고 위나라가 평륙平陸을 공격하고 있지만 제나라는 남쪽으로 쳐 내려갈 생각이 없습니다. 제나라는 제북을 지키기로 마음먹었지요. 진나라가 우리를 돕기 위해 원군을 보내려 하고 있어서 위나라가 감히 동쪽으로 진군하지 못하고 있고, 진과 제 두 나라가 연합하면 초나라의 형세도 위태롭게 될 것입니다. 결국 연나라는 초나라와 위나라의 도움을 기대하기 어렵지요. 초와 위는 이미 퇴각한 상태이고 공의 군대도 요성을 1년 넘게 지키고 있는 것을 보아서는 승리할 전망이 어두워보입니다. 그러나 제나라는 반드시 요성에서 결전을 벌여 승부를 내려고 하고 있어 상황이 어떻게 변할지 알 수 없습니다. 공께서는 최대한 빨리 결정을 내리셔야 할 것 같습니다.

연나라는 지금 국내 사정이 매우 좋지 않습니다. 군신이 화합하지 못해 상하가 어지러운데다 수백만 대군이 패전한 상태입니다. 연나라에는 원래 1만 량의 전차가 있었으나 조나라 군대에 포위되어 전부 파괴되었고 영토도 크게 줄어들었습니다. 백성들도 많이 죽었고 명성은 땅에 떨어졌으며 제후들로부터 온갖 욕설과 비난을 받고 있습니다. 공께서도 이런 소식을 들으셨을 것이라 생각됩니다. 지금 연왕은 몹시 실의에 빠져 고립되어 있으며 신하조차 믿을 수 없게 되었지요. 나라는 피폐해져 이런저런 난이 끊이지 않고 민심은 갈피를 잡지 못하고 있습니다. 그런데도 공께서는 요성의 백성을 제나라를 막는 군사로 이용하여 1년이 넘도록 대치하고 계시니 이는 묵가의 수비책이라 할 수 있습니다. 성 안에서는 사람을 먹고 해골을 땔감으로 쓰고 있는데도 병사들이 배반할 생각을 하지 못하고 있으니 이는 실로 손빈과 오기의 병법이라 할 수 있을 것입니다.

이로써 공의 능력은 천하에 분명하게 드러났습니다. 이제는 지친 병사들을 쉬게 하고 연나라의 병거兵車를 온전히 연왕께 돌려드리는 것이 바람직할 것 같습니다. 그리하신다면 연왕께서도 필시 기뻐할 것입니다. 백성들은 공을 부모를 대하듯 우러러볼 것이고 친구들도 공에 대해 칭찬을 아끼지 않을 것입니다. 그리하여 공의 공적은 분명하게 드러날 것입니다. 이를 바탕으로 위로는 외로운 군주를 보좌하고 여러 신하들을 견제하며 아래로는 백성을 달래고 유세객들을 돕도록 하십시오. 그런 다음 국정을 바로잡아 풍속을 개혁하신다면 공의 업적은 확고하게 자리를 잡을 것입니다. 만일 말도 안 되는 얘기라고 생각하신다면 어째서 세속의 편견을 버리지 않고 제나라로 오신 것입니까? 제가 제왕께 간곡히 부탁하여 공께 봉토와 관직을 하사하시도록 하겠습니다. 그렇게 되면 공께서는 상앙이나 위염처럼 부유해져 재산을 대대로 물려주면서 제나라와 영원히 공존하실 수 있을 것입니다. 이것이야말로 지혜로운 계책이 아닐 수 없지요. 이 두 가지 방안은 모두 공의 이름을 높여주고 실익을 안겨줄 것입니다. 청컨대 공께서는 신중히 생각하시어 결정을 내리시기 바랍니다."

작은 것에 연연하지 말라

"제가 듣건대, 작은 일에 연연하는 사람은 대업을 이룰 수 없고 작은 치욕을 견디지 못하는 사람은 큰 덕행을 이룰 수 없다고 했습니다. 옛날 관중이 제 환공의 허리띠를 쏜 것은 윗사람을 능욕하는 행위였고, 공자 규糾를 방치하고 그를 위해 죽지 않은 것은 충성스럽지 못한 것이었으며, 형구에 매달린 것은 자신의 치욕이었습니다. 올바른 사람들은 이 세 가지 행실 가운데 한 가지만 저질러도 이웃하기를 꺼렸고 군주는 이런 신하를 밑에 두려고 하지 않았습니다.

만일 관중이 이런 치욕으로 인해 평생 곤궁한 처지에 갇혀 빠져나오지 못하고 수치스러운 행동을 했다는 이유로 사람들을 만나지 않았다면, 그는 죽을 때까지 사람들의 멸시와 비난을 면치 못했을 것입니다. 관중이 비록 세 가지 잘못을 저지르긴 했지만 환공이 제나라의 정권을 차지하자 그는 어지러운 천하를 바로잡고 제나라를 춘추오패의 우두머리로 만들었습니다. 그 결과 천하에 이름을 떨쳤지요. 조말曹沫은 노나라의 장수로 3번의 전투에서 3번 패해 1,000리의 땅을 잃었습니다. 만일 조말이 훗날의 계책을 고려하지 않고 죽기를 각오하고 싸우기만 했다면 끝내 패하여 포로가 되고 말았을 것입니다. 그러나 조말은 패배하여 포로가 되는 것은 용기가 아니며, 공적과 명성이 소멸되어 후세에 칭송을 받지 못하게 되는 것은 지혜가 아니라고 생각했습니다. 그래서 수치스러움을 떨쳐내고 한발 물러나 노군과 대책을 강구했던 것이지요. 환공이 천하를 평정하고 제후들의 인사를 받고 있을 때, 조말은 보검 한 자루에 의지해 단숨에 단상으로 뛰어올라가 환공을 위협했습니다. 그때 그는 얼굴색 하나 변하지 않았고 말 한마디 흐트러지지 않았습니다. 이렇게 조말이 3번 패하여 잃었던 땅을 하루아침에 되찾자 천하가 놀랐고 그 명성이 오나라와 초나라에까지 자자했지요.

관중과 조말은 사사로운 실패의 치욕으로 죽을 생각을 한 것이 아니라 자기가 죽은 후에 공적을 남길 수 없음을 생각했던 것입니다. 그 결과 재빨리 수치심과 분노를 떨쳐버리고 평생 남을 명성을 성취한 것이지요. 분한 마음을 버린 덕분에 후세에 칭송받을 만한 공적을 세운 것입니다. 그래서 그들의 업적은 삼황에 버금가고 명성은 영원히 남게 되었다고 말하는 것입니다. 공께서는 지금 이런 선택의 기로에 놓여 있습니다. 부디 신중히 결정을 내리시기 바랍니다."

악의는 이 글을 읽고 마음이 크게 흔들려 답신을 써서 말했다.

"그대의 분부에 따르도록 하겠소이다."

이리하여 연나라 군대는 활을 거꾸로 잡고 철수했다. 이처럼 제나라가 연나라의 포위에서 벗어나고 백성들을 고난 속에서 구할 수 있었던 것은 전적으로 노중련이 악의를 설득한 덕분이었다.

이 한 통의 편지에서 알 수 있듯이 노중련은 보통 책사나 종횡가와는 달랐다. 그는 결코 한 사람, 한 국가만을 위해 생각하지 않았고 한쪽의 입장에 서서 얘기한 것도 아니었다. 그는 모두를 생각하여 전쟁의 혼란을 막고 백성들의 고통을 최소화했다. '동서남북을 가리지 않고 관직을 추구했던' 소진과 장의 같은 종횡가들과 비교할 때 노중련의 인품은 격이 다르다고 할 수 있다.

사명을 다하면서 치욕을 면하다

춘추전국시대 정나라의 자산은 유명한 인물로 성품이 정직하고 정치와 이치에 능할 뿐만 아니라 박학다식하고 말솜씨가 뛰어났다. 여러 차례 출사하여 한 번도 사명使命을 욕되게 하지 않음으로써 약소국인 정나라가 강대국 사이에서 커다란 영향력을 발휘하는 데 중요한 역할을 했다.

기원전 542년, 자산이 정나라 군왕을 모시고 진나라를 방문하게 되었는데, 진나라는 이들에게 예의를 제대로 갖추지 못했다. 이들에게 숙소로 제공한 영빈관은 아주 작았고 담장도 매우 낮고 보잘것없었다. 뿐만 아니라 진나라 군왕은 노나라 군왕이 사망한 것을 핑계로 일이 있다고 미루면서 자산 일행을 만나지 않았다. 당시로서는 예의에 크게 어긋나는 일이었다.

자산은 진나라가 이처럼 무례하게 구는 것을 보고는 몹시 분개하여 진나라를 난처하게 만들 방법을 생각해냈다. 그는 사람을 시켜 영빈관의 담장을 전부 허물어버리고 가지고 온 수레와 예물을 전부 영빈관 안에 두게 했다.

진나라는 이 소식을 듣고 정나라가 매우 무례하다고 생각하여 접대를 담당하는 관원인 사문백士文伯을 보내 자산을 질책했다. 사문백이 사뭇 겸손한 어투로 말했다.

"우리 진나라는 지금 치안이 매우 좋지 않은 상태인데다 형벌이 엄하지 않아 도적이 판을 치고 있습니다. 여러 제후국들의 사신들이 빈번히 우리나라를 방문하고 있지만 달리 방법이 없습니다. 우리가 할 수 있는 일이라고는 사람들을 보내 사신들이 묵고 있는 영빈관을 수리하여 높은 대문을 설치하고 담장을 두텁게 쌓는 것이 고작이지요. 이런 방법으로 사신들의 안전을 도모하면서 도적들의 범죄에 놀라는 일이 없도록 하려는 것입니다. 그런데 지금 귀관께서는 영빈관의 담장을 전부 허물어버리셨습니다. 귀국의 수행원들은 도적들을 방비할 수 있다 하지만 후에 다른 나라의 사신들이 오면 어떻게 하겠습니까? 동도東道의 주국主國인 우리가 장차 어디서 다른 나라의 사절들을 접대한단 말입니까?"

물론 자산은 그의 말 속에 자산을 질책하는 의도가 감춰져 있다는 사실을 잘 알고 있었다. 자산이 대답했다.

"우리가 담장을 허문 것은 어쩔 수 없어서 그랬던 것입니다. 정나라는 약소국으로서 대국들 사이에 있기 때문에 대국에 빈번하게 조공을 바쳐야 합니다. 게다가 대국들이 조공을 요구하는 것에 일정한 시기가 있는 것이 아니라서 언제 조공을 보내야 할지 알 수 없기 때문에 경계심을 늦출 수 없지요. 우리는 전국의 물품을 진나라와의 회맹會盟에 집중시켜놓고 있습니다. 하지만 공교롭게도 진왕께서 우리를 접견하실 시간이 없으신데다 언제쯤 접견이 가능한지 구체적인 시간을 알려주지도 않았습니다. 이런 상황에서 우리가 가져온 물건을 어떻게 해야 하겠습니까? 우리는 물건을 보관할 장소를 마련해야만 했답니다."

"그럼 물건을 직접 우리 군왕의 처소로 보내 보관하시면 될 텐데 왜 군이 담장을 허무신 겁니까?"

"그렇게 하는 것은 타당하지 못한 방법입니다. 우리가 바치는 물품은 군주의 창고에서 내온 진귀한 물건들로 조정에서 진열 의식을 거행한 다음에 바치도록 되어 있습니다. 진열 의식을 거치지 않으면 몰래 물건을 보내는 것과 마찬가집니다. 우리는 감히 귀국의 사신들께 이런 치욕을 당하게 할 수 없습니다. 지금은 의식이 거행되지 않아 감히 드리지 못하고 있지만 그렇다고 물건들을 비바람과 햇볕에 노출시킬 수도 없는 노릇이지요. 공물이 비바람이나 햇볕에 노출되어 상하기라도 하는 날에는 귀국의 군왕께서 공물을 받아보시겠다고 하셨을 때 우리가 상한 물건을 드리는 꼴이 되는데, 그렇게 되면 담장을 허무는 것보다 더 큰 죄를 짓게 될 것입니다."

자산의 말을 듣고 충분히 일리가 있다고 생각한 사문백은 자산이 의도적으로 진나라의 처사에 대해 보복하는 것임을 잘 알면서도 그를 질책할 만한 이유를 찾지 못했다. 결국 그는 궁색한 말로 문제를 얼버무리는 수밖에 없었다.

"지금까지 외국의 사절이 영빈관의 담장을 허무는 기이한 일은 발생하지 않았습니다."

"그렇습니다. 귀국의 문공께서 계실 때는 궁전이 작았고 높고 큰 누각도 없었지만 제후들이나 사자들을 맞는 영빈관만큼은 지금 귀국의 군왕께서 거처하시는 높고 큰 궁전만큼 좋은 건물을 제공하셨다고 들었습니다. 뿐만 아니라 영빈관을 관리하는 관원들도 주도면밀하여 사절들에 대한 예우에 빈틈이 없었고 영빈관 내의 마구간이나 창고 등도 항상 말끔하게 정돈되어 있었으며 주변의 도로도 잘 정비되어 있고 영빈관의 담장도 정기적으로 색을 칠했다고 들었습니다. 그 당시에는 각국의 사절들이 영빈관에 도착하면 시종이 따라다니며 횃불을 들어 길을 밝혀주었고 영빈관 안팎으로 순찰을 돌았으며 사절들은 수레를 일정한 장소에 세워둘 수 있었다고 합니다. 또한 수행원들도 대우를 받아서 수레를 관리하는 사람들이 수레의 차축에 기름칠까지 해주었다고 합니다. 한마디로 모든 접대요원들이 안팎으로 성실하게 사절들을 예우했던 것이지요.

또한 문공께서는 사절들이 시간을 허비하지 않도록 항상 적당한 때에 맞춰 조공물의 진열 의식을 마련하셨고 각 제후국들과 걱정과 기쁨을 함께 하시면서 사절들을 각별히 대해주셨습니다. 그래서 손님들도 귀국을 방문하면 마치 자기 집에 돌아온 것처럼 편했고 도적이나 강도를 걱정하지 않았으며 공물이 훼손될 것을 염려하지도 않았다고 합니다."

자산의 말은 구구절절 핵심을 찔렀고 청산유수 같아서 감히 말을 끊을 수 없었다. 그는 사문백이 아무런 반응도 보이지 않자 다시 말을 이었다.

"하지만 지금은 모든 게 달라졌지요. 귀국 군왕의 궁전은 몇 리에 달할 정도로 규모가 크고 아름다운 장관을 자랑하고 있는 데 비해 제후들의 영빈관은 노예들이 거처하는 집처럼 작고 초라합니다. 입구로는 수레가 통과할 수 없고 물건들은 밖에 쌓아두어 비바람을 맞히게 되지요. 도적들이 넘쳐나고 돌림병마저 돌고 있습니다. 군왕을 배알하도록 정해진 시간이 없고 군왕께서는 지지부진 접견을 미루고 계십니다. 그러니 우리가 담장을 허무는 것 말고 달리 어떤 방법이 있었겠습니까? 너무 걱정하지 마십시오. 제때에 공물을 바칠 수 있다면 담장을 다시 수리해놓도록 하겠습니다."

사문백은 자산의 말을 다 듣고 나서 그의 상대가 못 된다는 것을 알고는 돌아가 명령을 기다렸다. 군왕은 그의 보고를 듣고서 자산을 욕되게 해서는 안 된다는 것을 알게 되었고 제후의 사신들을 제대로 접대하지 못하고 있음을 깨닫게 되었다. 그는 곧장 사람을 보내 자산 일행에게 사과의 뜻을 전했다.

자산은 전형적인 종횡가가 아니었지만 남달리 정직한 성품과 도덕으로 상대를 설복시킴으로써 외교적 사명을 다하면서 부당한 치욕을 면했다. 이는 춘추전국시대의 외교사에서 사소하지만 대단히 소중한 쾌거였다.

28 │ 때로는 자신의 재주를 감추라

중국 역사에는 수많은 신동들이 있었다. 삼국시대 오나라의 대신 제갈근諸葛瑾의 장남 제갈각諸葛恪도 그 가운데 하나였다.

제갈각은 어려서부터 남달리 총명하여 일찌감치 이름을 날리기 시작했다. 사람들은 일부러 그에게 어려운 문제를 내서 그를 난감하게 만드는 것을 좋아했다. 하지만 제갈각은 항상 뜻밖의 기쁨을 주었고, 스스로도 사람들 앞에서 뛰어난 능력을 과시하는 것을 좋아했다.

한번은 오나라 황제 손권이 공무를 의논하기 위해 대신들을 소집한 자리에 제갈각도 있는 것을 발견하게 되었다. 손권은 그가 똑똑한 인물이라는 것을 잘 알고 있었지만 직접 본 적이 없었기 때문에 이번 기회에 시험을 하고 싶어 기발한 방법을 생각해냈다. 손권은 사람을 시켜 당나귀 한 마리를 안으로 끌고 와서는 붓을 들어 긴 종이 위에 '제갈자유諸葛子瑜'라는 네 글자를 쓴 다음 당나귀 얼굴에 이 종이를 붙였다. '제갈자유'는 제갈근의 자로 그의 얼굴이 당나귀처럼 길어서 붙여진 별명이었다. 이 광경을 보고 있던 대신들은 일제히 웃음을 터뜨렸다.

제갈각이 손권 옆으로 다가가서는 무릎을 꿇고 말했다.

"저한테 붓을 한 자루 주시지요."

손권은 붓을 제갈각에게 건네주었다. 제갈각은 붓을 들어 당나귀 얼굴에 붙인 종이로 다가서더니 이어서 '지려(之驢: 제갈자유의 당나귀란 뜻이 된다)'라고 써 붙였다.

손권의 행동은 원래 제갈 부자에게 모욕을 주려는 수작이었고 사실 이런 행동을 해서는 안 되는 것이었지만, 제갈각이 이를 바꿔 써서 익살스러운 얘기로 변하고 말았다. 그 자리에 있던 사람들 모두 즐거운 웃음을 터뜨렸고 손권도 웃으면서 말했다.

"이 당나귀를 자네에게 상으로 주겠네."

하루는 좋은 말 한 마리를 얻게 된 제갈근이 제갈각을 불러 손권에게 그 말을 바치라고 시켰다. 제갈각은 아무 이유도 없이 말의 한쪽 귀 일부분을 잘랐다.

대신 범신范愼이 이런 모습을 보고는 몹시 불쾌해하며 제갈각에게 말했다.

"자네는 사람이라면 어진 마음을 가져야 한다고 말해놓고 어찌 이런 짓을 할 수 있나? 비록 짐승이긴 하지만 피가 흐르는 몸이라네. 자네가 말에게 상처를 입힌 것이 인자한 일이란 말인가?"

"어머니라면 누구나 자신의 딸을 아끼고 사랑하지요. 그래서 딸이 예뻐지게 하기 위해 딸의 귀에 구멍을 뚫어 보석이나 비취로 만든 귀걸이를 달아줍니다. 어머니들의 이런 행동이 인자한 짓일까요, 인자하지 못한 짓일까요?"

제갈각의 반론을 들은 범신은 그가 말재주를 부리고 있음을 알았지만 맞받아칠 말이 없어 황급히 그 자리를 떴다.

며칠이 지나서 제갈각은 또다시 손권과 마주쳤다. 손권이 제갈각의 손을 잡아끌며 물었다.

"자네 부친이랑 삼촌(제갈량) 가운데 누가 더 능력이 뛰어나다고 생각하나?"

"저는 저의 부친이 더 유능하다고 생각합니다."

"어째서 그렇게 생각하는 건가?"

"저희 부친께서는 누굴 위해서 일을 하고 있는지 잘 알고 계시지만 삼촌은 그걸 모르고 계십니다. 그러니 저희 부친이 더 유능하다고 할 수밖에요."

손권은 뜻밖에 자신을 치켜세우는 말을 듣고는 일리가 있다고 생각하면서 큰 소리로 웃으며 말했다.

"말은 잘하는구나!"

어느 날 손권은 연회를 베풀면서 제갈각에게 대신들에게 술을 따르라고 시켰다. 제갈각은 손권이 시키는 대로 대신들에게 일일이 술을 따라주었다. 그러다가 장소張昭 앞에 이르렀다. 장소는 이미 취한데다 덕망이 높은 원로대신이라 자기 마음대로 더 이상 술을 마시고 싶지 않다며 거절했다. 그러나 제갈각이 한 잔 더 드시라며 계속 술을 따르려 하자 장소가 버럭 화를 내며 말했다.

"이런 고얀 놈, 노인을 모시는 예절도 모르느냐!"

손권은 제갈각을 난처하게 만들려는 속셈으로 그에게 말했다.

"장공의 말문을 막지 못하면 이 술은 네가 마셔야 한다."

이에 제갈각이 장소에게 말했다.

"옛날에 사상부師尙父는 아흔 살이 되어서도 커다란 깃발을 앞세우고 병기를 움직이며 작전을 지휘했지만 자신의 나이로 위세를 부리지는 않았습니다. 지금 군대를 이끌어 작전을 지휘하는 데 있어선 장군을 뒷자리로 미루었지만 밥을 먹고 술을 마시는 일에 있어선 장군을 앞으로 모셨는데 어찌 제가 노인을 공경할 줄 모른다고 나무라십니까?"

이는 장소를 깎아내리는 말이었지만 장소로서는 대꾸할 말이 없었다. 하는 수 없이 그는 가득 찬 술잔을 받아 단번에 들이켜야 했다.

한번은 손권과 제갈근, 장소 등이 정사를 의논하게 되었는데 제갈각도 자리를 함께 했다. 그때 갑자기 한 무리의 새가 그 앞에 몰려왔다. 새들은 하나같이 머리가 흰색이었다. 손권은 이를 알아보지 못하고 무심결에 새를 가리키며 제갈각에게 물었다.

"저 새가 무슨 새인지 아느냐?"

"백두옹白頭翁[38]이지요."

그 자리에 있던 장소는 나이가 많아 머리가 하얗게 쇠어 있었다. 그

---

38 원래는 '알락할미새'이지만 글자를 그대로 풀면 '머리가 하얗게 쇤 영감'이라는 뜻이 된다.

는 제갈각의 대답을 듣자 자신을 놀리는 것이라 생각하고는 손권에게 말했다.

"폐하! 제갈각이 폐하를 속이고 있습니다. 백두옹이란 새는 들어보지도 못했습니다. 정말로 백두옹이란 새가 있다면 백두모白頭母도 있어야 하지 않겠습니까?"

"앵모鸚母라는 이름은 누구나 다 들어봤을 줄 압니다. 새들에게도 대칭이 되는 호칭이 있다면 당연히 앵부鸚父도 있어야 하겠지요. 노장군께서는 이런 새를 잡아오실 수 있겠습니까?"

장소는 또다시 할 말이 없어졌다. 제갈각의 재치 있는 반박에 자리에 있던 사람들은 일제히 웃음을 터뜨렸다.

어느 날, 태자가 기분이 나빠서 누구든지 잡아 화풀이를 하려고 하는 차에 마침 제갈각이 나타났다. 태자는 화풀이 상대를 만나자 다짜고짜 욕을 해댔다.

"제갈원손(元遜, 제갈각의 자)이 말똥을 먹었다!"

그러자 제갈각이 아주 공손한 태도로 말을 받았다.

"태자께서는 계란을 드셨다!"

두 사람이 주고받는 말을 듣고 있던 손권이 의아하게 여겨 제갈각에게 물었다.

"태자는 자네가 말똥을 먹었다고 욕을 했는데 자네는 태자가 계란을 먹었다고 하니 그 뜻이 무엇인가?"

"계란이나 말똥이나 둘 다 항문에서 떨어진 것이지요. 맛은 다르지만 출처는 똑같습니다."

손권이 듣고 나서 큰 소리로 웃었다.

그러나 제갈각은 고집이 센데다 항상 자신의 재능을 믿고 남을 깔보았으며 때에 따라 자신을 감추고 드러내는 방법을 알지 못했다.

동한東漢 말기의 인물 공융孔融도 신동 가운데 하나였다. 그는 10살이 조금 넘었을 때 어느 잔치에 참석하여 남다른 능력을 과시했다. 그 자리에 있던 사람들은 하나같이 그를 똑똑하다고 칭찬했다. 태중대부太中大夫 진위陳韙는 그가 어린아이에 지나지 않는다고 생각하여 여러 사람 앞에서 공융을 이렇게 평가했다.

"사람이 어릴 때 똑똑하다고 해서 나중에 커서도 반드시 똑똑한 것은 아니오."

"대인의 말씀대로 하자면 대인께서는 어렸을 때 아주 똑똑하셨던 모양이군요."

진위는 말로 자신의 발등을 찍은 셈이었다.

제갈각과 마찬가지로 공융도 때에 따라 자신의 재능을 감추고 드러내는 방법을 알지 못했다. 그러다 보니 그는 여러 차례 조조와 대립하면서 그에게 망신을 주곤 했다. 공융에게 몹시 화가 나 있던 조조는 적당한 기회를 잡아 그를 죽여버렸다. 드러낼 줄만 알았지 감출 줄 모르는 신동들의 최후는 항상 좋지 않은 법이다.

29 | 인간의 진정한 욕망을 이해하라

나라를 다스리는 도는 덕德을 근본으로 한다는 것이 중국의 정치적 이상이다. 수천 년 동안 유지되어 온 봉건 왕조사회에서 이러한 이상이 실현된 적은 단 한 번도 없었지만, 이러한 이상이 있었기 때문에 중화 민족의 발전이 이루어질 수 있었던 것도 사실이다.

이러한 이상에 가까이 다가갔던 인물 가운데 하나가 서동徐東이었다. 그는 '땅이 무너지고 기와가 깨지는' 것이 국가와 정권에 커다란 위해를 끼치게 된다고 지적하면서 한漢 무제에게 덕정을 펼 것을 설득했다. 서동이 무제에게 말했다.

"소신이 듣건대 나라의 가장 큰 우환은 기와가 깨지고 땅이 무너지는 데 있다고 합니다. 땅이 무너지는 것은 무엇을 뜻할까요? 진나라의 말년이 그러했습니다. 진섭陳涉은 의지할 만한 사람도 없고 땅 한 떼기 없었으며 왕공대신이나 명문 귀족이 아니었습니다. 마을에는 그를 칭송하는 사람 하나 없었고 공구孔丘나 증삼曾參 같은 지혜와 능력도 갖추지 못했으며 도주공陶朱公이나 의돈猗頓처럼 부유하지도 않았습니다. 그러나 그가 민간에서 병사를 일으켜 창을 휘두르며 목청을 높이기 시작하자 천하의 모든 사람들이 이에 호응했는데, 이것이 무슨 까닭이겠습니까? 농민들이 가난한데 나라에서는 이들을 보살피지 않고 백성들이 원한에 사무쳐 있는데도 군주가 이런 사실을 모르고 있으며 나라의 정치가 썩어가는데도 위정자들에게는 개선의 의지가 없었기 때문이지요. 이것이 진섭이 활용했던 객관적인 현실이었습니다. 땅이 무너진다는 것은 이런 상황을 말하는 것이지요. 따라서 나라의 우환이 땅이 무너지는 데 있다고 하는 것입니다.

그럼 기와가 깨진다는 것은 무슨 뜻일까요? 오와 초, 제와 조 같은 나라의 반란이 바로 이런 것이지요. 오와 초 같은 나라는 반란의 음모를 꾸미면서 스스로 1만 채의 병거와 수십만의 병사를 갖추고 있다고 자랑했습니다. 이들의 위세는 다른 나라들이 두려워하기에 충분했고 그 재물은 백성들을 북돋우기에 부족하지 않았습니다. 하지만 그들은 조그만 땅도 빼앗지 못했고 결국엔 중원에서 포로가 되고 말았지요. 그 원인이 무엇인지 아십니까? 그들의 위세가 평범한 백성들보다 가벼웠기 때문도 아니고 그들의 군사적 역량이 진섭보다 못했기 때문도 아니었습니다. 선제의 은덕이 아직 쇠약하지 않았기 때문에 백성들이 전쟁을 원하지 않았던 덕분이지요. 때문에 제후들은 빠른 속도로 실패의 길을 걷게 되었던 것입니다. 이것이 바로 기왓장이 깨진다는 것이지요. 때문에 나라의 우환은 기와가 깨지는 데 있다고 말하는 것입니다.

이렇게 볼 때, 천하에 땅이 무너지는 형세가 나타나고 백성들은 여전히 빈궁한 생활을 하고 있는 상황에서 누군가 앞에 나서서 난을 일으키면 나라가 송두리째 위기에 처할 수 있습니다. 땅이 무너지는 상황이 발생한다면 설사 강대국이나 막강한 적수가 모반을 일으키지 않는다 하더라도 그들 스스로 멸망할 것입니다. 오와 초, 제와 진의 반란이 그런 경우이지요. 하물며 신하들이나 백성들의 반란은 더 말할 것도 없을 것입니다. 이 두 가지 상황은 국가의 안위가 달려 있는 중요한 부분입니다. 현명하신 폐하께서는 이 점을 깊이 통찰하시기 바랍니다.

최근에 관동 지역에서 곡물의 상황이 좋지 않아 백성들 대부분이 가난하고 여기에 전쟁까지 더해지고 있어, 백성들에게는 본토에 안주하려는 마음이 없는 것 같습니다. 본토에 안주하지 못하면 떠돌아다니기 십상이고 백성들이 떠돌아다닌다는 것은 땅이 무너지는 것과 같지요. 그래서 현명한 군주라면 변화의 형세를 살피고 안정과 위험의 핵심을 알아내 이를 잘 처리함으로써 아직 형성되지 않은 우환의 싹을 미리 제거해야 하는 것입니다. 이렇게만 할 수 있다면 얼마든지 땅이 무너지는 일이 일어나지 않도록 대책을 강구할 수 있을 것이고, 강대국이나 막강한 적이 어디에 있든지 폐하께서는 사냥을 즐기고 쾌락을 추구하실 수 있습니다.

온갖 악기의 연주 소리가 귀에 그치지 않고 미녀들의 교태와 웃음소리가 줄어들지 않는다 해도 나라 안은 여전히 평안할 것입니다. 상의 탕왕이나 주의 무왕 같은 명성을 추구하지 않아도 될 것이고, 시대의 풍속 또한 주 성왕成王이나 강왕康王 때처럼 소박하고 아름다울 필요가 없을 것입니다. 그렇긴 하지만 폐하께서는 천하의 성인이시라 넉넉하고 자애로운 자질을 갖추시고 다스리는 일을 가장 근본적이고 중요한 일로 여기시고 계시는 것 같습니다. 이런 점들만 헤아리신다면 상탕왕이나 주 무왕 같은 명성은 저절로 얻어질 것이고 주 성왕과 강왕 때의 아름다운 풍속이 재현될 수 있을 것입니다. 이 두 가지가 실현되어야 존귀한 자리에 앉으셔도 훨씬 더 편하고 안전할 수 있고 천하에 이름을 날릴 수 있으실 것이며, 천하의 모든 사람들이 폐하께 가까워지고 멀리 있는 백성들도 모두 폐하께 복종하게 될 것이며 그 덕이 대대로 이어질 것입니다.

남쪽을 향해 병풍을 등지고서 옷소매를 걷어 대신들과 예를 행하는 것은 폐하께서 하셔야 할 일입니다. 왕도王道를 실행하려면 인덕으로 나라를 다스려야 하고, 그러면 최소한 나라가 안정되는 효과는 거둘 수 있을 것입니다. 나라의 안정이 실현되기만 하면 폐하께서 얻고자 하시는데 얻지 못할 것이 없을 것이며, 행하고자 하시는데 성공하지 못할 일이나 정벌하고자 하는데 정벌하지 못할 상대가 있겠습니까?"

중요한 것은 서동이 무제를 설득하여 덕정을 펴게 하면서 동시에 마음대로 향락을 즐길 수 있다는 점을 인식시키는 것을 잊지 않았고, 심지어 덕정을 펴는 목적 가운데 하나가 자유롭게 쾌락을 추구할 수 있기 위한 것임을 강조했다는 사실이다.

황제에게 덕정을 펴게 하려면 먼저 욕망을 만족시키는 방법을 제시해야 했다. 그렇지 않을 경우 덕정을 받아들이는 황제는 거의 없었다. 이는 정말로 기묘한 역사의 아이러니가 아닐 수 없다. 그래서인지 역대 왕조는 항상 땅이 무너지고 기와가 깨지는 상황을 면하지 못했다.

30 | 현자를 가까이하고 웅변가를 멀리하라

　추양은 서한시대의 저명한 변론가이자 종횡가로서 오왕인 유비를 모셨으나 모반을 일으키지 말라고 충고했다가 미움을 사는 바람에 오왕 곁을 떠나 양왕을 섬기게 되었다. 그러던 중 모함을 받아 옥에 갇히는 신세가 되고 말았다. 그는 옥중에서 양왕에게 글을 올려 자신을 변호하려 했다. 그의 「옥중상양왕서獄中上梁王書」를 읽어보면 추양의 뜻을 잘 알 수 있다.

　신이 듣건대 '충성스러운 자는 정당한 보상을 받지 않는 일이 없고, 신의와 진실을 지킨 자는 남에게 의심을 받는 일이 없다'고 합니다. 신은 지금까지 이 말을 굳게 믿어왔는데 지금 와서 생각해보니 헛된 말에 지나지 않는 것 같습니다. 옛날에 형가는 연나라 태자 단의 의로움을 사모했는데, 그가 태자를 위해 진왕을 죽이러 갈 때에는 하늘도 감동하여 무지개가 해를 꿰뚫었습니다. 태자는 그 광경을 보고 오히려 그가 가고 싶어 하지 않는 것이 아닌가 하고 걱정했지요. 위 선생이 진나라 소왕을 위해 장평의 승리를 틈타 조나라를 없앨 계획을 세울 때, 하늘의 태백성太白星이 묘성昴星을 가리자 소왕은 오히려 그를 의심했습니다. 그들의 정성스러운 마음이 하늘을 감동시켜 하늘에 이상한 징후가 나타난 것이었는데, 연의 태자와 진의 소왕은 그 충성스러운 마음을 이해하지 못하였으니 마음 아픈 일이 아니겠습니까?

신은 정성을 다하고 충성을 다 바쳐 제 생각을 모두 말씀드렸습니다. 대왕께서 제 뜻을 헤아려주시길 바랐으나 대왕을 보필하는 사람들이 제 의도를 이해하지 못하여 세상 사람들의 의심을 받게 되었습니다. 형가나 위 선생이 다시 태어난다 해도 연의 태자나 진의 소왕은 그들을 이해하지 못할 것입니다. 바라옵건대 대왕께서는 이 점을 깊이 헤아려주십시오.

옛날에 보석 장인인 변화卞和가 초왕에게 옥을 바치자 초왕은 오히려 그의 다리를 잘랐고, 이사가 충성을 다 바쳤으나 호해胡亥는 오히려 그를 극형에 처했습니다. 기자가 미친 척한 것과 접여가 벼슬에 나아가지 않은 것은 모두 이러한 해를 입을까 두려워서였습니다. 대왕께서는 변화와 이사의 참뜻을 헤아리시고 초왕과 호해처럼 한쪽으로 치우쳐 듣거나 믿는 일을 피하시어 제가 기자와 접여에게 비웃음을 받지 않게 해주십시오. 신은 '주왕은 비간比干의 심장을 도려냈고 오왕은 오자서의 시신을 자루에 넣어 강물에 던져버렸다'는 말을 듣고 처음에는 믿지 않았습니다. 그런 일은 일어날 수 없다고 생각했지요. 하지만 지금에야 비로소 이러한 일들이 일어날 수 있음을 알게 되었습니다. 바라건대 대왕께서는 이 점을 깊이 헤아리시어 신을 불쌍히 여겨 주십시오.

속담에 "어려서부터 늙을 때까지 사귀었어도 새로 만나는 것처럼 서로 이해가 되지 않는 사람이 있고, 길에서 서로 만나 수레를 세워놓고 이야기를 나눠도 오랜 친구같이 친한 사람이 있다"고 했습니다. 이것은 무슨 까닭이겠습니까? 그것은 서로가 상대방을 이해하느냐 이해하지 못하느냐에 달려 있습니다. 그런 까닭에 번어기樊於期는 진나라에서 연나라로 도망가 자신의 머리를 베어 형가에게 주어 그가 연의 태자를 대신해 진왕을 죽이는 임무를 완성하게 했습니다. 왕사王奢는 제나라를 떠나 위나라로 가서 성에 올라 자결함으로써 제나라 군대를 철수시키고 위나라를 지켰습니다. 왕사와 번어기에게 있어서 제나라나 진나라에 비해 위나라와 연나라는 결코 오랜 친구가 아니었고 연의 태자와 위왕도 그들의 오랜 친구가 아니었습니다. 그들이 진나라와 제나라를 떠나 연 태자와 위왕을 위해 죽은 이유는 이러한 행동이 그들의 뜻을 지키는 것이었기 때문입니다.

또한 소진은 세상 모든 사람들에게 신의를 지키지 않았지만 연나라에서는 오히려 미생尾生과 같이 신의를 지켰습니다. 백규白圭는 중산국中山國에 6개의 성을 잃고 오히려 위나라 문후를 위해 중산국을 공격해서 빼앗았습니다. 이것은 무슨 까닭이겠습니까? 그것은 진실로 군주와 신하가 서로를 이해했기 때문입니다. 소진이 연나라 재상이 되었을 때, 어떤 사람이 연왕 앞에서 그를 헐뜯었지만 연왕은 검을 손에 쥐고 분노했으면서도 오히려 소진에게 많은 상을 내렸습니다. 백규가 중산국에서 지위가 높아지자 어떤 사람이 문후 앞에서 그를 헐뜯었는데 문후는 백규를 책망하지 않고 오히려 상을 하사했습니다. 이것은 또 무슨 까닭이겠습니까? 그것은 두 군주와 두 신하가 흉금을 터놓고 서로를 믿었기 때문입니다. 그러니 어떻게 근거 없는 말에 생각이 변할 수 있겠습니까?

예나 지금이나 여자는 예쁘건 추하건 일단 궁에 들어가게 되면 질투를 받게 되고, 선비도 어질건 어리석건 일단 조정에 들어가게 되면 다른 사람들의 시기를 받게 마련입니다. 옛날 사마희司馬喜는 송나라에서 형을 당해 종지뼈를 잘렸지만 나중에는 중산국에서 승상을 지냈습니다. 범저는 위나라에서 모함을 받아 갈비뼈가 부러지고 이가 부러졌지만 나중에 진나라에서 응후가 되었습니다. 이 두 사람은 사사로운 감정을 버리고 독립적인 처세 원칙을 지켰기 때문에 많은 사람들의 시기를 피할 수가 없었습니다. 그래서 신도적申徒狄은 옹주雍州의 강에서 자살했고 서연徐衍은 돌을 등에 지고 바다에 뛰어들었습니다. 이들은 자신들이 세상 사람들에게 받아들여지지 않았는데도 끝까지 정의를 지켰고, 조정에서 당을 결성해 이익을 도모하며 군주의 마음을 바꾸려 하지 않았습니다.

또한 백리해는 거리에서 구걸을 하기도 했지만 목공은 그에게 국정을 맡겼고 영척寧戚은 수레 밑에서 소에게 여물을 먹이는 일을 했으나 제나라 환공은 오히려 그에게 국정 전체를 책임지도록 했습니다. 이 두 사람이 어째서 진나라에 오자마자 입궁하여 주변 사람들의 칭찬을 받고 두 군주의 신임을 받았겠습니까? 이들은 군주와 마음이 통했고 품행이 비슷했으며 바라는 것이 일치하여 형제간이라 할지라도 군주와 신하 사이를 갈라놓을 수 없었습니다. 따라서 두 군주는 사람들의 말 때문에 충성된 신하들을 의심하지 않았지요. 그러나 군주가 한쪽의 말만 들으면 화를 부르게 되고 한 사람의 말만 들으면 반란이 일어나게 되는 것입니다.

옛날에 노나라 군주는 계손李孫의 말을 듣고 공자를 쫓아냈고 송나라 군주는 자염子㴲의 계책을 믿고 묵적墨翟을 가두었습니다. 공자와 묵적처럼 세상에 둘도 없는 어질고 재주 있는 사람들도 중상모략과 아첨으로 피해를 입었고 그 결과 두 나라는 위태롭게 되었던 것이니, 이 또한 무슨 까닭이겠습니까? 그것은 사람들의 입은 쇠를 녹이고 욕이 쌓이면 뼈도 녹일 수 있기 때문입니다. 진나라는 오랑캐 사람 유여를 기용하여 중원의 패권을 장악했고 제나라는 월나라 사람인 자장子臧을 중용하여 위왕과 선왕 시기에 강대국을 이루었습니다. 이 두 나라의 군주는 세속에 구애받거나 세상 사람들의 견제를 받지 않고 국가대사를 치우쳐서 결정하지 않았던 것이지요. 그들은 공정하게 의견을 듣고 모든 면에서 사물을 관찰하였기 때문에 현명함으로 이름을 날릴 수 있었던 것입니다.

그러므로 뜻이 맞으면 멀리 있는 오랑캐나 월나라 사람도 친형제와 같아지는 법이니, 유여나 자장이 그 대표적인 사례라 할 수 있지요. 뜻이 맞지 않으면 혈육간이라도 원수가 될 수 있는 것이니 관숙管叔과 채숙蔡叔이 그 대표적인 사례입니다. 지금 군주가 진실로 진나라 군주와 같이 사물을 관찰하여 송나라나 노나라 군주처럼 한쪽으로 치우쳐 듣거나 믿지 않는다면 오패도 비교 대상이 되지 못할 것이며 삼황과 같은 군주가 되는 일도 어렵지 않을 것입니다.

무왕은 깨달음이 있어 자지子之와 같은 '거짓 충신'을 버리고 비간의 후손에게 상을 내렸고, 주왕이 배를 가른 임신부의 묘를 고쳐주고 나서야 비로소 그의 공로가 세상에 둘도 없는 것이 되었습니다. 이것은 무슨 까닭이겠습니까? 그가 좋은 일을 하겠다는 생각이 끝이 없었기 때문입니다. 진나라의 문공은 지난날의 원수를 등용하여 제후국 사이에서 패권을 장악했고, 제나라 환공도 지난날 원수였던 관중을 등용하여 천하를 바로잡았습니다. 이것은 또한 무슨 까닭이겠습니까? 이는 문공과 환공이 인자하고 진실한 마음을 가지고 있어, 이러한 마음을 말로는 대신할 수 없었기 때문입니다. 진나라 효공은 상앙의 책략을 써서 동쪽의 한나라와 위나라의 힘을 약하게 만들고 빠른 시일에 천하의 황제가 되었지만 오히려 상앙을 찢어 죽였습니다. 월왕 구천은 대부 문종文種의 지혜와 계략을 써서 강한 오나라를 멸망시켜 중원의 패권을 장악했으나 마지막에는 문종에게 검을 하사하여 자결하게 만들었습니다. 그리하여 손숙오孫叔敖는 3번이나 재상의 자리에서 쫓겨났어도 아쉬워하지 않았고 어릉於陵의 자중子仲은 높은 지위를 거절하고 채소밭에 물을 주는 일을 했습니다.

  군주께서 진실로 교만한 마음을 버리시고 사람들에게 보답할 마음을 품고 계시며, 사람들을 진정으로 대하시며, 후한 은혜를 베푸시고 사람들과 동고동락하시며, 조금도 사람들에게 인색하지 않으시다면, 걸왕의 개도 요 임금을 물게 할 수 있을 것이고 버드나무 아래 도척盜蹠의 문객에게 허유許由를 공격하게 할 수 있을 것입니다. 하물며 군주의 권세를 가지고 성왕의 위력에 의지하면 어떻겠습니까? 형가는 진왕을 찔러 죽이는 데 실패했을 때 진왕이 그의 일족을 마음대로 죽이게 했으며, 요리要离는 경기慶忌의 죽음보다 차라리 자신의 자식이 죽는 것을 원했습니다. 세상에 이보다 더 가치 있는 일이 있을 수 있겠습니까?

진실한 말은 책임을 지는 것이다

신이 듣건대 '길에서 명주나 야광벽이 어둠 속에서 사람에게 던져지면 뭇 사람들은 모두 칼을 잡고 노려보게 된다'고 합니다. 이는 또 무슨 까닭입니까? 이러한 보물이 아무 이유 없이 떨어져 있기 때문입니다. 구부러진 나무뿌리는 뒤틀어진 것인데도 군주가 신임할 수 있는 데 이것은 다른 사람이 먼저 그것을 조각했기 때문입니다. 따라서 아무 이유 없이 사람 앞에 떨어진 물건은 명주라 할지라도 원한을 살 뿐, 다른 사람들에게서 감사를 받을 수 없는 것입니다. 반면 다른 사람이 미리 칭찬하며 복선을 깔게 되면 설사 마른 나무나 썩은 등걸이라도 공로가 있다 하여 잊히지 않게 됩니다.

어떤 이가 가난하고 신분이 비천하지만 순 임금이 나라를 다스렸던 책략을 지니고 있고 이윤이나 관중 같은 말재주를 가지고 있으며 용봉龍逢이나 비간과 같은 의지를 지니고 있을지라도 나무뿌리와 같이 조각되어 있지 않으면, 설령 모든 힘을 다해 군주 앞에서 충성을 다하고 군주를 보좌하여 천하를 다스리려 한다 해도 군주는 분명히 검을 뽑아 들고 그를 믿지 않을 것입니다. 이리하여 서민 출신의 선비들이 마른 나무나 썩은 등걸의 효과를 낼 수 없는 것입니다.

그러므로 성왕이 세상을 다스릴 때에는 반드시 자신의 주장이 있어야 하고 비천한 말에 구속되지 않아야 하며 사람들의 시비에 휘말려 자신의 뜻을 바꿔서는 안 됩니다. 진시황은 몽가蒙嘉를 믿고 형가를 신임하였다가 오히려 비수가 어둠 속에서 날아들었고, 주 문왕은 위수에서 사냥하다가 여상呂尙과 수레를 같이 타고 돌아와 천하의 왕이 되었습니다. 진왕은 측근들의 말을 믿어 국가의 멸망을 초래했고 문왕은 우연히 알게 된 사람을 등용하여 천하의 왕이 되었으니 이것은 무슨 까닭이겠습니까? 문왕이 자신의 고집을 꺾고 사람들의 논쟁에 휘말리지 않으면서 광명정대한 주장을 펼쳤기 때문이지요. 요즘 군주는 아첨과 비위 맞추는 말에 깊이 빠져 있고, 장막 속에서 신하와 아내와 첩들의 견제를 받아 인재들이 소와 말과 같이 밥을 먹게 하니 이는 포초鮑焦가 당시의 정권에 분노하여 차라리 자살하여 세상의 부귀를 뿌리치려 했던 까닭이 아니겠습니까!

신이 듣건대 '의관을 고쳐 입고 조정에 들어가는 자는 사사로운 마음으로 도덕과 정의를 더럽히지 않고, 심신을 닦고 명예를 다듬는 자는 이익을 탐하여 자신의 품행을 손상시키지 않는다'라고 했습니다. 그런 이유로 증자曾子는 '승모勝母'라고 이름 지어진 마을에 들어가지 않았고 묵자는 '조가朝歌'라는 성읍의 이름을 듣고 수레를 돌려 돌아갔습니다.

기개와 도량을 갖춘 인사들을 높은 지위로 유혹하고는 그들에게 얼굴색을 바꾸어 절개를 버리고 품행을 낮추어 사람들에게 아첨하고 비위를 맞추라고 하며 신하와 군주가 친해질 기회를 엿보라고 하니, 선비들은 마음속에 근심을 감추고 깊은 산이나 동굴 속에서 죽는 수밖에 없습니다. 그러니 누가 조정에 와서 충성을 다하며 그 마음을 지키려고 하겠습니까?

추양의 항변에는 죽음을 두려워하지 않는 기개와 선비로서의 굳은 절개가 가득했다. 진실한 말이란 그 결과와 효용에 대해 끝까지 책임을 지는 것이다. 말이 사실과 다르거나 진실이 아닐 때 온갖 문제가 생기는 것이다. 그러나 안타깝게도 역사에는 진실이 가려지고 사악함이 득세하는 일이 얼마나 많았던가! 이는 인간의 영원한 한계일 것이다.

31 | 상대를 제압할 땐 강하게

외교에 있어서 사신들 간의 변론은 대단히 중요하다. 공자도 '사신으로 가서 군주의 명령을 욕되게 하지 않는 것'이 어진 군자의 가장 중요한 조건 가운데 하나라고 지적했던 것을 보면 출사의 중요성을 새삼 실감할 수 있을 것이다. 하지만 대부분의 경우 사신들 사이의 변론은 사실에 입각하여 진행되는 것이 아니라 먼저 입을 여는 사람이 이기는 경우가 많았다. 그래서 강력한 말이 이치를 제압하게 된다는 명제가 오래전부터 불변의 법칙으로 인식되었다.

위진남북조 시기에 위魏 고조인 효문제孝文帝 태화太和 14년(490년), 25년간 궁실을 지키던 풍馮 태후가 세상을 떠났다. 이듬해에 남제南齊의 세조 무제武帝는 배소명裴昭明과 사준謝竣 등을 조문 사절로 파견했다. 이들은 옷을 갈아입지 않고 제나라에서 입었던 자주색 조복을 그대로 입고 상례에 참례하려 했다. 이는 예의에 크게 어긋나는 일이어서 이들을 접대하는 위의 주객관主客官들이 황급히 나서 저지했다.

"역대로 상례는 의례에 따르도록 규정되어 있는데 어떻게 자주색 조복 차림으로 들어가실 수 있습니까?"

주객관들에게 저지당한 배소명은 속으로 몹시 불쾌해하며 강경한 어투로 받아쳤다.

"나는 어명을 받들고 온 사람인데 내 마음대로 입지도 못하고 조복을 갈아입어야 한단 말이오?"

주객관이 어떤 말로 설득하려 해도 배소명은 자신의 입장을 고수하면서 갈아입으려 하지 않았다. 이 소식을 들은 고조는 즉시 상서 이충李沖을 불러 학식이 뛰어나고 말솜씨가 훌륭한 사람을 선발하여 이들을 상대로 변론을 벌이되, 반드시 조복을 갈아입고 들어가게 하라고 지시했다. 이때 이충이 천거한 인재가 성엄成淹이었다.

배소명은 위의 황제가 또다시 다른 관원을 보내 자신과 변론을 벌이게 하자 상대를 자세히 알아보지도 않고 기선을 제압하겠다는 생각에 먼저 성엄에게 물었다.

"위나라에서 우리에게 조복 차림으로 상례에 참례하지 못하게 하는데, 그 이유가 뭔지 모르겠소이다. 어떤 경전에 근거하여 이러시는 겁니까?"

사전에 철저히 준비를 한 성엄은 간단히 대답했다.

"좋은 일과 나쁜 일은 다르기 때문에 이에 맞는 의례가 정해져 있습니다. 검은 관에 조복 차림으로 상례에 참례할 수 없다는 사실은 삼척동자도 아는 사실이지요. 옛날에 계손이란 사람이 상례에 참례하러 가기 전에 먼저 예절을 자세히 알아보고 예의에 맞는 복장을 갖추어 갔다는 얘기는 대대로 미담으로 전해지고 있습니다. 1,000년이 지난 오늘날에도 계손은 칭송을 받고 있지요. 공께서 어명을 받들어 1,000리 길을 멀다 않고 참례하러 와주신 것은 예의를 지키기 위한 것일 터인데, 이것이 어느 경전에 근거하는 것이냐고 물으신다면 어떻게 이를 예의라 할 수 있겠습니까? 계손과 공은 서로 다른 시대에 살고 있지만 똑같이 상례에 참례하기 위해 오신 것인데 어째서 행동이 다를 수 있겠습니까?"

이 말로 성엄은 상황을 역전시킬 수 있었다.

배소명은 성엄의 말을 듣고 나서 충분히 일리가 있다고 여겨 어느 경전에 근거하느냐는 질문을 해댈 수 없었다. 대신 그는 재빨리 화제를 돌려 성엄을 질책했다.

"두 나라가 서로 사이좋게 지낸 지 오래되었고 남북 쌍방이 서로를 평등하게 대해왔습니다. 제나라의 고제께서 돌아가시자 위나라에서는 이표李彪를 사자로 보내 조문하게 했지요. 이표가 제나라에 도착해서도 상복으로 갈아입지 않았지만 제나라 조정에서는 이를 비난하거나 질책하지 않았습니다. 이는 귀국의 관습을 존중했기 때문이지요. 귀국처럼 억지로 복색을 바꿀 것을 강요하지 않았던 것입니다."

"이표가 조문 사절로 가게 되었을 때 위나라 조정에서는 상복을 가지고 갈 것을 지시했습니다. 이표가 조문하러 갔을 때 제나라 군신들은 전부 패옥을 착용하고 조정 안팎의 모든 대신들이 조복을 입고 있어 조정이 온통 자줏빛으로 찬란했지요. 이표는 멀리서 온 손님인데다 주인이 응대하지 않는데 어떻게 혼자서 상복으로 갈아입고 의관이 화려한 군신들 사이에 설 수 있었겠습니까? 대인의 말은 다소 억지가 있는 것 같으니 받아들이지 못하는 것을 용서하시기 바랍니다."

성엄은 배소명이 대꾸할 말이 없게 만들어버렸다. 그리고 이런 기회를 놓치지 않고 쐐기를 박았다.

"저희 황상께서는 천성이 어질고 효성스러우셔서 멀리 고대의 순 임금에 뒤지지 않으십니다. 상례를 치르는 동안 줄곧 거친 초가집에 기거하시면서 효도를 다하고 계시지요. 문무백관들도 황상의 명을 받들어 근신하고 있습니다. 똑같이 상례를 치르는데 두 나라의 방식이 다르니 어떻게 비교할 수 있겠습니까?"

물론 성엄이 자신의 군주를 순 임금에 비교한 것은 다소 지나친 감이 없지 않다. 그러나 배소명은 성엄의 말에 반박하지 못하고 몇 마디 억지를 부렸다.

"삼황의 예가 각기 다른데 어떻게 비교할 수 있겠습니까?"

"대인의 말씀대로 하자면 순 임금과 고제의 예가 부당하다는 뜻으로 들리는군요."

배소명은 더 이상 대꾸할 말을 찾지 못하고 이내 입을 다물어버렸다. 당시로서는 도저히 순 임금을 비난할 수 없었다. 배소명은 한참만에야 사람들의 눈치를 살피며 간신히 둘러댔다.

"효와 불효에 관해선 공자께서 식섭 세율을 징하신 깃이지요. 저희 같은 사자들이 이에 관해 함부로 말해선 안 될 것입니다. 사자로서 이곳에 오면서 복장을 준비하다보니 상복을 입는 것이 불편했습니다. 그러니 주인되신 대인께서 상복을 저희에게 마련해주셔서 무사히 소임을 다할 수 있게 해주십시오. 그래야만 저희가 다시 남쪽 땅으로 돌아가 이 일로 인해 조정으로부터 처벌을 받는 일이 없을 것 같습니다."

배소명의 양보로 파국은 일단 수습되었다. 성엄은 이런 틈을 놓치지 않고 한마디 덧붙였다.

"만일 제나라에 군자의 기풍이 있다면 대인께서 임기응변을 발휘하셔서 공정함을 잃지 않고 사명을 욕되게 하지 않은 것에 대해 큰 상이 내려질 것입니다. 설사 제나라에 군자의 기풍이 없고 헛된 명예만 있어서 대인에게 무리하게 죄를 묻는다면 이는 대인의 죄 때문이 아닙니다. 제나라에도 남사南史나 동고董狐 같은 사관이 있으니 이 일에 대해 사실대로 기록할 것입니다."

이로써 성엄의 기지와 달변으로 사건이 해결되었다. 얼마 후 고조가 이충을 보내 자세한 사정을 묻자 성엄은 일일이 설명해주었다. 고조가 득의만면하여 말했다.

"과연 짐이 쓸 만한 인재를 얻었구려."

그러고는 즉시 명령을 내려 배소명 등에게 조문에 필요한 의복을 제공하게 하고 다음날 아침 일찍 제나라 사절들이 참석한 가운데 문무백관들을 전부 집합시켜 상례를 올렸다.

부끄럼이 없으면 모욕당할 일이 없다

태화 16년(492년), 고조는 또다시 수필瘦棐과 하헌何憲, 형종경刑宗慶 등을 통해 조공을 보냈다. 마침 조정에 큰일이 있어 고조는 영대에 올라 하늘을 관찰하면서 길흉을 점치고 있었다. 고조는 성엄에게 명령하여 수필 등으로 하여금 영빈관에서 남쪽을 향해 예를 행하게 했다. 일을 마치고 관사로 돌아온 고조는 사신들에게 술과 음식을 대접했다.

이때 형종경이 갑자기 트집을 잡기 시작했다.

"남북이 서로 우의를 지킨 지 이미 오랜데 최근 들어 북조北朝에서는 신의와 의리를 저버리고 자신의 이익을 추구하며 여러 차례 분할을 거듭하고 있으니 이를 어찌 대국의 도리라 할 수 있겠습니까?"

이에 성엄이 반박하여 말했다.

"천하의 왕을 자처하는 사람은 사소한 일에 얽매여서는 안 됩니다. 노나라의 미생처럼 약속을 지킬 줄만 알고 자신이 죽는 것을 몰라서는 안 될 것입니다. 또한 제나라의 개국 군주께서는 일찍이 송을 섬겼고 대대로 송나라의 은혜를 입어왔는데 설마 송나라 군왕을 능욕하고 왕위를 빼앗으려는 뜻은 아니시겠지요?"

역대 왕조 가운데 1만 년이 지나도록 변하지 않은 왕조가 없었고 다른 왕조에 의해 침략당하지 않은 정권이 없었다. 이 한마디에 자리를 함께 했던 사람들 모두가 놀라움을 금치 못했고, 수필과 형종경 등 그 자리에 있던 사신들도 서로의 얼굴을 살피면서 놀란 표정을 감추지 못했다. 제나라 개국 군주인 소도성蕭道成은 원래 송나라의 중신으로서 송나라에 내전이 발생하자 이를 기회로 삼아 금위군의 세력을 장악하여 스스로 황제를 자처했던 인물이었다. 이런 것이 사실이라 제나라 사절들은 반박할 수 없었던 것이다.

잠시 후 하헌이 체면을 만회하려 했다. 그는 성엄이 위나라 대신이긴 하지만 남조 출신이라는 사실을 잘 알고 있는 터라 이를 이용하여 성엄에게 모욕을 줄 속셈으로 불손한 어투로 이렇게 말했다.

"대인께서는 어째서 우금于禁이 되시지 않고 노숙魯肅[39]이 되신 겁니까?"

이는 동한 시기에서 삼국시기에 이르는 동안의 역사적 사실을 빗대어 말한 것이었다. 우금은 원래 조조 수하의 장군이었으나 싸움에 패하자 촉에 투항했다가 나중에 동오의 손권이 형주를 빼앗자 부끄러움을 이기지 못해 자결했다. 하헌이 이런 말을 한 의도는 성엄이 위나라에 몸을 기탁한 것도 배반 행위임에 틀림이 없는데 우금을 본받아 스스로 부끄러움을 알고 목숨을 끊어야지, 어떻게 태연하게 낯을 들고 다닐 수 있느냐는 것이었다. 그러나 뜻밖에 성엄은 아무렇지도 않다는 듯이 말을 받는 것이었다.

"제가 아침에 저녁을 생각할 수 없는 남조를 저버린 것은 백성의 뜻에 순응하는 북조를 본받은 것입니다. 한대에 고조를 도와 천하를 평정했던 진평이나 한신을 본받은 것이기도 하지요. 그런데 대인께서는 하필 우금 같은 인물을 저와 비교하시는 겁니까?"

이번에도 제나라 사신들은 성엄의 말을 받아내지 못했다. 확실한 역사 인식을 갖추고 있고 하늘을 우러러 한 점 부끄러움이 없는 사람에게는 유치한 말장난이 통할 리 없었던 것이다.

---

39 오뭇나라의 뛰어난 모사로 사람됨이 매우 온화했으며, 주유의 천거로 손권에게 발탁되었다.

6장 원인 없는 결과는 없다

32 | 한 걸음 뗄 때마다 세 번 돌아보라

춘추전국시대에 각국 간의 형세는 대단히 미묘하고 복잡했다. 그래서 단 한 번의 가벼운 실수가 나라의 패망으로 이어지는 일도 비일비재했다. 따라서 모든 외교활동은 신중하고 진지하게 이루어졌다. 소진의 동생인 소대의 세밀한 분석을 통해 당시의 상황을 이해할 수 있을 것이다.

제, 초, 위, 한, 조 등 다섯 나라가 연합하여 진秦을 공격했지만 성공을 거두지 못했고 쌍방이 성고에서 싸움을 멈춘 채 대치하고 있었다. 조나라가 먼저 진과 강화를 맺으려 하자 초와 위, 한 등도 줄줄이 강화에 나섰으나 진은 이들의 제안을 받아들이지 않았다. 이때 소대가 제나라의 민왕에게 말했다.

"제가 이미 대왕을 위해 봉양군을 만나고 왔습니다. 제가 봉양군에게 이렇게 말했지요. '제후들의 합종 연맹이 와해되어 진나라에 복종하게 되면 진나라는 송을 점령할 것이고 위염은 군君께서 음지陰地를 갖고 있기 때문에 군을 질투하게 될 것입니다. 진왕의 탐욕에 위염의 질투가 더해진다면 군께서는 음지를 얻을 수 없게 될 것입니다. 만일 군께서 지금 강화를 맺지 않는다면 제나라는 반드시 송을 침략할 것입니다. 제나라가 송을 공격하면 초와 위도 송을 공격할 것이고 연과 조 두 나라는 송을 지원하게 될 것입니다. 다섯 나라가 송을 점령하려 한다면 몇 달 지나지 않아 음지는 군의 소유가 되겠지요. 음지를 얻은 다음에 강화를 한다면 진나라에 변화가 있다 해도 군께서는 염려하실 필요가 없게 됩니다. 어쩔 수 없이 강화를 하게 된다 해도 다섯 나라에게 원래의 맹약을 지켜 조나라와 친선을 유지할 것을 요구하시면 될 겁니다. 그리하여 군께서 한나라와 연합하여 한나라를 기쁘게 하면 한민韓珉을 불러들일 리가 없지요. 그런 다음 다시 다섯 나라로 하여금 맹약을 굳게 지키게 하면 설사 이를 위반하는 나라가 있다 하더라도 나머지 네 나라가 그를 공격할 것입니다. 만일 맹약을 위반하는 나라가 없다면 진나라가 어느 한 나라를 공격한다 하더라도 다섯 나라가 연합하여 진의 공격에 대항할 것입니다.

지금 한나라와 위나라는 제나라와 서로 시기하고 의심하고 있는데, 만일 맹약을 지키지 않는다면 각자가 비밀리에 진나라와 강화하게 되고 그 결과 각 동맹국에 대란이 일어날 것입니다. 제나라와 진나라가 서로 대립하게 되면 천하의 제후국들은 진나라에 의지하지 않으면 제나라에 의지하게 될 것이고, 제나라와 진나라의 힘이 편중되어 평형을 이루지 못하면 이는 조나라에 불리한 상황이 되겠지요. 게다가 제후들의 연맹이 해산되면 대부분의 나라들은 진을 섬기게 될 것이고, 이는 진나라가 천하를 통치하게 되는 것을 의미합니다. 진나라가 천하를 좌우하게 되면 각 제후국들은 무슨 일을 할 수 있겠습니까? 군께서는 이 점을 고려하시기 바랍니다.

각 제후국들이 진나라를 섬기는 데는 6가지 방법이 있는데 하나같이 조나라에 불리합니다. 첫 번째 책략은 진왕이 제나라처럼 바다에 인접한 나라들을 접수하고 흩어진 나라들을 연합하여 중원을 점령한 다음 삼진을 치는 것인데, 이렇게 되면 군께서는 음지를 얻지 못할 것입니다. 두 번째 책략은 각 제후국들이 진나라를 섬기고 진나라가 제나라로부터 한민을 접수한 다음 다시 위나라의 성양군成陽君을 받아들이고 위회를 재상으로 삼아 연횡의 전략을 실행하면서 유명한 책사들과 교우를 맺는 것입니다. 진이 이러한 책략을 실행에 옮기면 조나라가 불리하게 되고 군께서는 역시 음지를 얻지 못하게 됩니다. 세 번째 책략은 각 제후국들이 진나라를 받들고 진왕이 제나라와 조나라를 가까이하면서 3개의 강국이 서로 연합하여 위나라에 안읍 땅을 내놓으라고 위협하는 것입니다. 진나라가 이런 전략을 사용한다면 제와 조 두 나라가 이에 호응하게 되고 위나라는 공격을 받기 전에 서둘러 안읍 땅을 내놓고 진에 복종하게 될 것입니다. 진나라는 안읍 땅을 얻고 나면 위와의 관계를 정상화할 것이고, 그러면 한나라도 진을 섬기게 될 것이며, 진나라는 위가 안읍 땅을 내놓은 것과 마찬가지로 조나라에게도 비옥한 땅을 바칠 것을 요구하게 될 것입니다. 진나라가 이러한 전략을 실행에 옮긴다면 이는 조나라에 대단히 불리한 일로 결국 군께서는 음지를 얻을 수 없게 되지요. 진나라가 대부분의 제후국들을 장악하고 다시 연나라와 조나라와의 관계를 강화하여 제를 정벌하고 초나라를 치며 한민과 연합하여 위나라를 공격할 수도 있습니다. 진이 이러한 전략을 실행한다면 연나라와 조나라도 이에 호응하게 될 것입니다. 진나라는 가장 먼저 초나라를 공격할 것이고 한나라와 조나라는 이런 기회를 놓치지 않고 위를 공격할 것이며 한두 달 만에 위나라는 멸망하고 말 것입니다. 진나라가 안읍으로 내려와 여극女戟을 차단함으로써 한나라의 태원太原을 고립시키고, 지도와 남양을 따라 위나라를 공격하는 동시에 한나라와 외부 세력과의 관계를 차단하고 동주와 서주를 포위할 수도 있습니다. 이렇게 되면 조나라가 위험한 처지에 놓이게 되지요. 실제로 조나라는 저절로 쇠약해질 수밖에 없습니다. 조나라가 약해지면 진나라는 제나라를 공격하여 세력을 분산시킬 것이고, 이러한 형세는 조나라에 대단히 불리하지요. 결국 군께서는 아무리 애를 써도 음지를 얻을 수 없습니다. 이것이 바로 네 번째 책략이지요.

다섯 번째 책략은 진나라가 각 제후국들의 승인을 얻어 삼진과의 외교관계를 강화하고 군으로 하여금 제나라를 공격하게 하는 것인데, 이렇게 되면 진나라의 백성이 궁핍해지고 물자가 소진될 뿐만 아니라 제나라를 공격하는 과정에서 병력도 분산될 것입니다. 이렇게 되면 진나라는 공격 대상을 위나라로 바꿔 안읍을 뺏으려 들 것입니다. 진나라가 이러한 전략을 실행하게 되면 군께서는 위나라를 지원하실 것이고, 제나라를 공격하느라 이미 지친 군대를 거느리고 진나라와 전쟁을 벌이게 되지요. 만일 군께서 위나라를 지원하지 않는다면 한나라와 위나라는 진과 연합하게 될 것입니다. 이렇게 되면 다른 나라의 전략에 휘말리게 되어 군께서는 죽을 때까지 음지를 얻지 못하게 될 것입니다. 여섯 번째 가능성은 각 제후국들이 진을 섬길 경우 진은 이를 기회로 삼아 정의를 지키는 척하면서 이미 멸망한 나라들을 부흥시키겠다는 명분을 세워 이미 사라진 종족들을 부활시키고 위협을 받는 나라들과 약소국들을 지원하여 죄 없는 군주의 위상을 세우면서 중산국과 송나라를 회복시키려 할 것입니다. 그렇게 되면 조나라가 심각한 위기에 놓이게 되는데 음지 문제를 논할 시간이 어디 있겠습니까? 여러 가지 가능성을 종합해보건대, 군께서는 진과 강화해서는 안 됩니다. 그러면 음지를 얻을 수 없을 테니까요.' 봉상군은 이런 설명을 듣고 나서 충분히 일리가 있다고 판단하고는 제 생각을 받아들여 진과의 관계를 끊었습니다."

이처럼 복잡하고 미묘한 관계망 안에서는 항상 앞으로 나아갈 때 뒤를 생각해야 하고 한 걸음 내디딜 때마다 3번씩 뒤를 돌아봐야 한다. 소대는 당시의 상황에서 발생할 수 있는 모든 가능성을 철저히 분석하여 봉양군을 굴복시켰다. 소대의 치밀한 주장을 통해 우리는 그가 뛰어난 국제관계 전문가일 뿐만 아니라 탁월한 말솜씨를 지닌 예술가였음을 확인할 수 있다. 그의 날카로운 예지와 거침없는 웅변은 당시의 유세객들 가운데서도 으뜸이었다.

33 | 백성이 지치면 군주가 바뀐다

 종횡론을 타파하는 과정에서 장의가 가장 큰 공을 들인 나라는 초나라였고, 장의에게 가장 크게 속은 사람도 초 회왕이었다. 장의가 회왕에게 말했다.

 "진나라의 영토는 한없이 넓어 천하의 절반을 차지하고 있습니다. 병력도 제후국들의 병력을 전부 합친 것에 해당하지요. 경내에는 높은 산들이 즐비하고 동쪽으로는 황하가 있으며 사방에 험준한 산악이 버티고 있어 병풍 역할을 해줍니다. 또한 용맹한 병사들이 100만에 달하고 전차는 1,000대가 넘으며 군마가 1만 필에다 식량도 산더미처럼 쌓여 있습니다. 법률은 엄격하고 공정하며 장병들은 용맹하고 싸움에 능하지요. 군주는 위엄이 있고 당장 수많은 병사들이 나가 싸우지 않더라도 요새들을 언제든지 휩쓸어버릴 수 있습니다. 험준한 관문을 통제하기만 해도 굴복하지 않는 나라들을 얼마든지 멸망시킬 수 있을 뿐만 아니라 합종에 참여하는 국가들 가운데 어느 나라든지 진나라를 공격한다는 것은 양떼가 사나운 호랑이에게 덤비는 것과 같습니다. 연약한 양이 용맹한 호랑이를 대적한다는 것은 이해하지 못할 일이지요. 지금 대왕께서 무서운 호랑이 같은 진나라와 국교를 맺으려 하지 않으신다면, 결국 양 같은 제후들과 국교를 맺게 될 것입니다. 저는 남몰래 대왕을 위해 대왕께서 잘못 생각하시는 것들을 따져봤습니다.

천하의 강국이 될 수 있는 것은 진나라가 아니면 초나라일 것입니다. 두 나라의 세력은 우열을 가늠할 수 없어서 서로 싸우면서도 양립하지 않으려 합니다. 만일 대왕께서 진과 국교를 맺지 않으신다면, 진나라가 동쪽으로 병력을 보내 의양을 점령하게 될 것은 당연한 일입니다. 그렇게 되면 한나라의 상당 지역이 단절될 것입니다. 또한 하동으로 진군하여 성고를 점령한다면 한나라는 진나라에 굴복하게 될 것입니다. 한나라가 굴복하면 위나라도 따라서 굴복할 것이고 그렇게 되면 진나라가 초나라의 서쪽을 공격하고 한과 위가 초나라의 북쪽을 공격하게 될 것인데 초나라가 위험에 처하지 않을 수 있겠습니까? 게다가 합종의 맹약에 참여하는 나라들은 작고 약한데 강대한 나라에 대적하는 꼴이 되고 맙니다. 약한 세력으로 강한 세력에 대항하다 보면 적국의 정세를 정확히 판단할 수 없어 무모한 싸움을 하게 됩니다. 이는 위험과 멸망으로 이르는 지름길이지요.

소신이 듣건대 '병가의 일은 사람과 다르니 먼저 나서서 도전하지 말고 양초가 부족하면 장기적으로 항전하지 말라'고 했습니다. 합종을 주장하는 사람들은 하나같이 군주의 덕행을 칭송하면서 유리한 얘기만 하지, 불리한 얘기는 입에 올리지도 않습니다. 그러다가 국가가 위기에 처하게 되면 속수무책이지요. 대왕께서는 이런 사람들의 말을 믿으실 수 있겠습니까? 대왕께서는 좀더 신중하게 숙고하시기 바랍니다.

진나라는 서쪽으로 파와 촉이 있어 배를 이용하여 군량을 운반할 수 있고 한산에서 출발하여 양자강을 따라 내려가면 초나라의 도성인 영까지는 겨우 3,000여 리밖에 되지 않습니다. 배 2척을 이어 붙여 병사들을 실어 나른다면 1척에 대략 병사 30명과 3달 분의 군량을 운반할 수 있고 하루에 300여 리를 이동할 수 있습니다. 길은 멀지만 큰 고생을 할 필요는 없지요. 이렇게 하면 열흘도 채 안 돼서 초나라의 중요한 관문에 도달하게 될 것이고, 일단 관문이 흔들리게 되면 경릉 일대의 지역도 방어할 수 없게 됩니다. 그때가 되면 검중黔中과 무군巫郡도 더 이상 초나라 영토가 될 수 없지요. 만일 진나라가 무관을 나서 남쪽을 향해 공격해 들어온다면 어쩔 수 없이 초나라의 북부 지역을 내놓아야 할 겁니다. 이렇게 따져본다면 초는 3달이 채 못 돼서 위기에 처하게 되지만 초나라가 제후들의 지원을 얻는 것은 6개월 뒤에나 가능하게 됩니다. 따라서 약소국들을 의지하면서 강대한 진나라를 무시한다는 것은 있을 수 없는 일입니다. 이것이 제가 대왕을 위해 걱정하는 바입니다."

이어서 장의는 초나라 내부의 상황에 기초하여 초나라가 진나라에 대응하기 위해 취해야 할 조치와 책략을 분석했다.

"대왕께서는 일찍이 오나라를 상대로 5번 싸워 3번 승리하셨습니다. 결국 오나라를 멸망시키긴 했지만 자국의 병사들도 많이 잃으셨지요. 게다가 새로 얻은 성지를 지키느라 백성들이 몹시 힘든 상태입니다. 제가 들건대 '강대한 적을 공격하다가는 위험에 빠지기 쉽고 백성들이 지치고 고달프면 군주가 바뀌기 쉽다'고 했습니다. 이처럼 위험한 대업을 지키느라 강대한 진을 등진다는 것은 실로 위험한 일이지요. 이것이 제가 대왕을 위해 걱정하는 바입니다.

진나라가 지난 15년 동안 함곡관 밖으로 군사를 내보내지 않았던 것은 천하를 점령하려는 원대한 뜻이 있었기 때문입니다. 초나라는 진나라와 싸워 승리한 적도 없는데 통후通侯 같은 인재 70여 명을 잃었고 한중 땅도 잃고 말았습니다. 초왕께서는 대노하셔서 군대를 일으켜 진나라를 기습했고 감전에서 결전을 벌였지만 결국엔 또다시 패하고 말았습니다. 두 마리 호랑이가 싸우는 격이지요! 진과 초 두 나라가 서로 싸우느라 약해지는 사이에 한과 위 두 나라는 자국을 안전하게 보전하면서 힘을 키우고 있습니다. 그러다가 기회를 잡으면 초나라의 후방을 위협하게 되니 이보다 더 위험한 일이 어디 있겠습니까? 그래서 대왕께서는 제 말을 신중하게 고려하셔야 하는 겁니다."

이어서 장의는 합종책이 실패하게 된 원인과 그 과정에 대해 분석했다.

"소진이 먼저 합종을 제창함으로써 '종약장'을 맡게 되었고 무안군에 봉해졌습니다. 그러나 나중에 연왕과 짜고서 제나라를 공격했지요. 소진이 연왕에게 죄를 얻은 것처럼 꾸미고 제나라를 찾아가자 제나라 왕은 그를 받아주며 제나라 상국으로 임명했습니다. 소진은 제나라에서 비밀리에 파괴 활동을 벌이다가 2년이 지나서야 발각되고 말았고, 결국 처참하게 죽었지요. 소진과 같은 사람들이 제후국들을 통일한다는 것은 애당초 불가능한 일입니다."

마지막으로 장의는 초 회왕에게 자신의 계책을 제시했다.

"지금 진나라와 초나라는 서로 국경이 맞닿아 있습니다. 지형상으로 보자면 이웃이지요. 대왕께서 저의 말에 귀를 기울이신다면 저는 당장이라도 진왕으로 하여금 태자를 초나라에 인질로 보내게 하겠습니다. 초나라도 태자를 인질로 보내야 하겠지요. 아울러 진왕에게 요청하여 진왕의 딸을 대왕께 첩으로 보내게 하는 동시에 인구가 1만 호에 달하는 성지 1좌를 바쳐 대왕의 탕목읍湯沐邑으로 삼게 할 수 있습니다. 원컨대 진과 초 두 나라가 영원히 서로 공격하지 않고 평화롭게 지낼 수 있기를 바랍니다. 이렇게 될 수만 있다면 그보다 좋은 일은 없을 것이라 생각합니다. 때문에 진나라에서는 특별히 저를 보내 대왕 폐하께 친서를 전달하게 한 것입니다. 대왕의 결정을 기다리겠습니다."

회왕은 장의의 달콤하고 교묘한 말에 넘어갔다. 회왕이 말했다.

"초나라는 황폐하고 구석진 지역에 자리 잡고 있으며 동쪽바다에 인접해 있는데다 아직 연륜이 오래지 않아 나라를 다스리는 원대한 방법을 모르고 있습니다. 오늘 다행히 선생께서 큰 가르침을 주시니 온 나라가 선생의 의견을 따를 것입니다."

그리하여 회왕은 수레 100대와 함께 진나라에 사신을 보내 진귀한 보물을 바쳤다.

유세의 도는 상대방의 가장 두드러진 장점이나 열악한 부분을 찾아 과장하여 상대방에게 자신감을 북돋아주거나 상실하게 함으로써 자신의 의지와 결정을 관철시키는 데에 있다. 회왕에 대한 장의의 유세는 기본적인 원리에 가장 충실한 사례라 할 수 있을 것이다.

어리석음을 이용하여 상대를 속이다

　장의가 초나라 회왕을 우롱한 일은 사람들로 하여금 놀라움을 금치 못하게 한다. 회왕은 한두 차례 우롱을 당하고서도 교훈을 얻지 못했으니 그 어리석음 또한 놀랍다.

　제나라와 초나라가 함께 진秦나라를 토벌하여 진나라의 일부 영토를 빼앗았다. 그래서 건 혜왕은 제나라를 공격하려 했으나 초나라가 지원할 것이 두려워 장의에게 의견을 구했다. 장의가 말했다.

　"대왕께서는 제게 훌륭한 마차와 예물을 준비해주십시오. 제가 초나라로 가서 의중을 떠보겠습니다."

　초나라로 간 장의는 초 회왕을 알현하여 말했다.

　"저희 군왕께서 가장 존경하는 분이 바로 대왕이십니다. 또한 소인이 신하가 되어 가장 모시고 싶은 분이 대왕이시지요. 반면에 저희 군왕께서 가장 미워하는 사람이 바로 제나라 왕이고 제가 가장 싫어하는 사람도 바로 제나라 왕입니다. 제나라 왕이 범한 죄는 군왕으로는 가장 참담한 것이었습니다. 그래서 진나라는 제나라를 공격하려 하지만 초나라의 지원이 두려운 형편이지요. 만일 대왕께서 국경을 봉쇄하고 제나라와 절교하실 수만 있다면 제가 군왕께 말씀드려 상우의 땅 600리를 대왕께 바치겠습니다. 그렇게 되면 제나라는 틀림없이 쇠락하게 될 것이고 초나라는 강대해질 것입니다. 결국 제나라는 초나라에 복종할 수밖에 없지요. 이렇게 되면 초나라는 북쪽으로 제나라를 약화시키고 서쪽으로 진나라에 은혜를 베푸는 셈이 됩니다. 게다가 상우의 땅 600리를 얻게 되니 일석삼조가 아니고 무엇이겠습니까!"

　초 회왕은 매우 기뻐하며 곧장 조정에서 선포했다.

"곧 상우의 땅 600리를 얻게 된다."

여러 신하들은 이 말을 듣고 모두 축하의 인사를 올렸지만 진진陳軫은 늦게 도착하여 축하의 인사를 올리지 못했다. 회왕이 의아하게 여겨 물었다.

"과인은 병졸 하나 들이지 않고도 상우의 땅을 얻어 대단히 지혜로운 일이라고 여기고 있고 백관들이 모두 달려와 축하의 인사를 건네는데 유독 그대만은 축하해주지 않으니 그 이유가 무엇이오?"

"소신이 보건대 상우의 땅은 얻을 수 없을 뿐만 아니라 이로 인해 초나라에 큰 화가 미칠 것 같습니다. 그래서 함부로 축하드리지 못하는 것입니다."

"어째서 그렇게 생각하는 거요?"

"진나라가 대왕을 중시하는 것은 대왕께서 제나라와 맹약을 맺고 있기 때문이지요. 땅을 얻지 못한 상태에서 미리 제나라와 절교해버리면 초나라는 고립될 텐데 진나라가 그런 나라를 중시하겠습니까? 그러나 먼저 땅을 주어야 제나라와 절교하겠다고 하시면 진나라는 받아들이지 않을 것입니다. 우리가 먼저 제나라와 관계를 끊고 나서 진나라에 땅을 달라고 요구하는 것은 장의의 계략에 속는 것이고, 장의의 계략에 속게 되면 대왕께서는 필시 후회하실 것입니다. 이렇게 되면 서쪽으로는 진나라의 우환에 접하게 되고 북쪽으로는 제나라와의 맹약을 파기하게 되며, 급기야는 제나라와 진나라가 연합하여 초나라를 공격하게 될 것입니다."

"이 일은 과인이 잘 처리한 것 같소. 그러니 그대는 더 이상 긴말 하지 마시오. 가만히 앉아서 과인의 성공을 지켜보기나 하시오."

그리하여 회왕은 사자를 보내 제나라와 협상을 벌이게 하고 첫 번째로 보낸 사자가 돌아오기도 전에 두 번째 사자를 보내 절교를 선언해 버렸다.

장의가 진나라로 돌아오자 진나라는 곧 제나라로 사자를 보내 몰래 동맹을 맺었다. 회왕은 여전히 몽상에 젖어 진나라로 장군 하나를 보내 땅을 접수하려 했다. 장의는 진나라로 돌아온 뒤로 병을 핑계로 조정에 나가지 않았다. 회왕은 그런 사실을 알고 후회하기는커녕, 엉뚱한 소리를 했다.

"아직도 우리가 진심으로 제나라와 절교하지 않았다고 생각하는 모양이군!"

그리하여 회왕은 용사들을 제나라로 보내 제나라 왕을 꾸짖었다. 장의는 초나라가 제나라와 철저하게 절교했다는 사실을 확인하고 나서 초나라 사자를 접견하고 말했다.

"우리가 초나라에 드리는 땅은 모 지역에서 모 지역까지 너비가 각 6리입니다."

사자가 깜짝 놀라 물었다.

"진나라가 주는 땅이 600리라고 들었습니다. 6리라는 얘기는 금시초문입니다."

"저는 보통 사람에 불과합니다. 어떻게 600리나 되는 땅을 드릴 수 있겠습니까?"

사자는 초나라로 돌아가 회왕에게 그대로 보고하는 수밖에 없었다.

크게 노한 회왕은 대규모 군대를 일으켜 진나라를 공격하려 했다. 이때 진진이 회왕에게 말했다.

"제가 말씀을 올려도 되겠습니까?"

"어서 말해보시오."

"지금 진을 공격하는 것은 실책입니다. 차라리 대왕께서는 이름난 성지 하나를 진나라에 주고 진과 함께 제나라를 공격하시는 것이 바람직할 것 같습니다. 이렇게 하면 우리는 진나라에 준 땅을 제나라에서 보상받을 수 있을 것이니 아무런 손실도 없을 것입니다. 이미 제나라와 절교한 상태인데 진나라에 가서 우리를 속였다고 질책하는 것은 제나라와 진나라의 연합을 재촉하는 것과 마찬가지지요. 그렇게 된다면 초나라는 더 큰 손실을 입게 될 것입니다."

초 회왕은 이번에도 진진의 말을 듣지 않고 군사를 보내 진나라를 공격했다. 진나라와 제나라가 연합하자 이번에는 한나라도 병력을 보내 싸움에 참여했다. 초나라 군대는 두릉杜陵에서 진, 제, 한 세 나라의 연합군에 패하고 말았다.

원래 초나라는 영토가 광대하고 국민들이 호전적이고 용맹하기 때문에 결코 약소국이 아니었다. 그러나 멸망의 길로 빠져들게 된 것은 어리석은 회왕이 책사 장의의 거짓말을 그대로 믿고 진진의 주장에 귀를 기울이지 않았기 때문이었다.

34 부끄럼 없이 자기를 내세우라

　　모수자천毛遂自薦[40]과 탈영이출脫穎而出[41]의 이야기는 유명한 고사이다. 이 이야기에서 모수가 초나라와 조나라가 합종의 맹약을 맺게 하는 데 성공한 것은 그다지 중요한 사실이 아니다. 중요한 것은 인재를 관찰하고 발굴하는 것으로, 이를 통해 사람들에게 함부로 자만하지 말고 남을 경시하지 않도록 가르치는 것이다.

　　진나라가 조나라의 도성인 한단을 공격할 때, 조왕은 평원군을 초나라로 보내 지원을 요청하면서 조나라가 우두머리가 되어 합종의 맹약

40　진나라가 조나라를 쳤을 때, 모수가 스스로를 추천하여 평원군을 따라 초나라에 가서 초왕을 위협하여 합종의 협약을 맺게 한 사건.
41　자루 속에 감춘 송곳이 튀어나옴. 뛰어난 재주를 의미함.

을 맺고 연합하여 진에 대항하자고 권했다. 평원군은 용기와 지혜를 겸비한 식객 20명을 데리고 초나라로 가기로 마음먹었다. 평원군이 말했다.

"평화로운 담판을 통해 목표를 달성할 수 있으면 바랄 나위가 없겠지만 그렇지 못할 경우, 초왕을 위협해서라도 수많은 군중이 지켜보는 가운데 맹약에 대한 동의를 얻어 돌아와야 하오. 함께 갈 문무지사들은 우리 문하의 식객들 가운데 찾아도 충분할 것이오."

그 결과 19명이 선발되었지만 나머지 한 사람은 찾을 방법이 없었다. 이때 평원군 문하의 식객들 가운데 모수라는 사람이 나서 평원군에게 자신을 추천한다고 말했다.

"공께서 초나라로 가시면서 대동할 사람들을 찾는다는 소식을 들었습니다. 아직 한 명이 부족하시다면 저를 데리고 가시지요."

"선생께서 우리 문하에 들어오신 지 몇 년이나 됐습니까?"

"이미 3년이 넘었지요."

"능력을 갖춘 선비들은 마치 주머니에 넣은 송곳이 밖으로 튀어나오는 것처럼 겉으로 드러나기 마련입니다. 선생께서 우리 문하에 들어오신 지 3년이 넘었다고 하셨는데 누구도 선생을 추천한 일이 없었고 저도 선생에 대해 들어본 적이 없었던 걸로 보아 선생께서는 특별한 능력이나 재주가 없는 것 같소이다. 선생은 그냥 이곳에 남아 계시도록 하십시오!"

"그럼 대왕께서 절 주머니에 넣어주십시오. 저는 뾰족한 부분만 아니라 몸 전체가 밖으로 나올 것입니다."

평원군은 모수의 말에 감동하여 함께 데려가기로 결정했다. 나머지

19명의 식객들은 서로 눈짓을 주고받으며 모수를 비웃었지만 아무 말도 하지 않았다.

그러나 초나라에 도착한 모수가 19명의 식객들에게 천하의 형세를 설명하기 시작하자 모두들 탄복하여 혀를 내둘러야 했다. 평원군은 초왕과 합종 맹약의 체결에 관한 담판을 벌이면서 각국의 이해관계를 거듭 분석하여 설명했다. 아침 일찍 시작된 담판은 오후가 되어서도 결판이 나지 않았다. 19명의 식객들은 일제히 모수를 가리키며 말했다.

"선생께서 나서야 할 것 같습니다."

그리하여 모수는 칼자루를 꽉 쥐고 살금살금 전당으로 걸어 올라가 평원군에게 말했다.

"합종을 논하는 것은 이익이 아니면 손실이라 간단히 결론을 맺을 수 있는 문제입니다. 아침 일찍 시작한 담판이 아직까지 결판이 나지 않는 이유가 무엇입니까?"

초왕은 모수가 올라온 것을 보고 평원군에게 물었다.

"이 사람은 뭐 하러 온 것입니까?"

"저의 수행 가신입니다."

그러자 초왕은 버럭 소리를 지르며 그를 내쫓았다.

"어서 내려가지 않고 뭐 하는 게냐? 지금 너의 주인과 담판을 벌이고 있는 것이니 네가 쫓아올 이유가 없다!"

모수는 칼자루를 꽉 쥔 채 초왕에게 다가가서 말했다.

"대왕께서 감히 제게 호통을 치신 것은 초나라 사람들이 많다는 것을 믿으신 까닭이겠지요. 그러나 지금 저와 대왕 사이의 거리는 채 열 걸음도 되지 않고, 이 열 걸음 이내에는 의지할 만한 초나라 사람들이

단 한 명도 없습니다. 대왕의 목숨은 제 손에 달려 있는 것이지요. 제 주인이 바로 앞에 있는데 어찌 제 주인의 체면을 고려하지 않고 호통을 치시는 겁니까? 상탕商湯은 사방 70리에 이르는 지역을 기반으로 천하를 통치했고 주 문왕은 겨우 100리밖에 안 되는 땅을 기반으로 천하 제후들을 다스렸다고 하는데, 이것이 그들에게 병력이 많아서 그랬던 것일까요? 정세를 잘 파악하여 자신의 위력을 제대로 발휘했기 때문입니다. 진나라 장군인 백기는 어린아이에 불과합니다. 그는 수만의 병력을 거느리고 초나라와 교전을 벌여 첫 번째 싸움에서는 영도와 언성鄢城을 공격했고 두 번째 싸움에서는 이릉夷陵을 불태웠으며, 세 번째 싸움에서는 대왕의 선인들께 커다란 치욕을 안겨주었는데도 대왕께서는 조금도 부끄럼을 모르고 계십니다. 합종의 맹약은 초나라를 위한 것이지 조나라를 위한 것이 아닙니다. 제 주인의 면전에서 저를 질책해서는 안 될 것입니다."

모수의 조리 있는 항변에 초왕은 금세 태도를 바꿨다.

"예, 예! 알겠습니다. 선생의 말씀대로라면 저도 온 힘을 다해 합종의 맹약을 이행하도록 하겠습니다."

"그럼 합종 맹약이 확정된 것입니까?"

"확정되고 말고요!"

이리하여 합종의 맹약을 얻어낸 모수는 주위에 있던 초왕의 신하들에게 명령조로 말했다.

"가서 닭과 개, 말의 피를 받아오시오!"

모수는 두 손으로 구리쟁반을 받든 채 무릎을 꿇고 이를 초왕에게 내밀며 말했다.

"대왕께서는 피로써 맹세하여 합종의 맹약이 확정되었음을 공표하십시오. 대왕께서 먼저 이 피를 마시면 저희 주인께서도 마실 것이고, 그 다음엔 제가 마시겠습니다."

이리하여 합종의 맹약이 체결되었다.

임무를 완수한 평원군은 조나라로 돌아가면서 혼자 중얼거렸다.

"다시는 인재를 알아볼 수 없을 것 같구나. 내가 선발한 인재들이 수천 명에 달해 천하의 인재들을 전부 불러 모았다고 생각했는데 모 선생 같은 인물을 빠뜨렸으니 말이야. 모 선생이 초나라에 동행한 덕분에 조나라의 지위는 구정대려九鼎大呂[42]보다도 존귀해졌으니 모 선생의 말은 백만 대군의 위세보다 더하다. 다시는 인재를 고르지 말아야 할 것이다."

이 이야기를 통해 스스로 자신을 높이거나 과장해서도 안 되겠지만 남에 대해 함부로 선입견을 갖고 우습게 여겨서도 안 된다는 사실을 알 수 있다. 누구든지 적당한 조건만 주어진다면 얼마든지 훌륭한 인재가 될 수 있기 때문이다.

---

42 구정은 하나라 우왕이 만들어 3대에 전해진 솥이고 대려는 주나라에 바친 종으로, 둘 다 귀한 보물이었다.

35 | 공을 이룬 뒤에는 물러서라

　종횡가 채택은 조나라에서 쫓겨나 한과 위로 가기로 마음먹었다. 그러나 길을 가던 도중에 짐을 빼앗겼다. 그는 진나라의 범저가 정안평鄭安平과 왕계王稽를 중용하였으나 두 사람이 죄를 저지르는 바람에 매우 부끄러워한다는 이야기를 듣게 되었다. 그리하여 그는 서쪽으로 방향을 돌려 진나라로 가서 소왕을 만나기로 마음먹었다.
　채택은 먼저 사람을 보내서 범저를 화나게 했다.
　"연나라 사람인 채택은 재능과 지혜가 천하제일인데다 말솜씨가 뛰어나고 인재를 가려내는 데 탁월한 능력을 지닌 선비입니다. 그가 일단 진왕을 뵙기만 하면 진왕께서는 당장 그를 재상으로 임명하고 대인을 해임하실 것입니다."
　이런 말을 들은 범저는 은근히 화가 나서 당장 사람을 보내 채택을 불러오게 했다.

범저의 거처에 도착한 채택은 두 손을 맞잡고 읍을 하면서 범저에게 간단히 인사를 올릴 뿐이었다. 원래부터 기분이 안 좋았던 범저는 채택이 오만한 태도를 보이자 그를 호되게 꾸짖으며 말했다.

"그대가 나를 대신하여 진나라 재상이 되겠다고 큰소리치며 다닌다고 하던데, 정말 그런 일이 있었던 거요?"

"그렇습니다."

"그렇다면 내게 그대의 고견을 말해보시오."

"대인의 정세 인식은 너무 뒤떨어져 있습니다. 춘하추동 사계절은 끊임없이 바뀌는 것이니, 사람도 공을 이루고 나면 마땅히 자리에서 물러나야 하는 것이 아니겠습니까? 손발이 튼튼하고 힘이 있으며, 귀가 밝고 눈이 맑아 높은 수준의 지혜를 지니고 있는 사람이 있다면 모든 사람들이 바라는 바가 아니겠습니까?"

"그렇겠구려."

"굳건한 정의감을 갖고 인의를 행하며, 남에게 덕을 베풀어 세상 모든 사람들을 기쁘게 하며, 또한 그들에게 마음에서 우러나는 경애의 뜻을 품고 있는 사람이 군왕이 되어 존경받게 되는 것이 명철한 지혜를 갖춘 사람들이 기대하는 바가 아니겠습니까?"

범저가 그렇다고 대답하자 채택의 반문은 계속 이어졌다.

"부유하고 귀하며 명성이 있고 영광스러우면서 만사를 다스리는 데 능하고 모든 것을 정의롭게 처리하며, 중도에 요절하지 않고 강산을 대대로 물려받아 가업을 지켜나가며, 명성과 공훈에 흠이 없고 그 혜택이 100대까지 전해지며 사람들이 칭송해 마지않고 영원히 지속된다면 성인들께서 말씀하신 상서롭고 좋은 일이 아니겠습니까?"

"그렇소."

"만일 진나라의 상앙이나 초나라의 오기, 월나라의 문종 같은 사람들이라면 이런 바람을 이룰 수 없지 않았을까요?"

범저는 채택이 자신을 설복하려는 것을 알고는 일부러 되물었다.

"어째서 그렇단 말이오? 상앙은 진나라 효공을 섬기며 평생 충성과 절개를 다했고 두 마음을 품지 않고 사사로운 이익을 도모하지 않았으며, 상벌을 제정하는 데 있어 단호했고 나라를 다스리는 데도 남다른 지략을 발휘했소. 또한 능력과 재능을 다해 충성을 바치면서 원성과 비방을 듣는 것을 두려워하지 않았고 오랜 친구인 위나라 공자 인印을 포로로 잡았으며 진나라를 위해 적장을 사로잡아 적군을 물리쳤소. 뿐만 아니라 진나라를 위해 새로운 영토를 개척하였소. 오기는 초나라의 도왕悼王을 섬기면서 사적인 일로 공적인 일을 해치지 않았고 모함이나 헐뜯는 말로 사람들의 충성심을 해치지 않았으며, 말할 때 자신의 주장 없이 남의 의견에만 따르는 일이 없었고 모든 행위가 분명했소. 정의를 지키면서 비방이나 칭찬에 마음을 쓰지 않았고 패업을 완성하고 나라를 강대국으로 만들기 위해 개인의 화와 불행을 돌보지 않았소. 문종은 구천을 섬기면서 군주가 치욕을 당했을 때 나라를 위해 충의를 다했고 자신이 할 수 있는 일을 게을리 하지 않았으며, 나라가 망했는데도 여전히 조국을 떠나지 않았소. 또한 공이 많은데도 조금도 교만하지 않았고 부귀해도 오만해지지 않았소. 이 세 사람 같은 이들이 충의의 본보기일 것이오. 그래서 군자는 죽어서 이름을 남기고 도의를 지키기 위해서라면 죽어도 유감이 없다고 하는 것이오. 그런데 어째서 이들이 그런 바람을 이룰 수 없었을 거라고 생각하는 것이오?"

"군주가 지혜롭고 대신들이 현명하다면 이는 천하 모든 사람들의 복이요, 군주가 현명하고 대신이 충성을 다한다면 이는 나라의 복입니다. 부모가 자애롭고 자녀가 효도하며 남편은 신의를 지키고 아내가 지조가 있으면 이는 가정의 복이지요. 하지만 비간에게 충심이 있었다고 해서 은 왕조를 지켜낼 수 있었던 것은 아니고 오자서에게 선견지명이 있었다고 해서 오나라를 지켜낼 수 있었던 것도 아닙니다. 신생申生에게 효심이 있다고 하지만 진나라의 내란을 막지는 못했지요. 이런 충신과 효자들이 있는 나라들도 멸망과 동란을 면치 못하니, 이것이 무엇 때문이겠습니까? 신하의 충심을 받아주는 영민하고 총명한 군주가 없고 자식의 효심을 믿어주는 어질고 후덕한 부모가 없기 때문이지요. 그래서 세상 사람들이 이런 군주나 부모를 싫어하고 미워하면서 그들의 대신이나 자식을 동정하는 것입니다. 죽고 나서야 뜻을 세울 수 있다고 한다면, 미자微子는 어진 사람이 되지 못했을 것이고 공자는 현명한 스승으로 불리지 못했을 것이며 관중도 위인이 되지는 못했을 것입니다."

나아갈 줄 알면서 물러날 줄 모른다

범저가 채택의 말솜씨를 칭찬하자 채택이 물었다.

"상앙과 오기, 문종 등은 신하로서 나라에 몸과 마음을 다 바쳐 공을 세우고 업을 일으켰으니, 이는 추앙받아 마땅한 일입니다. 또한 주공은 주 성왕을 보좌했으니 또한 충신이라 할 수 있지요. 군신관계에 있어서 상앙과 오기, 문종과 주공을 비교한다면 누가 가장 크게 추앙

받아야 할까요?"

"상앙과 오기, 문종은 주공과 비교할 수 없을 것이오."

"그렇다면 대인의 군왕께서는 마음이 인자하고 충성스러운 신하를 믿고 인정하시는 데 있어서 효공이나 도왕, 월왕과 비교해서 누구보다 낫다고 할 수 있습니까?"

"그건 어떻게 평가해야 할지 잘 모르겠소."

"대인의 군주께선 물론 충신을 가까이하시겠지만 월왕과 도왕을 능가하지는 못하십니다. 대인께서는 대인의 군주를 위해 반란을 평정하고 재난을 없앴으며 온갖 위험과 재앙을 소멸시켰고 농업을 발전시켜 나라를 부강하게 하고 집집마다 의식주에 부족함이 없게 하셨습니다. 또한 왕권을 강화하여 군주의 위세가 제후들을 능가하게 하고 공훈과 업적이 멀리 퍼지게 하셨습니다. 하지만 이 모든 것으로도 상앙과 오기, 문종을 뛰어넘지는 못합니다. 반면에 대인께서는 자신의 봉록과 작위, 재산에 있어서 이 세 사람을 훨씬 능가하고 있지만 아직도 은퇴하실 줄 모르니 두렵습니다. 속담에 말하기를 '태양은 정오가 되면 아래를 향해 움직이고 달도 차면 점점 기울어진다'라고 했습니다. 사물의 발전은 가장 왕성한 때로부터 점차 쇠퇴하게 되는 법이지요. 이는 필연적이고 절대적인 법칙입니다. 나아가야 할 때 나아가고, 물러나야 할 때 물러나며, 펴야 할 때 펴고 굽혀야 할 때 굽힐 줄 알아야 합니다. 형세에 적응하여 그 변화의 추세에 맞게 움직이는 것 또한 성인이 지켜야 할 상식적인 이치일 것입니다.

옛날 제나라 환공은 아홉 차례나 천하 제후들의 군대를 연합하여 규구葵丘의 회맹에 도착했지만 오만한 마음을 드러내는 바람에 결국 모든 제후들이 제나라를 배반하고 말았습니다. 오왕 부차는 자신이 천하 무적인 줄 알고 제후들의 실력을 제대로 알지 못하다 보니, 제나라와 진나라를 공격했다가 결국 자신도 죽고 나라도 망하게 하고 말았지요. 하육과 태사계太史啓는 크게 고함을 지르면 삼군을 놀라게 하고도 남을 정도로 기세가 대단했지만 보통 사람들에게 죽임을 당하고 말았습니다. 그들은 모두 한창 왕성한 기세에 의지하여 잔뜩 위세를 부리고 지는 것을 싫어했지만 도의에 따라 행동하지는 못했기 때문이지요. 상앙은 효공을 위해 도량형을 제정하고 농지를 개간하여 백성들의 농사를 지도했으며 군대를 일으켰다 하면 영토를 크게 확장했고 전쟁이 없을 때는 나라를 부강하게 만드는 데 힘썼습니다. 그리하여 진나라는 천하에 적수가 없게 되었고 제후들 사이에 위엄과 명망을 발휘할 수 있었지요. 하지만 이처럼 큰 성공을 거두었음에도 불구하고 그는 결국 찢겨 죽는 형벌을 당하고 말았습니다.

초나라는 100만의 군대를 보유하고 있었지만 진나라의 대장인 백기가 겨우 수만 명의 병력을 이끌고 초나라를 쳐들어가 전투를 벌인 결과, 첫 번째 싸움에서는 초나라의 영도를 점령했고 두 번째 전투에서는 이릉을 불태웠으며 그 여세를 몰아 남으로 진군하여 촉한을 삼키고 한나라와 위나라를 넘어 강대한 조나라까지 공격했습니다. 북쪽으로 진격해 들어간 백기의 군대는 마복군馬服軍 조괄의 40만 대군을 사살하여 피가 강을 이루고 비명소리가 뇌성벽력을 방불케 했지요. 이로써 진나라는 제왕의 업을 이뤘습니다. 그 후로 조나라와 초나라는 진나라를 두려워하여 굴복했고 감히 진나라를 공격하지 못했습니다. 이 모든 것은 백기의 공로였지요. 백기는 70개가 넘는 성지를 공격하여 함락시켰으나 큰 공을 이루고 나서도 오히려 두우杜郵에서 사약을 받고 죽었습니다. 오기는 초나라 도왕을 위해 무능한 관원들을 제거했고 쓸모없는 제도들을 폐지했으며 남아도는 관직을 없애고 비뚤어진 풍습과 사악한 기풍을 바로잡았습니다. 또한 초나라의 각종 제도를 통일하고 불량한 풍속을 제거했고 남쪽으로는 양월揚越을 공격하여 정복하고 북쪽으로는 진나라와 채나라를 점령함으로써 연횡의 맹약을 파괴하고 합종의 전선을 해체시켜 유세객들이 입을 열 수 있는 기회를 잃게 했습니다. 하지만 이처럼 화려한 공적을 이룩하고도 찢겨 죽는 형벌을 당하고 말았지요.

문종은 월왕을 위해 황무지를 개간하고 도읍을 세웠으며 농지를 개척하여 오곡의 씨를 뿌리고 온갖 작물들을 심어 백성을 이끌었습니다. 또한 나라 전체가 한마음으로 단결하여 강대한 오나라를 멸망시켰고, 월왕은 한을 푸는 동시에 패업을 이뤘습니다. 하지만 월왕은 그를 제거하려 했는지 아니면 그의 은혜를 잊고 의를 저버린 것인지, 그에게 검을 하사하여 자결하게 했습니다. 이 네 사람 모두 공을 이루어 명성을 얻은 뒤에도 물러날 줄 몰랐기 때문에 화를 입었던 것이지요. 이것이 펼 줄은 알면서 굽힐 줄 모르고 나아갈 줄은 알면서 물러날 줄 모른다는 것입니다. 이들에 비해 범려는 대단히 총명했지요. 그는 이러한 이치를 깨달아 표연히 세속을 떠나 대신 거대한 부를 이루어 사람들에게 도주공陶朱公이라는 이름으로 기억되고 있습니다.

도박하는 광경을 구경해보신 적이 있으신가요? 어떤 사람은 조금씩 돈을 걸어 이기는 반면, 어떤 사람은 한 판에 모든 것을 다 겁니다. 지금 대인께서는 진나라 재상의 자리를 차지하고 계시면서 자리를 떠나지 않고도 전략을 세울 수 있으며 가만히 앉아서도 제후들을 통제할 수 있으십니다. 또한 양장¥腸의 요새를 통제하고 태행산의 험한 입구를 막아 조와 위, 한 세 나라의 왕래를 끊으실 수도 있고 잔도棧道[43]를 통해 1,000리 밖에 있는 촉한까지 왕래하실 수도 있습니다. 이리하여 천하가 모두 진나라를 두려워하게 하여 진나라의 거대한 야망이 실현되었으니 대인의 공로가 절정에 달했다고 할 수 있습니다. 지금은 진나라가 걸음을 뗄 때마다 승리를 거두고 있으니 이런 시점에서도 대인께서 물러남을 모르신다면 상앙이나 백기, 오기나 문종 같은 인물들의 운명이 대인의 본보기가 될 것입니다. 어째서 이런 시기에 적당한 기회를 잡아 어질고 유능한 사람에게 자리를 물려주지 않으시는 겁니까? 만일 대인께서 그렇게 하실 수 있다면 대인께서는 백이의 청렴함이라는 명예를 가질 수 있고 오랫동안 제후로 남아 있을 수 있으며 대대로 작위와 봉록을 유지할 수 있을 것입니다. 또한 신선 적송자赤松子처럼 장수하실 수도 있지요. 자리를 물러나는 것과 죽음의 화를 당하는 것을 비교해볼 때, 어떻게 하는 것이 더 나은지는 대인께서도 잘 아실 것입니다. 현실이 이와 같으니 대인께서는 어떤 결말을 선택하시겠습니까?"

"그대의 말이 구구절절 옳은 것 같구려."

이리하여 범저는 사뭇 공경스러운 태도로 손님을 안내하여 귀한 손님으로 모셨다. 며칠 후 범저는 소왕에게 말했다.

"산동에서 온 손님이 한 사람 있는데 이름은 채택이라 합니다. 매우

---

[43] 발을 붙일 수 없는 험한 벼랑 같은 곳에 선반을 매듯이 하여 낸 길.

뛰어난 인재이지요. 제가 지금껏 만나본 사람이 수도 없이 많지만 그와 견줄 만한 자는 아무도 없는 것 같습니다. 소신도 그에게는 미치지 못할 것입니다."

범저의 말에 소왕은 즉시 사람을 보내 채택을 불러다가 대화를 나눠보고는 크게 기뻐하며 높은 관직을 주었다. 이어서 범저는 병을 핑계로 소왕에게 재상의 자리에서 물러나게 해달라고 요청했다. 소왕이 만류했으나 범저는 끝내 중병을 핑계로 재상의 자리에서 물러날 수 있었다. 소왕도 채택의 지략과 능력에 만족했기 때문에 굳이 범저를 붙잡지 않았고, 대신 채택을 진나라 재상에 봉하여 동쪽으로 주 왕조를 접수할 수 있었다.

채택이 진나라 재상이 되고 나서 몇 달이 지났을 때 누군가 자신에 대한 험담을 퍼뜨리자, 그는 살신의 화를 당할까 두려워 병을 핑계로 관직을 반납하고 강성군剛成君에 봉해졌다. 그는 진나라에 사는 10여 년 동안 소왕과 효문왕孝文王, 압양왕壓襄王을 차례로 섬겼고, 마지막으로 진시황을 받들면서 연나라에 사신으로 가게 되었다. 그가 연나라로 간 지 3년 만에 연나라는 태자 단을 진나라에 인질로 보내게 되었다.

옛말에 이르기를 "하늘에 새가 다 사라지면 좋은 활은 거둬들이고 토끼를 다 잡으면 사냥개를 삶아 먹으며, 적국이 멸망하면 신하들이 죽임을 당한다"라고 했다. 이는 중국 봉건관료사회의 보편적인 법칙이었다. 채택이 이러한 이치로 범저를 설득한 것은 지극히 합리적이고 지혜로운 일이었다.

공이 이루어지면 물러날 줄 아는 것이 고대 중국 관료사회에서 자신을 보전할 수 있는 가장 확실한 길이었다. 그러나 사람들은 이런 도리를 알면서도 항상 자신의 공로에 취해 자만에 빠지곤 했다. 이는 인간 본성의 가장 치명적인 약점 가운데 하나로, 죽음을 자초하는 중요한 원인이기도 하다.

36 | 때로는 권모술수도 필요하다

중국 전통사회에서는 관리가 된다는 것과 사람이 된다는 것이 상충되는 경우가 많았다. 정치와 도덕은 서로 모순되는 것이지만 통치자는 이를 인정하려고 하지 않는다. 인정한다 하더라도 부끄럽고 답답할 뿐이다.

소진과 연왕 사이의 변론은 정치와 도덕의 관계에 기준을 제시하는 사례로 오늘날까지도 중요한 의미를 지닌다.

소진이 연왕에게 말했다.

"제 생각을 있는 그대로 말씀드리겠습니다. 만일 제가 증참曾參처럼 부모에게 효도하고 미생처럼 신의를 지키며 백이처럼 청렴할 수 있다면 사람들이 아무리 절 비방하고 모함한다 해도 부끄러워하지 않을 것 같습니다. 과연 그럴 수 있을까요?"

"충분히 그럴 수 있을 것이오!"

"만일 제가 신의를 지키고 부모에게 효성스러우며 청렴결백하다면 대왕께서는 만족하시겠습니까?"

"만족하고 말고요!"

"대왕께서 이것으로 만족하신다면 전 대왕을 위해 일할 수 없을 것 같습니다. 증참처럼 효성스러우면 부모 곁을 떠날 수 없을 것이고 미생처럼 신의를 지키려면 모략을 쓸 수 없을 것이며 백이처럼 결백하면 정사를 돌볼 수 없을 것입니다. 결국 나라에 아무런 도움도 되지 못하는 것이지요. 따라서 저는 신의를 중시하는 사람은 귀해지지 못하고 인의를 중시하는 군주는 다른 제후들을 누르고 황제가 되지 못할 것이라고 생각합니다."

"그렇다면 신의를 중시해선 안 된다는 말이오?"

"아닙니다. 물론 신의는 지켜야 되겠지요. 사람이 신의를 중시하지 않으면 사물의 이치를 꿰뚫을 수 없고 국가가 인정을 베풀지 않으면 통치가 이루어질 수 없을 것입니다. 하지만 신의는 몸과 마음을 갈고 닦는 수단이지, 남을 위해 일을 할 수 있는 방법이 될 수는 없습니다. 또한 신의는 옛것을 지키고 회복하기 위한 방법이지, 진취적으로 발전하기 위한 방법이 되지 못하지요. 삼왕이 바뀌고 오패가 교체된 것은 모두 기존의 법칙과 원리를 맹목적으로 지키려 했기 때문입니다. 저는 앞을 향해 나아가기 위해 적극적으로 힘쓰는 사람이라 아무것도 할 수 없는 군주를 위해 일을 할 생각은 없습니다. 대왕께서 제 말을 받아들이지 않으신다면 차라리 동주의 집으로 돌아가 농사를 지으면 지었지, 보통 사람들처럼 아무런 발전도 없이 대왕의 궁중에 묻혀 있고 싶진 않습니다."

"그렇다면 옛 방법으로는 정말 나라를 다스릴 수 없단 말이오?"

"만일 그래도 된다면 초나라의 강토는 저수沮水와 장수를 벗어나지 못했을 것이고 진나라의 국토는 좁아터진 상우 땅을 벗어나지 못했을 것이며, 제나라의 강역은 여수呂隧를 넘지 못했을 것이고 연나라의 국토도 하옥산夏屋山과 구주산勾注山을 넘지 못했을 것이며, 진나라의 강역은 태행산을 넘지 못했을 것입니다. 이러한 나라들이 국토를 개척할 수 있었던 것은 모두 고대의 법규를 지키지 않고 적극적이고 진취적으로 정책을 펼쳤기 때문입니다."

소진은 자신의 말을 이해시키기 위해 신의의 작용에 대한 구체적인 한계를 설정했다. 그는 개인이 신의를 지키는 것은 당연한 일이지만 국가가 신의를 지켜선 안 된다고 생각했다. 또한 개인이 신의를 중시하는 것도 몸과 마음을 수행하는 데 국한되어야지, 남을 위해 일을 하면서도 신의를 중시해선 안 된다고 생각했다.

소진의 변론에서 우리는 도덕이 몰락하고 정의가 상실됐던 춘추전국시대의 사회상을 확인할 수 있다. 사실 중국의 전통사회에서 관료가 된다는 것이 인간의 도리에 어긋나는 일이 많았고, 정치와 도덕이 서로 모순되는 경우가 비일비재했다. 소진의 거리낌 없는 변론을 통해서 우리는 춘추전국시대의 '사상 해방'과 그의 솔직하고 대담한 말솜씨에 경탄을 금치 못하게 된다.

소진의 동생 소대 역시 형의 관점을 그대로 계승했다. 하루는 연왕이 소대에게 말했다.

"나는 거짓말하는 사람들을 가장 싫어하오."

"제가 한 가지 예를 들지요. 주나라에서는 중매쟁이를 경시했습니다. 양쪽 모두에게 좋은 말만 하기 때문이지요. 남자 집에 가서는 여자가 아주 예쁘고 착하다고 말하고 여자 집에 가서는 남자가 아주 부자라고 말하거든요. 주나라에는 스스로 배우자를 구하는 관습이 없었습니다. 젊은 여자는 중매쟁이가 나서서 소개해주지 않으면 늙어 꼬부라질 때까지 배우자를 구할 수 없었지요. 중매쟁이를 통하지 않고 여기저기 돌아다니며 자신을 선전하다가는 집안에 감금되어 영원히 시집을 못 가는 일도 있었지요. 관습에 따르면서 자기 딸이 처녀로 늙어 죽지 않게 하려면 중매쟁이에게 의존하는 수밖에 없었습니다. 나라의 사정도 마찬가지라 권모술수에 의존하지 않고는 제대로 나라를 세우기 어렵고 권세에 기대지 않고는 성공하기 어려운 것입니다. 때문에 그렇지 못한 사람들이 거짓말을 일삼는 것이지요."

"정말 훌륭한 말씀이오."

강도에게는 강도의 논리가 있는 것처럼 거짓말하는 사람에게도 거짓말쟁이의 논리가 있다. 소대는 거짓말을 하면서도 얼굴이 빨개지기는커녕 매우 침착하고 조리가 있었다. 심지어 그는 거짓말을 위대하고 영광스러운 일로 만들었다. 때로는 수치를 모르는 것도 뛰어난 능력이 될 수 있는 것이다.

사실에 부합하지 않는 궤변의 논리

춘추전국시대에는 유명한 선비들의 변론술이 매우 발달해 있었다. 이들은 엄밀하지 못한 언어의 성질과 개념을 이용하여 변론의 논리를 흐렸기 때문에 특별한 훈련을 받지 않은 보통 사람들은 애당초 이들을 상대로 말조차 붙일 수 없었다.

공웅空雄 회맹 때 진秦나라는 조나라와 조약을 맺으면서 말했다.

"이날부터 진나라가 하는 일은 조나라가 지원과 협조를 아끼지 않을 것이고 조나라가 하는 일은 진나라가 지원과 협력을 아끼지 않을 것이다."

얼마 지나지 않아 진나라가 병사를 일으켜 위나라를 공격하자 조나라가 위를 지원하려 했다. 진왕은 몹시 불쾌해하며 사람을 보내 조나라를 질책하여 말했다.

"맹약에는 진나라가 하는 일은 조나라가 돕고 조나라가 하는 일은 진나라가 돕기로 되어 있소. 진나라가 위나라를 치려 하는데 조나라가 어째서 위를 지원한단 말이오? 이는 맹약에 명백히 위배되는 일이오."

조왕은 이 일을 평원군에게 알렸고 평원군은 다시 공손룡公孫龍에게 이 일을 전했다. 공손룡이 말했다.

"조나라도 사자를 보내 진나라를 질책하면 될 것입니다. 조나라가 위나라를 지원하려 하는데 진나라가 조나라를 돕지 않는 것은 명백한 맹약 위반이라고 말입니다."

공천孔穿과 공손룡 두 사람은 평원군의 처소에서 변론을 벌이기 시작했다. 공손룡은 양에게 귀가 3개나 있다면서 정확한 논증으로 웅변을 늘어놓았다. 공천은 아무 말도 하지 않고 있다가 잠시 후에 자리를 털고 일어섰다. 다음날 평원군이 공천에게 말했다.

"어제 공손룡이 한 말은 정말 대단한 웅변이었소."

"그렇습니다. 양에게 귀가 3개나 있는 걸로 결론을 내리는 것은 정말 쉽지 않은 일이지요. 하지만 양에게 귀가 3개나 있다는 사실을 논증하는 것은 힘만 들 뿐 실제로는 그렇지 않습니다. 양에게 귀가 2개 있다는 사실을 논증하는 것이야말로 어렵지도 않고 실제에 부합하는 일이지요. 군께서는 쉬우면서도 실제에 부합하는 주장에 찬동하십니까, 아니면 힘만 들고 사실에 부합하지 않는 주장에 찬동하십니까?"

평원군은 대답이 없었다. 다음날 평원군이 공손룡에게 말했다.

"그대는 더 이상 공천과 변론을 벌이지 마시오."

송나라에 징자澄子라는 사람이 있었는데 검정색 옷을 잃어버리고 길에서 찾고 있다가 한 여인이 검정색 옷을 입고 있는 것을 보고는 그녀의 길을 가로막고 옷을 벗기려 하면서 말했다.

"내가 검정색 옷을 하나 잃어버렸소."

"선생께서 검정색 옷을 잃어버렸다 해도 이 옷은 분명히 제가 직접 만들어 입은 것이니 선생의 옷일 리가 없습니다."

"그러니 어서 그 옷을 내게 벗어주구려. 내가 잃어버린 검정 옷은 비단으로 지은 것인데 지금 그대가 입고 있는 옷은 검정색 마갈麻葛 천으로 지은 것이오. 마갈 천으로 지은 옷으로 비단으로 지은 옷을 보상할 수 있으니 그대에게 훨씬 유리한 게 아니겠소?"

송왕이 재상인 당앙唐鞅에게 물었다.

"과인은 사람을 많이 죽였는데도 신하들은 과인을 별로 두려워하지 않으니 그 이유가 무엇일 것 같소?"

"대왕께서 죄를 다스리신 사람들은 전부 악인들이었습니다. 악인들이 벌을 받으니 선한 사람들이 두려워하지 않는 것은 당연한 일이지요. 신하들이 대왕을 두려워하게 한다면 이는 신하들로 하여금 선악을 구별하지 못하게 하는 것과 마찬가지입니다. 끊임없이 사람들에게 죄를 물으시면 신하들도 대왕을 두려워하게 될 것입니다."

혜자惠子가 위나라 혜왕을 위해 법령을 제정했다. 혜자는 법령이 제정되자 이를 혜왕에게 보여주었다. 군자들은 하나같이 훌륭한 법령이라고 칭찬을 아끼지 않았다. 그러고는 이를 적전翟剪에게 보여주었다. 적전이 말했다.
"아주 훌륭합니다."
"그럼 이대로 시행해도 되겠소?"
"안 됩니다."
"훌륭한 법령이라 해놓고서 시행해선 안 된다고 하니, 그 이유가 무엇이오?"
"지금 커다란 통나무를 어깨에 메어 운반한다고 가정해보십시오. 앞에 가는 사람들이 메김소리를 외치고 있고 뒤를 받치는 사람들이 이를 따라 하고 있지요. 이 나무에게는 메김소리를 외치는 사람들이 훌륭하게만 느껴지겠지요. 하지만 그 소리가 정나라나 위나라의 음란한 음악만 하겠습니까? 메김소리는 무거운 나무를 옮길 때에만 필요한 것이지요. 이 법령이 아무리 좋다고 해도 나무를 메고 갈 때 외치는 메김소리처럼 부분적으로만 적용될 수 있을 것입니다."

37 | 참과 거짓은 항상 공존한다

거짓말은 대단한 예술이다. 구구절절 전부 거짓말일 경우에는 금세 탄로날 것이 뻔하다. 그러나 결정적인 때 한두 마디 거짓말을 한다면 쉽게 발각되지 않을 뿐만 아니라 상대로부터 더욱 확실히 신임을 얻는 계기가 될 수도 있다. 심지어 진심을 얘기한 부분을 전부 거짓말로 전환하여 활용할 수도 있을 것이다. 소진은 진실로써 탁월한 효과를 나타내며 제나라를 위해 온 힘을 다해 봉사했다. 그리하여 제나라 왕의 신임을 얻기는 했지만 이러한 신임이 마지막에는 연나라를 위해 제나라에 치명적인 일격을 가하게 하는 계기가 되고 말았다.

소진이 사람을 보내 제 민왕에게 말했다.

"저는 초나라 양왕께서 수脽의 죽음으로 인해 슬픔에 빠질까 걱정입니다. 대왕께서는 수가 무고하게 죽임을 당했다고 생각지 마십시오.

제가 소여를 시켜 초왕에게 이렇게 전했습니다. '수를 죽인 사람은 결코 제나라 왕의 명령을 받은 것이 아닙니다. 다른 사람이 사사로이 시켜서 저지른 일이지요. 수가 다른 사람의 모친을 살해하여 그 아들에게 아들로서의 예절을 다하지 못하게 한 만큼 그의 죽음은 마땅한 것이라 할 수 있습니다. 송나라가 회북의 땅을 바쳐 제나라와 강화를 맺었는데, 대왕께서는 제나라를 공격하여 제나라 장군 조신趙信을 토벌하셨습니다. 그러나 제나라는 초나라에 원한을 품은 것이 아니라 오히려 대왕을 위해 조신을 죽였지요. 조신이 조나라의 국경을 지키는 관리에게 무례한 행동을 했다는 이유에서였습니다. 따라서 대왕께서는 사사로운 원한 때문에 제나라의 은덕을 잊어서는 안 된다고 말씀드리는 것입니다' 라고 말입니다.

지나간 일은 전부 수에게 떠넘기시고 다른 사람을 연루시키지 마십시오. 그렇게 설공의 마음을 달래셔야 할 때입니다. 대왕께서는 제게 설공을 후하게 대하고 초나라의 정사를 전부 관장하게 하라고 말씀하셨지요. 그때 저는 대왕의 말씀에 찬성했습니다. 지금 어떤 사람들은 대왕께서 설공을 신임하지 않는다고 말하고 있는데, 저는 이 점이 매우 염려스럽습니다. 이렇게 되면 설공이 정무를 살피는 데 불편하기 때문이지요. 설공의 신의가 없이는 삼진을 연합하여 진을 공격할 수 없기 때문에 대왕께서는 설공을 후하게 대우하셔야 합니다. 저는 제와 연 두 나라의 중요한 사명을 어깨에 지고서 설공을 돕고 있는데, 설공은 절대로 대왕을 배반할 리가 없습니다. 설공에게 어떤 변화가 생긴다면 제가 먼저 그와 관계를 끊을 것입니다. 저는 대왕과 제가 처음부터 끝까지 설공의 일에 참여할 수 있기를 바랍니다. 사소한 일들은 마음에 두지 마시고 유종의 미를 거둘 수 있도록 저를 지지해주시기 바랍니다.

진을 공격하는 일은 삼진이 연합하여 제나라를 앞세워야 완수할 수 있는 일이기 때문에 어떻게 되든지 제나라에 유리합니다. 송나라와 강화를 맺는 것도 제나라에 유리하고 송나라를 포위하는 것도 제나라에 유리하지요. 설사 조나라가 중산국을 공격했던 방법을 모방하여 백성들을 잠시 쉬게 했다가 다시 공격한다 해도 제나라에게 유리할 것입니다. 진나라를 공격하는 일이 실패로 끝난다면 한과 위, 조 세 나라의 합종은 해산될 것이고 각국은 모두 앞다투어 진나라를 끌어들이려 할 것입니다. 이렇게 되면 진나라를 공격하든 끌어들이든 강화를 맺는 데는 불리하게 작용할 것입니다. 따라서 제가 설공을 후대하라는 대왕의 명령을 받들어 삼진과 맹약을 맺고 함께 진을 공략한다면 진을 멸망시키는 일은 반드시 성공할 것입니다. 만일 진을 공격하지 않는다면 그들에게 진과 강화를 맺을 것을 요구해야 하고, 진을 공격한다면 계속 공격해 들어가야 할 것입니다. 이렇게 되면 삼진은 제나라가 자신을 보호하려 한다고 생각하게 될 것입니다. 지금 진나라를 공격하는 군대가 막 움직이기 시작했는데, 대왕께서 일부 병력을 빼내 평릉平陵을 공격하신다면 진을 공격하기 위한 전략을 시행하는 데 커다란 장애가 될 것입니다. 각국 군대도 더 이상 진을 공격하지 않고 송나라 땅을 다투게 되겠지요. 이는 재앙을 자초하는 길이 될 것입니다.

바라건대 대왕께서는 이런 식으로 삼진의 각국이 두려움을 느끼게 하는 일이 없어야 합니다. 특별히 초나라와는 좋은 관계를 유지해야 합니다. 그렇게만 된다면 초나라가 송나라에 대한 공격을 지원하지 않는다 하더라도 송나라는 반드시 제나라에 복종하게 될 것입니다. 대왕께서는 이미 삼진의 세력을 연합하여 진나라를 공격하고 계시기 때문에 진나라는 감히 송나라를 지원하려 하지 못할 것이고 송나라는 정복되고 말 것입니다. 이로써 대왕의 패업은 성공하게 되는 것이지요. 하후夏后는 틀림없이 설공을 위해 먼저 송나라를 얻으려 할 것입니다. 하지만 대왕께서는 그의 말을 들으셔서는 안 됩니다. 원래는 평릉 땅을 설공에게 주실 것을 부탁드릴 생각이었지만, 절대로 아무 이유 없이 땅을 주셔서는 안 됩니다. 바라건대 도陶와 평릉의 땅을 설공과 봉양군에게 상으로 내리십시오. 임무를 완수하는 사람에게 땅을 하사하시는 겁니다. 이렇게 하시면 대왕께서는 더 많은 것을 얻으실 수 있을 겁니다. 물론 이렇게 말하는 사람도 있을 것입니다. '삼진이 연합해서 진나라를 공격하고 나면 제나라 왕에게도 거만하게 굴 것이다'라고 말입니다. 하지만 대왕께서는 절대 이런 말에 귀를 기울이지 마십시오. 삼진이 진을 공격한다고 해서 그들이 뭔가 이루기에는 시기상조입니다. 그러나 대왕께서는 그 사이에 송나라를 점령하여 그곳의 백성들을 평정하실 수 있습니다. 게다가 제가 연나라를 등에 업고 대왕을 모시고 있으니 삼진이 대왕께 해가 되는 일은 결코 없을 것입니다.

 만일 삼진이 대왕을 섬기고자 한다면 기꺼이 그들을 이용하십시오. 그러나 삼진이 대왕을 섬기기를 거부한다면 대왕께서는 진나라와 국교를 맺어 그들의 후로를 차단하시면 됩니다. 그렇게 한다면 그들이 감히 대왕께 거만하게 굴지 못할 것입니다. 만일 삼진이 연합하여 진을 공격한다면 제가 미리 알게 될 것입니다. 그렇게 되면 대왕께서는 연나라와 국교를 맺으시고 초나라와 연합하셔서 삼진이 진나라를 공격하게 하십시오. 삼진은 반드시 멸망하고 말 것입니다. 따라서 제가 이 일에 관여하는 한, 삼진은 절대로 제나라를 배반하지 못할 것입니다. 뜻밖의 사태에 대비하기 위해 저는 이미 100가지가 넘는 조치를 해두었습니다. 제 목숨을 담보로 보장하건대, 대왕께서는 늦어도 3달 안에 천하를 호령하는 패업을 성취하실 수 있을 것입니다.

제가 목숨을 걸고 이 일을 성취하려고 하는 것은 대왕 한 분만을 위한 것이 아니라 저 자신을 위한 것이기도 합니다. 대왕께서는 연나라를 생각하셔서 제게 관용을 베푸실 것이 아니라 제가 대왕께 품고 있는 마음을 헤아려주시기 바랍니다. 대왕께서는 업적을 이루시기 위해 제게 삼공의 직분을 주시고 세상 사람들 앞에 높이 추켜세워주셨습니다. 그러므로 저는 대왕의 패업이 이루어지기만 한다면 곧 죽어도 여한이 없을 것입니다."

소진의 설득은 과장으로 가득 차 있다. 하지만 그것이 유세의 본질인 것이다. 종횡가의 유세에는 참됨과 거짓, 옳음과 그름이 공존했다. 동전의 양면 같은 이러한 이율배반 속에서 지략을 얻는 것은 듣는 이들의 선택이었다.

옮긴이의 말 | # 현실을 인식하고 통찰하라

    주 왕실의 몰락으로 형성된 춘추전국시대는 힘의 논리가 모든 것을 지배하는 혼란과 싸움과 모략의 결정체였다. 노예제 사회에서 봉건제 사회로 접어들면서 나타난 새로운 신분인 사인士人들은 이런 사회 환경 속에서 물 만난 물고기처럼 목소리를 높였다. 그 가운데는 인의를 외치는 유가도 있었고 겸애兼愛를 주장하는 묵가도 있었으며 엄정한 법령과 이를 통한 철권 통치를 역설한 법가도 있었다. 이처럼 다양했던 당시 지식인들의 각축을 후대 역사에서는 '백가쟁명百家爭鳴'이라는 멋진 말로 요약하고 있다.

    이렇게 다양한 지식인 집단 가운데 나중에 '종횡가'로 분류된 인물들은 세 치 혀로 현실적 이익만 추구하는 인간 군상이었다. 이들은 권력과 관직, 재물로 상징되는 속세에서의 출세와 이익 외에는 정신적 가치를 따지지 않았다. 하지만 이들은 현란한 말솜씨로 당시의 정국을 떡 주무르듯이 주물렀고 그 과정에서 개인적 야심을 실현하는 동시에 역사에 이름을 남길 수 있었다.

이들이 그럴 수 있었던 조건이 있다. 사회적으로는 무수한 이해관계가 충돌했고 개인적으로는 탁월한 말솜씨와 탐욕이 있었기 때문이다. 하지만 이들의 말솜씨와 탐욕 이면에는 당시의 역학관계를 정확하게 인식하고 분석하는 날카로운 통찰력이 있었다. 종횡가들이 승승장구하면서 한 시대를 풍미할 수 있었던 것은 뛰어난 말솜씨와 더불어 날카로운 현실인식 능력을 지녔기 때문이었다. 이러한 통찰력과 날카로운 현실 인식이 전제되지 않았다면 이들의 세 치 혀는 평범한 사람들의 것과 다를 바 없었을 것이다.

'호가호위狐假虎威', '계명구도鷄鳴狗盜' 등 무수한 고사성어를 만들어내면서 중국 수사학의 기원이 된 종횡가들의 말은 현대 중국어에서도 중요한 수사 기교로 활용되고 있다. 차이가 있다면 당시 종횡가들의 수사학이 주로 '힘을 위한 수사학'이었다는 점일 것이다. 여기서 '힘'이란 모든 실질적 가치를 대표하는 말로 해석할 수 있다. 언어란 실질적 가치를 추구하는 효과적인 수단이 될 수 있어야만 '공담空談'이나 '언어를 통한 관념의 유희'라는 혐의를 피할 수 있는 것이다.

하지만 우리는 '언행일치', '언어와 존재의 통일' 등을 역설하면서 말의 힘을 부정해왔다. 말 자체로는 아무런 힘이 없고 반드시 행동이나 실천으로 현실화되어야만 가치를 지니고 위력을 발휘하는 것으로 인식하고 있는 것이다. 하지만 종횡가들의 성공에서 알 수 있듯이 언어의 힘은 절대 무시할 수 없다. 아무리 중요하고 힘 있는 사실도 적당한 언어의 그릇에 담지 않으면 제대로 그 내용이 전달되지 못하거나 오해되어 위력을 발휘하지 못하고 만다. 확실히 말에는 기술이 필요하다. '아' 다르고 '어' 다르다는 말이 있듯이, 말을 하는 사람의 진정성뿐만 아니라 대화나 설득의 기술이 언어를 통한 인간 교류의 성패를 좌우할 수도 있는 것이다. 중요한 것은 언어는 어디까지나 수단이지 목적이 될 수 없다는 점이다.

  우리가 종횡가들의 지모에서 배워야 할 것은 현실을 정확히 인식하는 통찰력과 목적이 아닌 수단으로서의 언어의 힘이다. 이것이 바로 춘추전국시대의 국제관계를 좌우했던 종횡가들의 '힘의 수사학'이다.

2008년 2월

김태성

KI신서 1166
종횡가 인간학

1판 1쇄 인쇄 2008년 3월 5일
1판 1쇄 발행 2008년 3월 12일

지은이 렁칭진 **옮긴이** 김태성 **펴낸이** 김영곤 **펴낸곳** (주)북이십일 21세기북스
기획 박교희 **편집** 배소라 **디자인** 김정인 **마케팅** 주명석 **영업** 최창규
출판등록 2000년 5월 6일 제10-1965호
주소 (우413-756) 경기도 파주시 교하읍 문발리 파주출판단지 518-3
대표전화 031-955-2100 **팩스** 031-955-2151 **이메일** book21@book21.co.kr
홈페이지 www.book21.co.kr **커뮤니티** cafe.naver.com/21cbook

값 13,800원
ISBN 978-89-509-1225-3 13320

이 책 내용의 일부 또는 전부를 재사용하려면 반드시 (주)북이십일의 동의를 얻어야 합니다.
잘못 만들어진 책은 구입하신 서점에서 교환해 드립니다.